编译文库
文化

徐锐 著

文化与技术融合：
全媒体时代发展社会主义先进文化的多维透视

Integrating Culture and Technology:
On the Multi-Dimentional Nature of the Advanced
Socialist Culture in the Omnimedia Age

图书在版编目（CIP）数据

文化与技术融合：全媒体时代发展社会主义先进文化的多维透视 / 徐锐著. —北京：中央编译出版社，2024.10

ISBN 978-7-5117-4352-7

Ⅰ. ①文… Ⅱ. ①徐… Ⅲ. ①社会主义—文化事业—研究—中国 Ⅳ. ① G12

中国国家版本馆 CIP 数据核字（2023）第 203886 号

文化与技术融合：全媒体时代发展社会主义先进文化的多维透视

责任编辑	张　科
责任印制	李　颖
出版发行	中央编译出版社
网　　址	www.cctpcm.com
地　　址	北京市海淀区北四环西路 69 号（100080）
电　　话	（010）55627391（总编室）　　（010）55627312（编辑室）
	（010）55627320（发行部）　　（010）55627377（新技术部）
经　　销	全国新华书店
印　　刷	三河市华东印刷有限公司
开　　本	710 毫米×1000 毫米　1/16
字　　数	223 千字
印　　张	15.5
版　　次	2024 年 10 月第 1 版
印　　次	2024 年 10 月第 1 次印刷
定　　价	85.00 元

新浪微博：@中央编译出版社　　　　微　信：中央编译出版社（ID：cctphome）
淘宝店铺：中央编译出版社直销店（http://shop108367160.taobao.com）　（010）55627331

本社常年法律顾问：北京市吴栾赵阎律师事务所律师　　闫军　梁勤
凡有印装质量问题，本社负责调换，电话：（010）55627320

序

  党的二十大报告明确指出,全面建设社会主义现代化国家,必须坚持中国特色社会主义文化发展道路,激发全民族文化创新创造活力,增强实现中华民族伟大复兴的精神力量。科学认识网络传播规律,加快媒体融合,构建全媒体传播体系,更好地推进社会主义先进文化建设,是以习近平同志为核心的党中央提出的新时代紧迫课题。徐锐撰写的《文化与技术融合:全媒体时代发展社会主义先进文化的多维透视》一书分析媒介技术与文化发展的辩证关系和内在逻辑,总结我们党发展先进文化的历史经验和传统优势,探讨媒介技术对社会主义先进文化发展的挑战和机遇,进而提出全媒体时代守正创新发展社会主义先进文化的基本遵循,探求全媒体时代推动社会主义先进文化发展的路径和机制。这对我们更好学习贯彻习近平总书记在文化传承发展座谈会上的重要讲话精神,深化中国特色社会主义文化建设的规律性认识,进而担负起新的文化使命,努力建设中华民族现代文明,提供了较好的学理性阐释,也有积极的现实意义。

  "全媒体"指传统媒体与网络新媒体在内容生产、发布渠道、传播方式、组织机构、人员配置和所有权等方面全方位深度融合后形成的媒体样态。全媒体时代以新媒体技术革命为先导,是媒体全方位深度融合、多元思潮常态化震荡的时代。全媒体时代的媒介技术要素对文化发展的影响力陡增,致使社会主义先进文化面临战略机遇和现实挑战。

  中国共产党在发展社会主义先进文化的历史进程中,既坚持马克思主义守正创新，又形成了基于国情的"中国特色"。社会主义先进文化坚持马克思主义指导，坚持社会主义价值理想，反映中国式现代化实践，具有科学性、真理性和先进性，其内涵、外延及发展路径、机制由中国特色社会主义现代化在不同历史阶段确立的奋斗目标所决定，与特定时代主题、经济社会发展客观需要、主流意识形态建设自身规律以及所处社会历史条件密切相关，因此呈现出具体、丰富的动态特征和与时俱进的形态样式。

技术是文化发展的重要变量。媒介技术进步不仅拓展文化传播的时空领域，促进传播模式迭代更新，而且提升人在文化发展中的主体地位，进而推动"世界历史"形成。然而，技术是一柄双刃剑，遵循马克思对技术异化的批判，要警惕发展中的盲目性和偏向性，避免媒介技术沦为资本控制意识形态的工具，防止虚拟现实技术造成文化交往方式的异化，以及技术崇拜和不当使用对主体性构成冲击和消解。全媒体时代条件下发展社会主义文化，保持社会主义文化的先进性，必然要加强对媒介技术发展的规制、引导，通过对技术理性祛魅召唤价值理性复归，促进文化与技术发展相融共生，发挥技术之于文化发展的推动作用。

我们党在领导社会主义先进文化发展的进程中积累了丰富经验，形成了优良传统，既注重发挥人民群众的主观能动作用，又因地制宜、因时制宜，发挥媒介技术推动先进文化发展的积极作用。媒介技术迭代更新，对社会主义先进文化的影响力与日俱增。如何在全媒体时代保持人对技术和文化发展的主体性和主导性，如何消除全媒体技术对社会主义先进文化可能造成的异化影响，释放全媒体技术发展社会主义先进文化的推动性力量，既是技术之问、时代之问，更是发展社会主义先进文化需要回答的重大理论与现实问题。

全媒体时代是发展社会主义先进文化的战略机遇期，总体而言，机遇大于挑战，机遇和挑战都呈现出新特点。当前，全媒体技术及其使用者自身存在偏向性，资本对全媒体技术的联合与控制以及各类文化主体对全媒体技术的不当使用，一定程度上阻碍了社会主义先进文化的发展，对我们党具有传统优势的领域也带来挑战和考验。时代提出的问题也蕴含着自身的解决之道。只要我们正确认识媒介技术革命与文化发展的辩证关系，努力把握全媒体时代发展社会主义先进文化的新规律，那么，全媒体技术给社会主义先进文化带来的"挑战变量"完全可以转化为社会主义先进文化的"发展增量"，持续释放社会主义先进文化为中国式现代化提供精神动力和智力支持的"正能量"。

党的十八大以来，我们直面全媒体发展带来的挑战，积极实施媒体融合战略，化"应急式""被动式"为"前瞻式""技能学习式"。党的十九大以来，我们着力构建全媒体传播新格局，以主流媒体为社会主义先进文化传播主阵地，加快建设"四全"媒体，主动塑造全媒体技术服务社会主义先进文化发展新情境，化危为机，努力为社会主义先进文化赢得发展空间。理论与实践的发展要求我们深刻把握发展社会主义先进文化的"变"与"不变"：一方面，在保持社会主义文化先进性基础上坚定文化自信，以马克思主义为指导，继续深化中国共产党领导和发展社会主义先进文化的实践，继承和发扬党开展文化建设的优良传统和政治优势，培育和践行社会主义核心价值观，传承中华优秀传统文化和革命文化，不断总结、提炼理论创新和实践探索的成果，尤其是深刻领会习近平新时代中国特色社会主义思想的世界观和方法论；另一方面，切实回应时代之变，积极应对文化发展领域的诸多挑战，尤其要巩固和壮大公有制为主导的媒介基础，创新全媒体情境下社会主义先进文化的发展模式，进一步深化媒介技术发展和应用，推动技术设计和应用朝更加民主、公正的方向前行，筑牢人民追求美好生活的基础。

如何把对全媒体时代发展社会主义先进文化的规律性认识更好运用于指导新时代中国特色社会主义文化建设的新实践？这就需要探索相应的文化建设路径和机制。首先，要牢牢掌握全媒体时代文化领导权，引领文化建设主体对全媒体技术"善治善用"，不断提升数字公权力对文化的引领水平，要建立"引导—协同"机制、数字公权力边界界定机制和网络综合治理体系。其次，要强化阵地意识，确保社会主义先进文化阵地掌握在人民手中。既要鼓励非公有资本发展全媒体技术，广泛运用于文化建设各领域，也要驾驭好资本，防止资本逻辑对互联网媒介平台的渗透，避免自由主义、历史虚无主义等多元思潮对社会主义文化造成侵蚀，要强化反垄断预警监测系统、行业审查监管机制和网络安全意识教育机制。再次，要将伦理价值前置并嵌入全媒体技术设计和运用程序，以社会主义先进文化的价值目标规范和引导全媒体技术发展，要加强伦理困境识别机制、"价值前置"机制和人机协同信息伦理审查机制建设。最后，要对党政类、资讯类和社交类媒介平台进行科学定位，分类分众，构建社会主义先进文化发展的媒介生态矩阵。

本书深化了对全媒体时代发展社会主义先进文化"变"与"不变"之间的规律性认识：不变的是人发展技术和文化的目的性、主体性和主导性；变的是人驾驭技术、运用技术发展文化的方式与方法。全媒体时代应该，也必将成为以社会主义先进文化扬弃技术异化，以全媒体技术"善治善用"促进人的全面发展，实现文化发展与技术进步相融共生的美好时代。由于中国特色社会主义文化建设是一个体系性工程，媒介技术快速发展，全媒体技术和社会主义先进文化的融合发展必然具有长期性、系统性和艰巨性的特点。作者在已有较为扎实的研究基础上还可以继续拓展相关问题研究，可以就如何运用全媒体前沿技术进一步发展社会主义先进文化，如何增强中国特色社会主义文化的国际影响力，如何比较研究中西方运用全媒体技术发展主流文化的理论和实践等方面进一步展开理论思考。

黄凯锋
2024 年 6 月 18 日

目 录
CONTENTS

导论　发展社会主义先进文化的时代之问 ·················· 1
- 第一节　全媒体时代发展社会主义先进文化面临新境遇 ············ 1
- 第二节　相关领域的前人探索 ·························· 9
- 第三节　从理论借鉴到研究设计 ························ 28
- 第四节　学科贡献与研究局限 ·························· 30

第一章　媒介技术革命与文化发展的内在逻辑 ················ **34**
- 第一节　媒介技术的历史生成与文化生产的出场 ················ 35
- 第二节　媒介技术异化扭曲价值导向 ······················ 47
- 第三节　文化发展与媒介技术进步相融共生的出路 ··············· 58

第二章　社会主义先进文化的内涵演进和实践经验 ·············· **69**
- 第一节　社会主义先进文化的内涵演进 ····················· 70
- 第二节　党对发展社会主义先进文化的组织领导 ················ 86
- 第三节　百年来党领导文化建设中的媒介运用 ················· 103

第三章　发展社会主义先进文化的全媒体境遇 ················ **116**
- 第一节　全媒体时代的基本特征 ························ 116
- 第二节　社会主义先进文化面临全媒体技术新挑战 ··············· 125

第三节　全媒体战略赋能社会主义先进文化新发展 …………… **148**

第四章　全媒体时代发展社会主义先进文化的基本遵循 ……… **162**
　　第一节　把握社会主义先进文化发展的质性规定 ……………… **163**
　　第二节　夯实社会主义先进文化发展的主体基石 ……………… **176**
　　第三节　发挥先进媒介技术的积极作用 ………………………… **184**

第五章　全媒体时代发展社会主义先进文化的路径和机制 ……… **195**
　　第一节　增强全媒体时代党的文化领导力 ……………………… **195**
　　第二节　防止资本对互联网媒介平台的过度控制 ……………… **200**
　　第三节　规制全媒体技术的伦理价值导向 ……………………… **207**
　　第四节　构建社会主义先进文化发展的媒介生态矩阵 ………… **213**

结语 ………………………………………………………………… **219**

参考文献 …………………………………………………………… **225**

导论

发展社会主义先进文化的时代之问

第一节　全媒体时代发展社会主义先进文化面临新境遇

经济社会的巨大进步离不开文化发展，文化是世界各国综合实力的重要组成部分。随着全球化不断推进和科技进步不断加速，文化发展对于国家和民族的发展越来越重要。习近平总书记在纪念建党一百周年大会上的讲话、党的十九届六中全会决议和党的二十大报告中都明确提出，继续推进马克思主义中国化、时代化，必须同中国具体实际相结合，同中华优秀传统文化相结合。"两个结合"为我们思考分析新技术革命条件下发展社会主义先进文化的问题提供了方法论指导，彰显了中华民族更为主动的精神力量。

社会主义先进文化是中国特色社会主义文化的核心标识，它规定了当代中国文化的走向和性质，为实现中华民族伟大复兴提供精神动力、智力支持、思想保证和价值指向。百年来，中国共产党始终代表中国先进文化的前进方向，始终引领中国先进文化的建设实践。社会主义先进文化在中国共产党领导革命、建设和改革事业的辉煌历史进程中发挥了巨大的作用。中国特色社会主义进入新时代，社会主义先进文化面临科技革命特别是媒介技术革命迅猛发展的新境遇。文化多元化思潮的交融和碰撞加剧，人的生活方式和存在方式既从媒介技术的发展中充分获益，又受到技术异化的强烈冲击，社会主义先进文化对中国特色社会主义事业、道路和制度所发挥的引航定标和凝心聚力作用显得越来越重要，同时也面临着不断适应新形势、积极转变发展方式的新挑战。

马克思十分关注历史和文化发展的条件和重要性，他曾指出，人们不能随心所欲地创造历史，不能选定创造历史的条件，而只能"在直接碰到的、既定的、从过去承继下来的条件下创造"①。每一次突破性的技术革命对文化发展的影响均长远而深刻。列宁也认为，技术"揭示出人对自然的能动关系，人的生活的直接生产过程，从而人的社会生活关系和由此产生的精神观念的直接生产过程"②。马克思主义唯物辩证法启示我们：一方面，科学技术极大推动思想文化的传播，激发主体创造活力；另一方面技术本身不是正确价值导向的天然保险箱，也会导致文化发展的异化和扭曲。这就要求我们清醒、理性地认识和把握技术的两面性，坚持科学技术与文化发展的辩证统一。改革开放四十多年以来，"技术主义"甚至"唯技术主义"的思想倾向还不同程度影响着学界对技术与文化关系的辩证认识，技术主义相信一切问题都可以通过技术的发展而解决，技术导致的问题都是暂时的、偶然的，是前进中的失误③。由此可见，技术主义缺少对技术无度发展和滥用所进行的反思，也漠视技术对人的异化。尽管多个西方学术流派展开了丰富的技术批判研究，但国内一些学者还是认为西方学派揭示的技术对文化的异化作用基于资本主义现代工业社会情境，不适用于或至少不完全适用于社会主义制度，因而往往只是怀着理论研究的旨趣对西方的技术批判理论进行研究，技术批判研究与现实中的中国实践和文

---

① 中共中央马克思恩格斯列宁斯大林著作编译局：《马克思恩格斯文集》（第2卷），北京：人民出版社2009年版，第470-471页。
② 中共中央马克思恩格斯列宁斯大林著作编译局：《列宁选集》（第2卷），北京：人民出版社2012年版，第423页。
③ 江晓原：《江晓原学术四十年集》，北京：生活·读书·新知三联书店2020年版，第249-250页。

化发展联系还不充分。

进入 21 世纪以来，技术主义的弊端越来越引起重视。随着互联网信息技术、5G 移动通信技术、大数据技术、人工智能技术迅猛发展，我国文化发展先后跨过传统的大众文化时代和互联网新媒体时代，进入了一个以先进数字信息技术和媒体技术驱动为鲜明特征的"全媒体时代"。在我国，"全媒体"概念首先源于报业依托数字技术进行全媒介传播的改革。发展至今，其内涵更加丰富，主要指利用网络通信技术、数字技术和大数据技术等，通过整合媒体的产权、渠道、手段和方式，进行全方位、立体化传播的新模式。全媒体问题虽然首先是在传播领域提出的，实则是一个能够全新定义和变革人的思维方式、价值认同和存在方式等多方面的重大问题。"全媒体时代"不能算是一个很新的提法，构建全媒体传播格局的呼吁已有数年，对全媒体的相关研究成果已经十分丰富。然而在文化建设的研究领域中，它又可以被视为一个比较新的提法和研究背景，因为已有的研究成果还比较零散，并未聚焦于媒介技术的驱动特征及其与社会主义先进文化发展的逻辑关系，较有理论性、针对性和系统性的研究成果尚不多见。因此，在发展全媒体的时代语境下研究如何发展社会主义先进文化的问题，是一个需要从理论和实践上深入回答的时代课题。基于此，本书着重探讨以下三个问题：

（1）技术能否和如何推动文化发展？社会主义先进文化能否消除技术异化对人的影响？

这涉及对文化与技术关系的辩证认识。马克思主义立足人的全面发展，追问人的存在意义和技术的发展价值，对技术异化问题进行了深入的批判和扬弃。但在他们的理论视野中，技术异化是资本主义制度下的特有产物。处于社会主义初级阶段的中国和他们所处的社会环境大不一样，那么在当代中国是否有技术异化的现象？如何扬弃技术异化？社会主义先进文化是否能在其中发挥作用？能够发挥什么样的作用？这是本研究需要解答的理论问题。

（2）全媒体时代为社会主义先进文化发展带来什么样的境遇？

技术条件是文化发展的重要外因和既得基础。全媒体的技术特征和它带给社会主义先进文化的影响都与以往的互联网时代有很多相似之处，但又有一些新特点。已有研究对互联网时代的特征以及互联网对社会主义先进文化发展的影响研究得十分细致和充分，这些情况至今依然不同程度地存在，但在此基础上，还需要进一步探讨全媒体时代在本质上和总体上的特征如何？为我们党发展社会主义先进文化带来的机遇和挑战有哪些？这是开展本研究的一个前提条件。

（3）全媒体时代发展社会主义先进文化的基本遵循是什么？

社会主义先进文化在全媒体时代的发展，既具有由社会主义先进文化自身发展规律所决定的一般性，又具有为适应全媒体技术驱动这一外部条件而生成的特殊性。在我们党发展社会主义先进文化的长期历史中，中国共产党创造了很多好的做法和经验。在新媒介技术条件下，发展社会主义先进文化的传统优势和经验是否仍适用？如何根据新技术条件的情境要求推动社会主义先进文化的创新性发展？对这些问题的回答构成了对全媒体时代发展社会主义先进文化的新的规律性认识。

本研究试图从以上问题出发，从理论上探讨技术与文化的逻辑关系，探索并把握全媒体时代发展社会主义先进文化的机制和路径，进而从实践上提出全媒体时代发展社会主义先进文化有待深入分析的几方面问题。为了更好地开启本研究，还要就一些核心概念做出说明：

第一，对社会主义先进文化的内涵理解。

社会主义先进文化是一个具有"中国特色"、基于"中国实践"的标识性概念。我们党对社会主义先进文化的认识随着中国特色社会主义理论的不断发展而与时俱进，其内涵也随着中国特色社会主义道路的实践探索而不断深化。社会主义先进文化的内涵和外延是在同"先进文化""中国先进文化"和"当代中国的先进文化"的比较理解和研究中不断提炼和总结的。

首先，社会主义先进文化是"先进"的文化。广义的先进文化，泛指人类历史上一切有进步意义的文化。文化的先进性没有绝对不变的抽象尺度，不能脱离文化主体及其所处的历史条件做抽象判断。衡量文化先进与否，关键在于是否从根本上反映其所属社会政治经济基本特征并促进先进生产力的发展，是否代表和维护最广大人民的根本利益，熔铸和增强民族生命力、创造力和凝聚力；先进文化是衡量政党先进性的重要价值尺度，是先进政党的灵魂；先进文化理应揭示并顺应人类社会发展规律和历史前进方向，推动社会文明进步和人的全面发展。

其次，社会主义先进文化是"中国的先进文化"。中国先进文化是我国生产力发展要求和人民群众根本利益的集中反映，为社会进步和人们的自由全面发展提供了包括精神资源和制度资源等在内的"最大的资源"[1]。中国先进文化从总体上理解，是"中国范围内的有进步意义的文化"[2]。具体而言特指受马克思主义指导或影响，具有社会主义价值目标的中国文化。它以马克思主义为指导思想，立足并服务于社会主义初级阶段，继承和汲取了古今中外优秀传统文化与现代文明的有益成果，能够继承中华民族优秀传统，展现现代文化特质，体现中国共产党的先进性，代表中国最广大人民群众的根本利益。

最后，社会主义先进文化是作为特定文化概念和实践命题的"先进文化"。社会主义先进文化的内涵继承了以上两类先进文化意义，由江泽民同志在提出"三个代表"重要思想后正式形成。"三个代表"重要思想其中一个代表就是中国共产党"始终代表中国先进文化的前进方向"，这里的"中国先进文化"就是指中国特色社会主义文化。党的十四大至十六大，从"精神文明"到"有中国特色社会主义文化"，我们党对社会主义先进文化的认识不断深入。从党的十六大至十八大，通过"和谐文化""科学发展观"和"社会主义荣辱观"，我们党进一步拓展对社会主义先

---

[1] 黄凯锋：《变量共生、组合创新与意识形态》，上海：学林出版社2012年版，第108页。
[2] 牛余庆：《浅谈我党代表先进文化前进方向的两个问题》，载《理论学刊》，2001年第3期，第26—27页。

进文化的认识，把社会主义核心价值体系明确为社会主义先进文化的"精髓"。党的十八大以来，我们党提出建设社会主义文化强国的目标，"新时代中国特色社会主义文化"正是对新时代条件下社会主义先进文化的新表述。我们必须紧跟中国特色社会主义的伟大实践和理论创新的步伐，科学认识、深刻把握社会主义先进文化的意涵，使之成为本研究得以立论的一个重要基础。

第二，对"发展社会主义先进文化"内涵的理解。

首先是指我们党领导社会主义先进文化建设的历史过程。文化发展受制于历史条件，又在发展的过程中不断改变和创造新的历史条件。从五千年中国文明史发展历程来看，社会主义先进文化受中华优秀传统文化滋养，传承了中华优秀传统文化中若干符合现代化要求并得到创新性发展的积极因素。从科学社会主义五百年发展历程来看，社会主义先进文化继承马克思主义致力于人的全面发展的宏大价值追求，又以马克思主义为旗帜和指南。从中国共产党百年发展历程来看，中国特色社会主义文化从新民主主义文化发展而来，在社会主义建设、改革开放进程中不断发展和完善。中国特色社会主义进入新时代，社会主义先进文化的先进性和优越性进一步彰显。

其次是指我们党对社会主义先进文化的主动"建构"。社会主义先进文化是在经济文化基础落后的时代条件下，由中国共产党团结带领中国人民逐步发展起来的，并始终受到资本主义文化的冲击和渗透。这就决定了发展社会主义先进文化必须坚定马克思主义立场，在确立和建设社会主义制度的长期实践过程中，将具有先进性的价值目标主动"前置"，通过扬弃资本主义文明及其局限性，将价值目标意义上的"应然"化为历史发展进程中的"实然"，从而体现社会主义高于资本主义的强大思想力量。

最后是指社会主义先进文化的传播。长久以来，社会主义先进文化在国家政治生活和宣传话语空间中无疑占据主导地位，但在不同的社会发展阶段，先进文化的内容、任务和传播方式也不同。随着内容建设的变化，传播方式也与时俱进。尤其在进入全媒体时代的当下，技术手段、平台载体在文化传播中的作用越来越重要。社会主义先进文化的传播过程，一方面是社会主义先进文化通过各种形式和途径完善自身内容、主体、结构和模式，在与资本主义和封建文化糟粕等的斗争中推动自身发展；另一方面要推动先进文化所彰显的科学文化、思想观点、精神追求等获得大众认同，同时不断吸收和融合其他文化样式、习俗和潮流，引领人民群众塑造社会主义精神文化生活。我们党要在领导社会主义先进文化发展过程中牢牢掌握全媒体技术的使用权和领导权，唯此，我们才能加快构建并形成社会主义先进文化的全媒体传播格局，推动社会主义先进文化的繁荣发展。

值得强调的是，我们要辩证看待全媒体技术条件下人与技术的关系，发挥这两个要素在社会主义先进文化发展中的积极作用。人是文化发展的推动者，也是文化发展的目的。我们党在领导社会主义先进文化建设发展过程中形成了领导文化建设的优良传统和政治优势，当下只有把好全媒体时代发展的脉搏，充分运用全媒体技术为我们党发展社会主义先进文化服务，才能避免中国特色社会主义文化事业发展受到挫折。技术因素在文化发展中作用比重的加大并不意味着人的因素及其权重的下降。全媒体技术越发展，越要对其形成有效控制。中国共产党在领导社会主义文化建设中形成的好的传统和优势不能丢，唯此才能尽快适应新的技术挑战。这是全媒体时代发展社会主义先进文化必须解决好的重要问题，也是开展本研究的理论和现实意义所在。

第三，对"全媒体时代"以及相关概念的理解。

"全媒体时代"是本研究的时代背景和前提条件，是一个关键性概念。2019年1月25日，习近平总书记在主持中共中央政治局就全媒体时代和媒体融合发展举行的第十二次集体学习时，提出了加快推动媒体融合发展，构建全媒体传播格局的战略要求。习近平总书记首次提出"全媒体"概念，并从时空、技术、主体、功能出发，提出"全程媒体""全息媒体""全员媒体""全效媒体"的概念。在党的二十大上，习近平总书记再次针对当前存在的意识形态领域的挑战,强调要"加强全媒体传播体系建设,塑造主流舆论新格局"①。这些都为我们深切把握全媒体时代特征,深入探讨传媒格局、文化传播方式的深刻变化,积极应对社会主义先进文化建设所面临的机遇和挑战提供了重要的理论框架和思考路径。

理解"全媒体时代"概念,离不开"媒体融合"。这是20世纪90年代传入中国的"media convergence"的中文译意,是指媒介使用者和媒体组织对多种媒介的整合(该词由美国麻省理工学院教授尼古拉斯·尼葛洛庞帝在1978年提出,后由马萨诸塞州理工大学教授伊赛尔·德索拉·普尔发展,原指传播学意义上的"媒介融合",即"各种媒介呈现出多功能一体化的趋势"②)。"媒体融合"是借鉴了西方媒介融合理论,结合传媒产业发展需要而形成的中国特色的话语表述方式。党的十八大以来,党中央高度关注世界范围内媒体融合发展的新动向。随着数字技术、5G移动通信技术和移动互联网信息技术不断发展,2013年,中国正式启动媒体融合的顶层战略设计,并在2014年推出多项规划和政策,"媒体融合"成为学界的主流概念。作为国家战略,"媒体融合"的目的是通过传统媒体对新媒体阵地的拓展和融合,提升传统主流媒体的舆论引导力。

习近平总书记"1·25"重要讲话首次明确阐述"媒体融合"与"全媒体"的辩证关系,有助于厘清以往研究中出现的媒体融合与全媒体概念混用的情况。讲话强调"媒体融合"与"全媒体"构成不可分割的有机整体。"媒体融合"不是媒体发展的最终目的,而是通向"全媒体"传播格局的战略和途径。换句话说,媒体融合是形成全媒体的过程,全媒体是媒体融合战略的价值目标。媒体融合战略最终指向构建和形成全媒体的传播格局,服务于中国特色社会主义文化建设的强国战略。因此,"全媒体时代"超越了原有的传播学视野,成为具有中国特色的概念和我们党发展

---

① 《中国共产党第二十次全国代表大会文件汇编》,北京:人民出版社2022年版,第36页。
② 张春华、温卢:《重构关系:媒介融合背景下传播力提升的核心路径》,载《新闻战线》,2018年第13期,第41-46页。

社会主义先进文化的战略机遇期。总之，全媒体时代以全媒体技术为驱动，以媒体融合发展为过程，以建设全媒体传播体系为目标。全媒体时代应该成为以社会主义先进文化扬弃技术异化，以全媒体技术的"善治善用"促进人的全面发展的美好时代。

第二节　相关领域的前人探索

一、国内相关研究

目前，国内学界对全媒体和对社会主义先进文化的研究分别形成了众多研究成果，但两者之间尚未形成明显的交叉渗透研究。不过，学界从技术与文化发展关系的视角，对社会主义先进文化发展问题加以研究并形成了较为深刻的认识。同时，学界对马克思主义的技术批判思想以及法兰克福学派和媒介批判学派等的理论也开展了丰富的研究。上述相关成果都为本研究奠定了扎实和丰厚的研究基础。然而，对全媒体发展时代社会主义先进文化的专题性研究则较少，相关研究成果散见于在全媒体或媒体（媒介）融合视角下，对马克思主义的传播与中国化、意识形态建设、社会主义核心价值观培育和思想政治教育等领域。牛凤燕所著的《全媒体时代马克思主义传播机制优化研究》、马媛媛所著的《媒体融合背景下的社会主义核心价值观传播策略研究》、董扣艳所著的《全媒体时代思想政治教育过程论》都是相关领域较有系统性的著作。

从技术变革的较长历史阶段看，与"互联网时代""新媒体时代"等提法相比，"全媒体时代"是更新颖的提法。党的十八大以来，党中央提出推动传统媒体和新兴媒体融合发展、壮大主流思想舆论的战略后，媒体融合研究成为热点，研究成果呈爆发性增长态势。习近平总书记提出构建全媒体传播格局的战略目标后，全媒体时代发展社会主义先进文化的相关研究开始加速和升温。本质上，全媒体时代由媒介技术发展驱动形成，因此，本书把与本主题相关的文献评述限定于技术视角下与社会主义先进文化发展相关的领域和问题的研究。

（一）技术视角下社会主义先进文化发展的相关研究

国内围绕技术条件视角对发展社会主义先进文化问题开展的研究有以下四方面。

第一，从一般意义的科学技术视角开展的相关研究。由于社会主义先进文化以马克思主义的科学理论为指导，反映了人类文化发展的一般规律，代表了中国先进文化的前进方向，在具体内容上又是科学文化与人文的统一，学界普遍从广义的理解上认为社会主义先进文化具有科学性的内涵，科学文化是社会主义先进文化的重要组成部分，科学技术是社会主义先进文化的重要推动力量。相关观点散见于科技哲学、马克思主义哲学和马克思主义科技哲学等方面的一些论著。董文华所著的《科学信仰——马克思主义先进文化传播与中国化》的论述较为系统。

第二，从全球化时代，特别是媒介技术全球化的视角开展的相关研究。全球化始于经济全球化，至今已发展成包括技术全球化在内的多领域的全球化。技术革命是全球化的重要推动力。这方面研究主要是借鉴文化帝国主义和媒介帝国主义理论，揭示西方文化借助媒介霸权向包括中国在内的发展中国家进行文化渗透和殖民的现状，以及在此情境下中国文化在对西方文化霸权的抵抗中发展和对外传播的情况。范玉刚所著的《全球文化影响下中国主流文化价值观的建构与传播》对全媒体语境下主流文化价值观话语体系的建构问题进行了系统探讨。

第三，从互联网和新媒体视角开展的相关研究。通过分析网络新媒体的特征和互联网文化传播的特性，对比网络新媒体相较于传统媒体在传播马克思主义、构建主流意识形态、培育社会主义核心价值观的过程中具备的优势，提出更好运用新媒体传播先进文化的策略。这方面研究著作较多，包括周小华所著的《基于新媒体技术的马克思主义传播》，王永华所著的《网络媒体传播下维护主流意识形态安全研究》，彭文英所著的《新媒体视角下的社会主义核心价值观传播研究》，王宪锋所著的《新媒体时代马克思主义大众化传播路径研究》，代征、张东、谢霄男合著的《自媒体价值观传播机制及其导向策略研究》，苟欣文、邓新民、蔡敏合著的《互联网技术与马克思主义传播——基于价值观与方法论的研究》等。

第四，从新兴数字信息技术视角开展的相关研究。这方面研究刚刚兴起，成果数量不多，尚未形成有分量的专著。研究最多的是智能算法技术的应用，其次是大数据技术的应用，个别学者提及人工智能技术。学界普遍认为先进数字信息技术带来了新理念、新技术、新资源和新方法，深刻改变了意识形态和核心价值观建构的研究理念和范式、传播方式和效果。研究内容包括新兴先进数字信息技术在马克思主义、主流意识形态和核心价值观的理论研究、文本研究、话语表达和传播方式等方面的问题，提出要运用基于大数据的文本挖掘和本体构建技术、可视化技术、数据新闻技术、数据挖掘和智能推荐算法等技术，加强数据库建设和数字化建设，培养融合型人才和配套制度环境等对策。

（二）全媒体时代的特征研究

尽管众多研究以全媒体时代为背景，但专门分析全媒体时代整体性、本质性特征的不多见。米博所著的《从新媒体到全媒体：新时期新闻传播的发展研究》是少有的分析了全媒体时代特征的著作。大多数研究基于网络新媒体情境的特征考察，着眼于全媒体背景下某些特定要素和具体事物的特征，例如全媒体时代的传播模式、受众、媒体等。从这些论述中可以提炼出全媒体时代的相关特征。

第一，全媒体时代是媒介技术驱动的时代。有学者认为，在全媒体时代，媒介融合将重新整合媒体行业，传播技术变得与传播内容同等重要；随着大数据技术发挥的作用越来越多，将产生信息泛滥问题[①]。这方面的

---

① 高庆华：《全媒体时代的特点及其对学术期刊编辑的要求》，载《编辑学报》，2014年第S1期，第9-11页。

分析大多从传播方式、传播主体、传播内容等方面进行研究。有学者认为，全媒体传播全方位整合了传播技术、内容、形式、手段和营销方式，形成媒介载体形式、内容形式和技术平台互相融合的集成体①。还有学者认为，媒体融合具有技术先导性，技术革新和应用逐渐消融了各种媒体和传者受众的边界②。

第二，全媒体时代是传统主流媒体和新媒体共存融合、形成复调叙事的时代。众多学者对传统主流媒体和新媒体进行了比较研究。有学者指出，大众传播时代，传播资源原本由传统主流媒体独享。当下，新媒体逐渐掌握了传播资源，获得了传播权力，动摇了主流媒体作为意识形态传播主体在整个社会传播格局中的绝对中心地位③。尽管如此，主流媒体具有权威性、公信力和渠道来源等诸多优势，不应被削弱。有学者对传统媒体和新媒体的优劣进行对比后指出，传统媒体不会遏制新媒体崛起，新媒体也不会完全取代传统媒体，二者将长期共存④。还有学者指出，主流媒体是国家意识形态的主要建构者，传统媒体依然是传播主流意识形态的最重要的平台⑤。

第三，全媒体时代以网络化传播为特征，强化了媒介的意识形态属性。有学者指出，网络即时通信工具的普及和发展使得传播主体大众化、传播速度即时化、传播方式多样化、传播内容自主化，公众的自媒体属性得到凸显⑥。有学者认为，全媒体时代的传播特征是信息生产主体多元化、

---

① 张瑞：《融媒体环境下广播电视语言艺术研究》，西安：西北工业大学出版社2019年版，第13页。
② 段海超、郑雨：《媒体融合视域下加强高校网络意识形态建设研究》，载《思想理论教育导刊》，2019年第7期，第123–126页。
③ 徐曼、刘博：《全媒体时代提升主流意识形态传播力的境遇与对策》，载《思想理论教育》，2019年第9期，第81–85页。
④ 于华：《全媒体时代的意识形态话语建构》，载《学校党建与思想教育》，2015年第2期，第63–64页。
⑤ 高震：《全媒体传播的复调叙事与主流意识形态认同》，载《中国电视》，2017年第3期，第57–60页。
⑥ 李兴选：《全媒体时代的网络意识形态话语权建构》，载《理论导刊》，2015年第2期，第28–30页。

议题设置普遍化和以用户为中心媒介的意识形态属性被强化,全媒体空间成为意识形态供给的重要领域①。有学者认为,新媒体迁移了媒体与受众之间的意识形态传受关系:对个体共识的意义协商取代对群体一致性的建构;日常叙事取代宏大叙事;开放、多元和多义的传播语境取代封闭、单一和无可置疑的传播秩序。意识形态话语权成为各类媒体竞相争夺的核心目标②。

第四,全媒体时代是大众高度依赖新媒体生存的时代。有学者认为,随着网络与大众生活越来越深地相嵌,我国网络用户形成规模化的发展趋势,用户分布向低学历人群扩散。个体呈现媒介化生存的鲜明特征,表现为现代人对媒介的高度依赖和人际交往的媒介化。从传播者视角看,意识形态供给侧职业结构不够合理,队伍人员比例严重不足③。有学者结合社会调查指出,青少年对传统媒体的运用正在明显减少,他们构成手机用户占比的大多数,正在成为网络化社会的主力军④。

(三) 全媒体时代社会主义先进文化发展的相关研究

研究者主要从机遇、挑战和路径三方面进行了研究。

第一方面是全媒体时代发展社会主义先进文化的机遇。

有学者从全媒体时代的传播特性视角进行分析,认为全媒体"内合外联"新理念驱动内容生产从单一媒体转向多媒体传播矩阵。全媒体技术推动信息传输从"粗放"转向"精准"。就社会主义核心价值观大众化传播而言,智能技术助力即时化传输,数据技术助力分众化投送,平台技术助力联袂化互动。全媒体的视觉化呈现、故事化叙事和场景化体验等新表达

---

① 王路坦:《全媒体时代意识形态管理供给侧改革探析》,载《当代传播》,2017年第1期,第47—50页。
② 高震:《全媒体传播的复调叙事与主流意识形态认同》,载《中国电视》,2017年第3期,第57—60页。
③ 王路坦:《全媒体时代意识形态管理供给侧改革探析》,载《当代传播》,2017年第1期,第47—50页。
④ 连保军、李晓东、何爱新:《社会主义核心价值观在青少年中的全媒体传播》,载《思想政治课教学》,2018年第12期,第9—13页。

方式促使主体从"被动接受"转向"积极体验"①。有学者从新媒体使用视角出发，认为马克思主义大众化传播的新渠道是互联网和移动端，新阵地是移动直播和短视频，典型案例是"学习强国"的应用②。有学者从媒介技术与政治认同的关系视角指出，全媒体增强了国家治理现代化目标下公民的政治参与能力，完善了政治参与制度，畅通了政治参与途径③。

第二方面是全媒体时代发展社会主义先进文化的挑战。

新媒体是先进文化传播的新渠道和新阵地。全媒体技术的发展使信息内容的生产和发布形式多样化、渠道多元化，极大地改变了媒体竞争的格局，大大增加了传统主流媒体对内容生产和发布的监管难度，使传统媒体面临被边缘化的危险。学界从文化发展和传播的主体、受众、传播过程等视角开展了相关研究，认为全媒体技术情境对发展社会主义先进文化的挑战来自两方面：一是外部挑战，西方借助掌握先进媒介技术的优势加大西方思潮的灌输和渗透力度；二是内部挑战，传统媒体"把关人"地位的削弱和网络新媒体自我议程设置能力的增强使得各种思潮互相激荡，难以把控。内外挑战交织合流，使主流文化和意识形态的构建更为困难。

其一，西方发达国家利用全媒体技术优势加大推行文化霸权的力度。全媒体成为西方意识形态霸权加大了对包括中国在内的发展中国家的意识形态侵蚀和渗透的新形式。有学者指出，全媒体技术具有开放性，在不同国家的发展也不均衡，它颠覆了传统意识形态话语的建构方式，弱化了非西方国家对意识形态的主导，形成了西方意识形态话语霸权④。有学者认为，西方国家的"和平演变"政策在全媒体时代呈现更加复杂和隐蔽的态

---

① 柏路、包崇庆：《运用全媒体优化社会主义核心价值观大众化传播论析》，载《思想教育研究》，2020年第9期，第128-133页。
② 张轩铭、杜波：《全媒体时代马克思主义大众化传播的机遇、挑战与对策》，载《理论导刊》，2021年第4期，第121-125页。
③ 徐黎：《加强全媒体环境下党的意识形态工作》，载《中国党政干部论坛》，2020年第9期，第56-58页。
④ 聂筱谕：《西方的控制操纵与中国的突围破局——基于全媒体时代意识形态话语权争夺的审视》，载《世界经济与政治论坛》，2014年第3期，第69-83页。

势，突出表现在三方面：把意识形态问题包装成民生问题，进而挑起民主政治话题；把国际社交媒体当作对华宣传渗透的前沿阵地；利用网络文化产品输出西方价值观①。

其二，网络舆论场的格局失衡使舆情治理相对失焦。官方和民间形成了两个舆论场。自媒体成为产生舆情的主源头和传导舆情的主渠道，网下群体性事件通过网络平台发酵放大。一些社会事件往往引发基于不同意识形态和价值立场的争论，而网络舆情争论又容易往线下发展为群体性事件。在众声喧哗的舆论场中，主流媒体的议程设置能力和舆论整合能力被弱化。有学者指出，全员媒体与全程媒体构成舆论场中受众个体的"强连接"，使异质性的舆论以前所未有的快速度与高强度生成。舆情变动使人应接不暇，舆论生成路径自下而上，反向议程设置频频出现，导致社会主义意识形态被淹没和干扰于社会舆论场中②。有学者认为，媒体融合消融了网络与现实世界的边界，使网络世界的"各种言说"和"任意言说"的方式蔓延至现实社会，挑战了传统社会理性和道德观念，使主流意识形态传播遭遇"混音场"③。

其三，传统主流文化传播方式难以匹配全媒体传播特性。从内容生产方面看，有学者认为，逻辑性和线性是社会主义意识形态内容生产过程的思维主线，但这与全媒体传播非线性、趣味性和生动性的逻辑特质以及表达方式不相符。意识形态传播的宏观叙事方式也不符合关注碎片化细节和生动化形象的全媒体时代"微"表达方式④。从内容表达方面看，传统的话语表达方式难以满足全媒体情境下的大众偏好。有学者认为，当前的社会主义核心价值观传播主要采用官方政治性话语体系，与民众话语偏好差

---

① 布超：《全媒体时代维护我国意识形态安全面临的新挑战》，载《学校党建与思想教育》，2019年第7期，第42-44页。
② 刘博：《全媒体时代社会主义意识形态传播的实然困境与应然向度》，载《新疆社会科学》，2020年第5期，第21-29页。
③ 蓝波涛、杨兴凤：《媒体融合视域下主流意识形态建设的策略探索》，载《广西大学学报（哲学社会科学版）》，2021年第4期，第151-156页。
④ 刘博：《全媒体时代社会主义意识形态传播的实然困境与应然向度》，载《新疆社会科学》，2020年第5期，第21-29页。

距较大，使民众对社会主义核心价值观产生距离感甚至冷漠感①。从内容传播方面看，各类思潮喧哗、激荡、碰撞，掩盖了主流意识形态的传播。民粹主义等极端言论、历史虚无主义的负面信息、亲西方意识形态和低俗文化与马克思主义意识形态争夺人心。负面或突发性事件更容易吸引人们的注意和热议，滋生非理性情绪和非理性舆情，形成所谓"剧场效应"。有学者指出，在全媒体传播中，多元化西方思潮冲击主流意识形态主导地位，娱乐化元素削弱主流意识形态权威性，开放式传播环境提升判断信息真伪的难度②。还有学者认为，媒介融合具有碎片化信息、个人门户和"关系为王"等特征，形成对传统媒体报道内容的挑战③。此外，全媒体传播对网络治理能力提出更高要求。有学者指出，在全媒体情境下，互联网商业媒体相悖于主流媒体的内在运行逻辑，致使网络表达乱象丛生，道德失范现象普遍存在，娱乐至上倾向不断泛化，网络乱象监管缺位，分化了主流意识形态话语的公信力④。

其四，受众群体差异化减弱主流文化和意识形态传播效果。全媒体技术的发展使得传播主体有能力将受众根据不同特点和需求进行细分。而细分带来的受众群体差异化却减弱了强调共性和整体性的传统文化与意识形态传播效应。有学者指出，话语主体多元化稀释了主流意识形态话语的吸引力和影响力⑤。还有学者认为，主体素养差异化降低了传播阐释力⑥。

第三方面是全媒体时代推动社会主义先进文化发展的路径。

---

① 牛凤燕：《全媒体时代社会主义核心价值观传播的新生态》，载《青年记者》，2019年第32期，第43-44页。
② 李馨宇、李菡婷：《全媒体时代大学生主流意识形态认同与调适》，载《思想理论教育导刊》，2019年第12期，第144-147页。
③ 彭兰：《社会化媒体与媒介融合的双重挑战》，载《新闻界》，2012年第1期，第3-5页。
④ 禹旭才、熊耀林：《全媒体语境下主流意识形态话语权的审视与建构》，载《湖南科技大学学报（社会科学版）》，2021年第4期，第172-177页。
⑤ 何小勇：《媒体融合背景下主流意识形态话语权的提升》，载《东岳论丛》，2018年第8期，第39-47页。
⑥ 柏路、包崇庆：《运用全媒体优化社会主义核心价值观大众化传播论析》，载《思想教育研究》，2020年第9期，第128-133页。

学界普遍认为，一方面要正确认识到建构主流意识形态的科学规律和极端重要性，始终坚持马克思主义主流意识形态的指导地位，牢牢掌握网络文化和意识形态工作的领导权、管理权和话语权，用马克思主义中国化时代化的最新理论成果引领社会思潮。另一方面，要科学认识全媒体时代媒体技术的发展规律，主动适应全媒体时代对宣传思想文化工作的要求，加快推进媒体融合，创新方式方法。

其一，加强党对全媒体时代文化和意识形态工作的领导，优化文化内容生产方式。在全媒体时代，尽管技术因素在文化发展和意识形态话语权建设中的作用越来越大，但起决定性作用的仍是主流意识形态的范导和建构。要坚持党对宣传思想文化和互联网事业的绝对领导权，巩固主流意识形态话语的马克思主义理论底色，以马克思主义理论建设工程和社会主义核心价值观培育为抓手，不断优化文化内容的生产和输出。有学者提出了全媒体时代提升社会主义核心价值观话语权的原则，包括坚持马克思主义新闻观、坚持党的领导和坚持问题导向①。也有学者指出，要高举旗帜，把牢意识形态领导权，全面落实全媒体发展战略②。还有学者认为，文化内容的生产要坚持导向为魂、内容为王、创新为要，尊重大众的接受特点与网络传播规律，提升社会主义核心价值观大众化传播的原创生产能力，打造"有速度、有高度、有温度"的内容体系③。

其二，创新和发展主流意识形态的话语体系，转换话语表达方式。在全媒体时代，各种文化思潮和意识形态都在想方设法争夺话语权，主流文化和意识形态必须具备能被大众接受的话语表达方式才能把牢主导权和话语权。当前，话语表达的生活化、分众化成为趋势。有学者指出，面对全媒体时代话语权威的弱化和去中心化现象，要创新、同构生活化的话语议

---

① 陈宸：《全媒体时代社会主义核心价值观话语权提升路径探析》，载《新闻爱好者》，2021年第6期，第88-90页。
② 李超民：《全媒体视域下主流意识形态传播及其风险防范研究》，载《晋阳学刊》，2020年第5期，第79-86页。
③ 柏路、包崇庆：《运用全媒体优化社会主义核心价值观大众化传播论析》，载《思想教育研究》，2020年第9期，第128-133页。

题；面对媒体互动化、互动媒体化的发展趋势，要创建互动化的交流机制，凝聚意识形态的话语共识；还要积极打造分众化的智能媒介，建立融通多样化平台的话语传播体系①。也有学者认为，要从三个层面优化当代中国主流意识形态的话语结构，即在话语结构核心层坚持马克思主义指导，大力促进中间层的人文社会科学研究的繁荣，不断丰富外围层语言的生动性②。此外，还有学者提出要不断创新对外传播的话语表达方式，讲好中国故事，弘扬中华优秀文化，建设中国特色意识形态国际话语权。但总体来说，这方面论述不多，系统性不强。

其三，加快主流媒体与新媒体的融合发展，更好地发挥主流媒体作用。构建全媒体传播格局的主体是主流媒体。主流媒体要充分发挥权威性优势，通过与新媒体融合弥补短板，打造新型主流媒体平台，发挥"内容为王"的领航和表率作用，提升对主流文化和意识形态的引导力和影响力。有学者指出，要建设与新兴媒体形态优势互补，渠道互动的新型主流媒体。要聚焦信息内容、平台终端、新闻采编环节，不断建设和完善新型主流媒体矩阵。充分发挥主流媒体的传统优势，强化对新兴全媒体技术的应用，以主流媒体为主体建设和拓展移动传播平台③。还有学者指出，主流媒体要注重运用隐性议程设置的方式，有效疏导舆情主体的理性多元表达和舆情客体的多样化走向④。

其四，推动技术赋能，提高技术要素在先进文化发展中的贡献度。技术驱动是支撑媒体融合发展的关键，只有不断创新和利用新技术，才能真正推动形成全媒体传播格局。要积极运用新技术赋能媒体转型升级，将全媒体技术与主流文化和意识形态构建深度耦合，净化主流文化和意识形态

---

① 郭军、韩小谦：《全媒体时代我国意识形态话语传播方式的创新转换》，载《编辑之友》，2021年第3期，第52-56页。

② 聂筱谕：《西方的控制操纵与中国的突围破局——基于全媒体时代意识形态话语权争夺的审视》，载《世界经济与政治论坛》，2014年第3期，第69-83页。

③ 刘博：《全媒体时代社会主义意识形态传播的实然困境与应然向度》，载《新疆社会科学》，2020年第5期，第21-29页。

④ 隋田媛、李荣：《全媒体时代主流意识形态话语方式的探索创新》，载《青年记者》，2021年第6期，第68-69页。

话语的传播环境。有学者指出，应积极开发信息采集、报道与传播的新媒体技术平台，实现资源共享，打造全新的价值观传播界面①。也有学者指出，要在社会主义核心价值观传播中提高技术要素的运用程度，探索将人工智能、大数据等新技术运用到新闻采集、生产、分发、接收、反馈等传播环节。还要防范大数据等新技术产生的风险，用主流价值导向驾驭技术，全面提高舆论引导能力②。还有些学者提出要完善意识形态预警监控机制，充分利用大数据等先进技术，收集、分析、判断和反馈舆情动态③。

二、国外相关研究

国外有关全媒体、媒介融合以及文化学、传播学的丰富研究值得关注。这里主要基于马克思主义的立场和方法，从技术和媒介视角对文化和意识形态的相关研究进行简要梳理。

（一）马克思主义经典作家的技术批判研究

19世纪中后期，随着科学技术迅猛发展，特别是技术引发的一系列问题得以显现，西方哲学中产生了一个分支——技术哲学以探讨技术与文化的关系。对技术与文化的辩证关系的认识起始于人们对技术发展促进文化发展的作用的发现，但在技术进一步发展过程中又逐渐发现技术异化为统治人、奴役人的力量。于是技术哲学中先后形成了支持技术发展、认同技术造福人类的技术乐观主义，反对技术发展、认为技术发展会给人类带来灾难的技术悲观主义，从正反两方面看待技术对人类文化和文明发展作用的技术现实主义。这些"主义"还包含更多的细分方式和不同流派。例如，美国学者A. R. 德雷奇森（Alan R. Drengson）认为，西方自近代以来关于技术的哲学观念大致可分为技术无政府主义、技术崇拜论、技术恐惧

---

① 陈宗章：《"媒体融合"与社会主义核心价值观的传播路径创新》，载《重庆邮电大学学报（社会科学版）》，2016年第4期，第67-72页。
② 张锅红：《全媒体时代高校社会主义核心价值观传播策略研究》，载《中国高等教育》，2019年第21期，第25-27页。
③ 禹旭才、熊耀林：《全媒体语境下主流意识形态话语权的审视与建构》，载《湖南科技大学学报（社会科学版）》，2021年第4期，第172-177页。

论、适宜技术论等四种哲学传统①。按这样的分法，技术现实主义则是处在技术崇拜论与技术恐惧论之间的技术观念②。一方面，技术现实主义论者并未从理论层面清晰地论证他们的观点，甚至一些观点本身也不清晰；另一方面，随着对技术异化问题研究的加深，人们开始从技术设计和应用的社会背景——现代工业文明中寻找答案。

马克思、恩格斯的技术哲学思想充分揭示了技术对文化和人的全面发展起到的正反两方面影响，既弥补了技术实用主义的缺憾，也形成了与西方技术哲学发展的交汇。马克思、恩格斯深入研究现代西方工业文明，更进一步揭示了技术生成和发展的社会基础。他们将技术要素引入对资本主义的分析，由此来支撑"对资本主义的批判"③。

技术批判是马克思主义技术哲学思想的重要组成部分。马克思、恩格斯既把技术视作解放人的革命力量，又十分警惕技术对人的异化。如果说，海德格尔把技术视为人类历史进步的自然前提，人存在的先验规定和社会发展遵循的客观准则，从技术的本质来说，是一种从"展现（或解蔽）世界的方式"④的视角出发去理解社会历史的发展，从而走向只能依靠真理的显现来被动地克服技术异化的悲观主义，那么，马克思和恩格斯则是把技术视作社会历史发展的内容和结果，把技术批判置于社会历史批判之中，他们从追问人与自然的关系，从资本主义制度下人的生存境遇和存在价值出发，以工业为例证，指出技术的本质"是一本打开了的关于人的本质力量的书"⑤，是人的本质力量的感性体现和文化形式。他们超越了去价值化的技术中立论和功利主义的技术现实主义，指出现代技术并非来

---

① Alan R. Drengson, "Four Philosophies of Technology", Technology as a Human Affair, Edited and with introduction by Lary A. Hickman, New York: McGraw Hill, 1990, p. 28.
② Transcript of Panel 1: What is Technorealism, http://cyber.law.harvard.edu/technorealism/panel1.html（访问时间：2022年4月30日）.
③ E. F. Byrne: "Work and Technology: A Bibliographical Essay", Philosophy and Technology, Vol. 25, No. 4, 1988, p. 297.
④ 孙周兴选编：《海德格尔选集》（下），上海：上海三联书店1996年版，第932页。
⑤ 中共中央马克思恩格斯列宁斯大林著作编译局：《马克思恩格斯文集》（第1卷），北京：人民出版社2009年版，第192页。

源于现代社会之外，而是资本主义制度下生成的历史产物。现代机器大工业对劳动者的奴役和统治并非源自机器本身，"而是从机器的资本主义应用产生的"①。马克思和恩格斯通过批判技术的资本主义应用方式，指向对资本主义制度本身的批判。由此，也乐观地指出了技术成为人类解放力量的通达途径——消灭技术异化赖以生存的社会条件即资本主义制度。

（二）法兰克福学派的技术批判研究

之所以选择回顾法兰克福学派而不是更大范围的西方马克思主义流派或其他学派的技术批判理论研究，不仅是因为法兰克福学派技术批判理论深受马克思主义批判传统的影响，并从社会批判的视角出发进行技术反思，而且是因为法兰克福学派的批判理论综合了技术与媒介的视角，为当代中国技术批判和媒介批判研究领域提供了极为重要的话语资源，对本研究而言尤为重要。

20世纪上半叶以来，世界资本主义呈现出新的发展势态。一方面，资本主义凭借科学技术迅猛发展带来的劳动生产效率的提高，在一定程度上减轻了劳动者的生产负担，提高了无产阶级的福利待遇，很大程度上削弱了无产阶级的反抗力量。另一方面，随着科技及其运用日益深刻地嵌入生活，改变了人的思维方式，技术在日益显现强大力量的同时显露出统治者、异化人的"獠牙"。在无产阶级革命难以从强大的资本主义制度内部实现的困境中，法兰克福学派把对资本主义制度的批判转向意识形态和文化领域，并特别关注技术异化给人的生存境遇带来的灾难。他们继承了马克思主义经典作家的批判精神和批判旨趣。在霍克海默看来，技术批判理论根源于马克思的政治经济学批判，法兰克福学派的技术批判坚持了马克思主义意义上的"批判"传统。他们发现，资本主义制度下，科学技术的快速发展和全面应用遮蔽了阶级剥削和压迫的实质，强化了资产阶级对科学技术的掌控，使得技术发展不得不以资产阶级的价值诉求为自身的发展

---

① 中共中央马克思恩格斯列宁斯大林著作编译局：《马克思恩格斯文集》（第5卷），北京：人民出版社2009年版，第508页。

要求，科学技术成为意识形态并具有虚假性，造成了现代性社会和自然生态的各种灾难性后果。法兰克福学派继承了马克思主义的辩证法和异化理论，吸收并深化了韦伯的合理化理论，改造和发展了卢卡奇的物化理论，针对启蒙精神、技术的工具理性、技术的意识形态化、科学技术价值观、文化工业、技术民主化设计等多个领域进行了批判性研究，揭露和鞭笞了资本主义制度下的技术统治，重申了人的价值和主体性地位，建构了具有深厚理论根基的技术批判理论。霍克海默和阿多诺的《启蒙辩证法》、马尔库塞的《单向度的人》、哈贝马斯的《作为意识形态的技术与科学》、芬伯格的《技术批判理论》等都是关于这方面极具代表性的作品。

但是，法兰克福学派并不认同马克思关于"工具理性的扩张主要是资本主义经济活动的结果"的论断①，转而把技术异化归因于技术的负面社会应用，从而归咎于技术本身。同时，他们将扬弃技术异化的途径寄希望于人的心理和本能，寄托于宗教和艺术等精神作物，认为社会变革的希望在于"生物学和心理学意义上能体验事物和自身的人类身上"，寄希望于"摆脱残害人和压迫人的心理氛围"②，因而不能不说是一种缺憾。

（三）受马克思主义影响的西方媒介批判研究

马克思和恩格斯虽然对报纸和新闻进行了研究，但并未上升到媒介批判的整体性高度。这个任务由继承马克思主义传统的法兰克福学派与受到马克思主义传统影响的英国文化研究学派继续展开。

传统技术批判中包含着对文化、价值观和意识形态等领域的大量研究，而媒介批判也包含从媒介视角对意识形态、文化和技术的批判。有学者从意识形态理论视角出发，根据不同时期对意识形态概念的理解，从时间先后顺序上将媒介意识形态批判理论分为法兰克福学派、伯明翰学派

---

① ［英］尼格尔·多德：《社会理论与现代性》，陶传进译，北京：社会科学文献出版社2002年版，第68页。
② ［美］赫伯特·马尔库塞：《审美之维》，李小兵译，北京：生活·读书·新知三联书店1989年版，第107-108页。

（即英国文化研究学派）、全球主义以及后现代学派等四种形态①。从传播学的视角看，媒介研究分为经验研究和批判研究两个大的流派。在批判研究流派中，有学者将其分为四大理论"谱系"：以法兰克福学派为代表的德国谱系，以英国文化研究学派为代表的英国谱系，以加拿大多伦多传播学派和纽约学派等为代表的北美谱系，以符号学、结构主义为方法论的法国谱系②。两种分法都同时包含了法兰克福学派和英国文化研究学派，而这两个学派都受到了马克思主义传统的影响。这里就这两个学派的主要理论和代表人物做一个简要梳理。

在西方，法兰克福学派是最早从文化哲学视角关注媒介文化问题的学派，其理论基础来源于经典马克思主义理论中关于意识形态是资产阶级维护统治权力和利益的虚假意识的理论。一直以来，人们对法兰克福学派的传播学思想并不重视，究其原因，他们"不愿把传播与其他因素从它的整体系统中分离出来"③。法兰克福学派的传播领域思想集中于其对媒介控制文化和意识形态的认识。他们对大众媒介和文化工业的研究成果曾被拉扎斯菲尔德（Paul F. Lazarsfeld）称为最早的传播批判研究④。法兰克福学派认为，意识形态控制是统治阶级合法性的来源，媒介是控制舆论的工具，国家（统治阶级）通过控制媒介就实现了对社会意识形态的控制。因此，媒介不仅是国家控制意识形态的工具，而且自身也上升为维护国家统治的意识形态。为了获得思想解放，必须对媒介的意识形态化进行彻底批判。于是，法兰克福学派对媒介的批判就体现为对意识形态的批判，其批判理论就具有了"意识形态批判的形式"⑤。代表性理论包括：霍克海默在

---

① 李曦珍、何眉：《西方媒介意识形态批判理论的演变脉络》，载《当代传播》，2008年第1期，第61-62页。
② 李勇：《当代西方媒介批判理论疏略》，载《北方论丛》，2013年第6期，第63-67页。
③ ［美］斯蒂文·小约翰：《传播理论》，陈德民译，北京：中国社会科学出版社1999年版，第408页。
④ 邵培仁、李梁：《媒介即意识形态——论法兰克福学派的媒介控制思想》，载《浙江大学学报（人文社会科学版）》，2001年第1期，第102-110页。
⑤ ［德］哈贝马斯：《公共领域的结构转型》，曹卫东、王晓珏、刘兆城、宋伟杰译，上海：学林出版社1999年版，第54-55页。

《艺术与大众文化》以及他与阿多诺合著的《启蒙辩证法》中提出的文化工业批判理论，葛兰西在《狱中札记》中提出的文化霸权理论，阿尔都塞在《意识形态与意识形态国家机器》一文中提出的"召唤"理论，等等。

英国文化学派被称为"英国马克思主义传播学派"。早期他们的研究方法受到美国传播学经验主义研究影响，到了斯图亚特·霍尔时期，通过吸收阿尔都塞和葛兰西的观点，转向了媒介的意识形态功能分析。英国文化研究学派认为，当代文化的一个重要表现形式就是媒介，媒介文化在引导人的价值观和行动方面起到了非常重要的作用。因此他们把媒介文化当作重要的研究内容，开启了独立的媒介文化研究。英国文化研究学派代表人物包括雷蒙德·威廉斯（Raymond Henry Williams）、斯图亚特·霍尔（Stuart Hall）和戴维·莫利（David Morley）等，他们开创了媒介文化研究的一系列新领域。他们指出，在资本主义社会，媒体是不同阶级观点的意识形态相互较量的"角斗场"，但在资产阶级掌控媒体的情况下，最终胜出的还是宰制性的意识形态。他们揭示了权力是如何操纵媒介将统治关系"编码"到媒介文本之中，以达到对人民灌输意识形态进而操纵人民的全过程。他们借鉴和吸收了多种理论，发展出多元化的分析、阐释和批判媒介文化的方法，特别是继承了马克思主义立场，吸收和改造了法兰克福学派理论。他们反对当时在美国流行的媒介研究的经验主义方法，转向媒介文化现象背后的社会批判，充满了对无产阶级大众的关注和同情。如威廉斯对工人阶级文化和新兴大众传媒充满热情，他认为工人阶级文化将在一个工业化、民主化的社会中发展成为所有人的共同文化，由此建构了"传播共同体"理论。霍尔是该学派的集大成者，他借鉴并发展了阿尔都塞的结构主义分析方法，研究了信息意义是如何在大众媒体的运作中被生产出来的机制，指出意义是被建构的，媒体是产生意义的机构，"媒体不只是再生产'现实'，它定义了什么是'现实'"[①]。他借鉴了马克思主义

---

① ［美］迈克尔·古尔维其等：《文化、社会与媒体：批判性的观点》，唐维敏等译，台北：远流出版事业股份有限公司1994年版，第84页。

政治经济学所采用的"生产—流通—分配—消费"的分析结构,提出了电视话语传播的"编码—解码"理论。他接受了葛兰西的文化霸权思想,指出媒介编码者与解码者之间存在协商与谈判的可能,建构了"编码—解码"的三种模式。此外,莫利在受众与传媒研究中对西方中心主义进行了反思和批判。

三、研究述评

首先,关联性研究形成丰富的理论和实践成果,为本研究打下了坚实基础。

第一,国内外学界对马克思主义、法兰克福学派、英国文化研究学派等流派的技术批判思想和理论开展了丰富研究,为全媒体时代发展社会主义先进文化研究提供了充足的理论工具。

第二,从一般意义上的科学技术视角开展的相关研究在宏观上指出了技术与文化发展的规律性认识,对发展社会主义先进文化问题的研究具有认识论和方法论层面的意义。

第三,从媒介技术全球化视角开展的相关研究具有较强的历史纵深性,提供了一种理论分析框架和开放文化环境下的研究视角。后来发展出的网络文化帝国主义理论又与网络新媒体技术的相关研究形成一定的交叉。

第四,由于网络新媒体技术是全媒体技术的基础,这方面的研究为全媒体技术视角的研究打下了最为坚实的基础,并成为进一步开展全媒体技术视角研究的有力支撑。但这些已有研究大多突出了网络新媒体技术的优势,忽视了对传统媒体的研究,这恰恰需要全媒体技术视角的研究予以完善。

第五,以新兴先进数字信息技术为视角的研究正在兴起,尚不多见,是值得关注的领域。

其次,已有研究宏观性、论证性较强而针对性、系统性不够,应进一步增强学理性和现实感。已有研究大多采用的是宏观性、论证性研究的方式，在提出问题的过程中着重谈重要性和意义，这是马克思主义学科的学术传统和研究优势。然而，这些研究存在系统性、针对性不够的情况。

第一，理论性研究亟待加强。已有研究虽然属于马克思主义学科领域，但往往采用传播学研究架构，按照文化传播的过程来进行研究。虽然国内学界关于技术批判研究的成果颇丰，但很少有人将其作为分析本领域的理论工具，仅发现个别学者运用马克思的技术异化思想来分析社会主义意识形态问题①。已有研究在一定程度上关注到资本逻辑对全媒体技术、平台和传播过程的控制和影响，以及对错误舆论的发酵与放大问题。但论述比较简单、零散。此外，由于相关领域的专著研究并不多见，以论文开展的研究往往采用特征分析、机遇、挑战和对策的框架，略显单薄。

第二，概念使用比较宽泛。将马克思主义、意识形态和核心价值观在一定程度上视作一个先验、给定的概念范畴，在研究中并不严格区分彼此间的异同，突出了它们的共性，导致如果把一些研究对象进行概念互换，并不会对研究内容造成很大影响。因此，采用能够包容这些概念在内的"社会主义先进文化"作为研究对象，可能更加合适。

第三，机遇研究略显不足。有研究对全媒体时代的特征、机遇和挑战进行了全面分析，但是挑战研究较多，机遇研究相对不足。同时，很多分析并未严格区分新媒体和全媒体以及马克思主义、意识形态和价值观等关涉先进文化的研究对象之间的差异，导致不少关于全媒体时代特征及其挑战、机遇的研究与网络新媒体时代的研究结论类似，并未很好地概括出基于全媒体时代的特点以及全媒体时代社会主义先进文化的境遇。这正是本研究希望有所加强的。

第四，偏向于对媒体的分析。从技术视角开展的相关研究并不多见，这给今后从技术视角开展研究留下了空间。

---

① 王贤卿：《社会主义意识形态面对技术异化挑战——基于智能算法推送的信息传播效应》，载《毛泽东邓小平理论研究》，2020年第6期，第24—31页。

再次，已有研究对社会主义先进文化传播的传统经验提炼不够，应重视"守正创新"。

文化建设和创新都是在已有条件下展开的，是在继承优秀传统基础上进行的创造性转化和创新性发展。实施全媒体战略，不是以网络新媒体和网络文化传播的新模式来全面取代传统媒体和传统文化传播模式，而是要以主流媒体为主，在主流媒体已有的优良传统基础上，将新媒体和新的网络化传播方式融于其中，使主流媒体对先进文化的传播方式从传统向现代转变。虽然众多学者强调全媒体战略实施要以建设新型主流媒体为目标，但当下的研究依然不同程度地存在重视新媒体传播模式、着重批判传统媒体传播模式的倾向，对传统建设和发展社会主义先进文化已有经验的分析和提炼不够，这也是导致当前研究对"挑战"研究得多，对"机遇"研究较少的深层原因。李进在其所著的《媒体融合进程中的马克思主义大众化传播研究》中，对马克思主义大众化的传统方式进行了总结和经验提炼，而其他的系统性梳理尚不多见。而本书以一定的篇幅概括提炼我们党发展社会主义先进文化的传统经验和优势，在"守正"的基础上不断"创新"。

最后，已有研究视角和背景较单一，应进一步推动交叉研究从"应然"走向"实然"。

受限于固有的学科背景和局限性，很多研究者敏锐意识到先进数字信息技术将对先进文化发展产生重大影响，从理论视角和方法论上提出了在社会主义先进文化发展中加强先进数字信息技术运用的努力方向，这是一种"应然"的策略。但囿于缺少数字信息技术的专业素养，有些学者很难深入了解并把握先进技术的应用研究。于是产生了研究主体和目标的差异：一方面，社会主义先进文化的研究者希望推动先进技术之于先进文化的应用性研究，将他们的研究理想化为现实；另一方面，全媒体和媒体融合领域研究者以及先进数字信息技术专业人士却对如何把先进技术运用于先进文化建设领域的意义和可行性缺乏了解或兴趣。因此众多研究只能停留于纸面的呐喊与呼吁，并且对大数据、人工智能、算法推荐、虚拟现实技术等先进数字信息技术的进展缺乏敏锐的跟踪能力。为此，应进一步推动社会主义先进文化对先进数字信息技术的应用，从"应然"走向"实然"。

第三节　从理论借鉴到研究设计

本书着眼于技术条件对文化发展的影响，从技术条件与文化发展的辩证关系入手，将人的全面发展视作全媒体时代发展社会主义先进文化的最高目标，将全媒体时代视作社会主义先进文化发展的历史条件，将全媒体技术的发展和异化以及扬弃技术异化推动文化发展的矛盾运动视作社会主义先进文化的重要动力，梳理我们党发展社会主义先进文化的历史进程，探索全媒体时代社会主义先进文化的发展之路。

从根本上讲，全媒体时代的重要特征是全媒体技术驱动形成的。技术发展对文化发展起正反两方面的作用，首先就要研究技术与文化的辩证关系和内在逻辑。从马克思主义的视角出发，技术对文化发展具有推动作用，但发展到一定程度，也生成了技术的异化效应，为此，必须研究如何消除技术异化带来的负面作用。这样，就把对社会主义先进文化发展的问题上升到理论性高度去认识。

文化发展虽然受到技术进步的影响，但也只能从既定的历史条件出发。社会主义先进文化并非凭空产生，中国共产党领导了社会主义先进文化的历史实践。要梳理和呈现社会主义先进文化的生成、发展和传播的脉络，研究和提炼出中国共产党在发展社会主义先进文化的宝贵历史经验。

总的来说，中国共产党在环境艰苦、条件有限的革命和社会主义建设岁月中既重视发挥人的主观能动性，又在媒介技术进步发展的进程中注重运用大众媒介发展先进文化，从而形成了一系列经验和传统。但是到了以媒介技术驱动的全媒体时代，这样的经验和传统能否继续？这就要对全媒体时代的特征进行总体性认识。在此基础上，研究社会主义先进文化在全媒体时代将会遇到什么样的挑战？能获得什么样的机遇？这是在全媒体时代进一步发展社会主义先进文化的前提。

但如果仅就事论事地讨论全媒体时代给社会主义先进文化带来的挑战并提出对策，意义毕竟有限。更重要的是科学认识和全面把握全媒体时代发展社会主义先进文化的新规律和新原则。要坚持社会主义先进文化的马克思主义立场，要认识到技术在文化发展中的作用虽然上升，但不能就此降低人的主体性和能动性。因此，好的传统和经验不能丢，要在"守正"的基础上适应媒介技术革命带来的新情况和新问题并进行"创新"，这样才能加强对社会主义先进文化的引领。同时更要注重发挥先进媒体技术在先进文化发展中的积极作用，从而形成全媒体时代我们党发展社会主义先进文化的规律性认识。

本着这样的认识，本书提出全媒体时代发展社会主义先进文化的若干路径和机制。首先，社会主义先进文化离不开党和政府的领导，因此必须与时俱进提升数字公权力的文化引领力。其次，要警惕资本逻辑对全媒体技术使用者的负面影响，特别要防止资本力量对全媒体技术成果的集中体现——互联网媒介平台过度控制。再次，要坚持"善治善用"全媒体技术的理念，以社会主义核心价值观引导全媒体技术的伦理设计，形成"红色算法"。最后，要拓展社会主义先进文化发展阵地，构建社会主义先进文化发展的媒介生态矩阵。要建立健全相关机制，坚持以社会主义先进文化的价值理念规范和引导全媒体技术的发展，使全媒体技术成为发展社会主义先进文化的重要推动力量。

基于这一研究思路，本书主要采用以下研究方法：

一是理论联系实际的方法。在全媒体时代发展社会主义先进文化呈现出与以往不一样的特征、表现和规律。必须坚持理论联系实际、实事求是地分析研究新的时代条件下的新问题。同时，要把马克思主义的技术批判思想更好地运用于社会主义先进文化在新技术条件下的发展研究。

二是资料收集与分析处理的方法。社会主义先进文化在全媒体情境下的发展问题引起了政界、学界和媒体等社会各界的广泛关注。对此，习近平总书记多次发表重要讲话，国家已出台和发布相关政策条例，学界也相应产生了众多成果。在研究过程中，本书尽可能运用文献检索手段大量搜索国内外相关文献和研究成果，掌握该领域国内外的研究动态，积累足够的研究资料，夯实研究基础。

三是多学科联合的方法。全媒体和社会主义先进文化发展的议题涉及马克思主义、文化学、传播学、大数据和人工智能等多个学科领域。因此，在研究过程中，本书坚持马克思主义立场、观点和方法，努力全面了解掌握各学科有关该专题的基本理论，多层次、多角度深入分析，把握现状，认识本质，揭示规律。

第四节　学科贡献与研究局限

一、可能的创新点

（一）研究方法的新意

第一，试图在交叉学科研究中坚持马克思主义的立场、方法和观点。以往的很多相关研究习惯以传播要素和传播过程为研究对象来展开，这是典型的传播学研究范式。本研究试图跳出这样的研究范式，从技术牵引文化发展的内在机理和理论逻辑入手，着重研究社会主义先进文化在新技术背景下的发展目的、历程、条件和动力。

第二，试图形成有关全媒体时代发展社会主义先进文化的整体性、系统性研究。以往的相关研究大多采用关涉社会主义先进文化的概念为研究对象，重点在于这些概念的共性，忽视了它们的差异性；对全媒体时代的分析也夹杂着以往对网络新媒体的认识，在一定程度上造成概念认识上的模糊和研究内容的雷同。同时，在以往研究中以短篇论文为主，系统性论述较少，有关时代条件发展对社会主义先进文化发展提出的新要求仍可继续深化。本研究聚焦社会主义先进文化的丰富内涵来反映和体现马克思主义、意识形态和社会主义核心价值观等已有研究涉及的概念，使研究对象更为明确具体，也更具整体性；同时在研究的逻辑及其展开方面也更为充分，进一步注重研究的系统性。

（二）研究视角的新意

第一，试图从技术与文化的关系视角进一步拓展研究。对我们党发展社会主义先进文化的问题，现有的研究主要从媒介视角出发，从技术视角开展的研究并不多见。同时，媒介视角的研究更加强调传播学范式和文化发展中"传播"的特性和重要性。文化传播当然是文化发展中十分重要的环节，但不是全部。技术与文化的关系视角则更强调文化发展中"建构"的重要性，在一定程度上对文化建设和文化传播这两大文化发展环节进行了区分。

第二，试图从技术批判与文化发展的关系视角进一步开展研究。以往国内对技术批判理论的研究往往是纯理论性研究，虽然这些研究也关注国情和当下，但依然比较抽象，与文化发展的生动实践有一定距离。这既缘于研究者个人的研究旨趣，也与理论上对中国社会是否存在技术异化现象的认识相关。本研究认为，中国实行社会主义市场经济制度，不可避免引入资本，我们要警惕技术异化的可能性。由此，以社会主义先进文化的价值目标引领技术发展显得尤为重要。这或许是一个新的认识。

第三，试图更多地从战略机遇的角度强调说明全媒体时代社会主义先进文化可能赢得的更为深广的发展空间。已有研究主要着眼于新媒体技术挑战主流理论原有的权威和地位，分众化传播削弱了主流文化的影响力等方面，本书在直面挑战和技术可能存在的异化问题后，更多地强调社会主义作为价值理想在文化与技术辩证关系处理上的"嵌入"和"前置"意义，强调只要对全媒体技术用得其所，主动作为，就会化危为机，助推社会主义先进文化迎来跨越式发展的战略机遇。

（三）研究内容的新意

第一，试图对社会主义先进文化丰富内涵和发展历程进行系统性梳理。目前国内对社会主义先进文化及其相关概念的理解和运用并非毫无争议。由于对先进文化在广义和狭义上有不同的认识，社会主义先进文化本身也随着中国特色社会主义事业不断发展而与时俱进，其内涵和外延也在不断演变。因此，虽然它在意识形态和政治层面是一个被规定的概念，但在学术和实践层面又是一个不断创新的概念。特别是中国特色社会主义进入新时代，新时代的社会主义先进文化与以往相比有很多新特点和新发展，应该得到重视，也有必要进一步阐释。目前尚未发现学界对社会主义先进文化的内涵及其发展历程所做的系统性梳理研究，本研究试图在此方面做一些探索。

第二，试图从技术、资本和文化的三元关系中加深对社会主义先进文化在全媒体时代的发展规律的认识。以往的实践性研究更多地将关注点放在媒介、技术对中国当代先进文化的作用方面，对资本控制社交平台和媒介技术干扰先进文化发展的现象关注得还不够充分。马克思主义的技术批判理论是技术的社会批判理论，将资本主义制度视作滋生技术异化的根源。事实上，全媒体技术对社会主义先进文化产生的异化，一方面是技术自带的"偏向性"作用，另一方面则源于资本对技术的使用逻辑。这也是本研究的旨趣。

二、不足之处

总的来说，在全媒体语境下探讨社会主义先进文化的发展问题，涉及马克思主义、西方马克思主义、文化学和传播学等学科，集理论、实践、政治、文化和学术为一体，内容丰富，体量庞大，在对相关理论和现实状况的把握上都需要较高的理论水平和综合能力，同时还需要较强的政治敏锐度和观察分析问题的能力，在研究上有一定难度。虽然本书在研究方法、视角和内容上有一定程度的创新性探索，但由于笔者学识能力以及所掌握的文献资料有限，文中不免有不足和疏漏，对很多问题的研究仍需要进一步深化。具体不足有以下几方面：

一是研究方法比较单一。本书主要采用思辨性论证，缺少实证性研究。由于缺少实地调研，一手资料有限，在理论和现实的结合点上形成更具原创性的观点方面还有欠缺。

二是对文献资料难以全面掌握。由于精力、时间、经验、能力等方面的限制，笔者虽力求做到文献翔实，但依然可能疏漏一些有价值的文献资料，从而影响本研究的科学性和全面性。

三是理论水平有限。由于学术水平有限，对理论工具的把握和运用可能存在不够恰当的情况，部分研究和观点开掘深度不够。这些都是今后需要改进和完善的地方。

第一章

媒介技术革命与文化发展的内在逻辑

全媒体技术对推动社会主义先进文化发展会带来什么样的影响？对社会主义先进文化发展在多大程度上能够发挥推动作用？要回答这些问题，有必要首先从技术与文化的辩证关系入手，厘清媒介技术革命影响文化发展的一般理论逻辑。

马克思从唯物史观的高度辩证认识技术对文化的作用，发掘技术革命及其物化形态——工业所蕴含的推动历史进步的"杠杆"作用和革命力量。他认为，工业是"自然科学对人的现实的历史关系"，而自然科学"通过工业"日益进入和改造人们的实践生活，并"为人的解放做准备"①。马克思还以火药、指南针、印刷术为18—19世纪技术革命的代表物进行论证，指出它们是"预告资产阶级社会到来的三大发明"②。这就充分肯定了技术对于文化发展的重要推动作用，新的思想观念与文化样式的出现往往归功于新技术的产生和应用。

马克思充分肯定技术推动社会历史进步的同时，对技术导致的人的异化以及制度根源进行了反思和批判，由此，他尖锐地批判了资本主义制度下的技术异化。人类通过创造和使用媒介技术，不断发展自身感知世界和改造世界的能力，但这也使人们身不由己地依赖、崇拜，甚至神化媒介技

---

① 中共中央马克思恩格斯列宁斯大林著作编译局：《马克思恩格斯文集》（第1卷），北京：人民出版社2009年版，第193页。

② 中共中央马克思恩格斯列宁斯大林著作编译局：《马克思恩格斯文集》（第8卷），北京：人民出版社2009年版，第338页。

术。媒介技术成为挣脱人的掌控并反作用于文化发展的变量。特别是在资本主义制度下，技术被资本逻辑所操纵，异化为奴役人、控制人的异己的力量。对技术异化的批判包含人本主义的批判和社会制度的批判两种路线，马克思对技术异化的批判恰恰是两种路线的结合，是全面而彻底的批判。

马克思在文化与技术关系上的科学认识，为我们把握新时代文化发展与技术进步的内在逻辑提供了方法论基础。事实上，在马克思主义文化理论视域下，实现人的解放和自由而全面的发展是文化发展与技术进步的共同目的。一方面，要对媒介技术所内禀的技术理性进行祛魅，肯定其内蕴的人文价值的积极意义，这是扬弃媒介技术异化的前提。另一方面，要根除技术异化的资本主义制度土壤，以社会主义先进文化蕴含的价值理念来约束、规范和引导媒介技术的发展。

第一节 媒介技术的历史生成与文化生产的出场

迄今为止，人类已经历语言、文字、印刷术、电子信息四次媒介技术革命，当下正在经历第五次媒介技术革命——互联网革命。媒介技术与人类的文化生产密切相关，每一次媒介革命所孕育的媒介技术发展，都对相应的文化生产方式产生了极大影响。从某种意义上来说，人类社会发展史就是一部媒介技术发展史，每一次媒介技术革命都把文化发展推向新的阶段。2019年习近平总书记关于"四全"媒体的"1·25"讲话，为我们提供了从时空、技术、主体和功能四个维度去审视人类媒介技术的历史生成及其与文化生产相互勾连的基本框架。

一、时空维度：文化生产的发展决定文化传播模式叠加发展

在批判地吸收古典政治经济学关于"精神生产"理论的基础上，马克思指出:"物质生活的生产方式制约整个社会生活、政治生活和精神生活的过程。""人们的社会存在决定人们的意识。"① 这是马克思关于唯物史观的核心观点,揭示了人类精神生产的物质基础。马克思认为,物质生产构成了"一切历史的一种基本条件"②,是其他一切生产的基础;精神生产则是一种特殊的生产活动,是"思想、观念和意识的生产","表现在某一民族的政治、法律、道德、宗教、形而上学的语言中"③,也包括马克思后来在《资本论》第四卷中所说的"科学或艺术的生产"④。精神生产被物质生产所决定,其发展最主要依赖于劳动积累和社会分工的发展,发展程度和水平也会反作用于物质生产。马克思关于物质生产和精神生产关系的理论具有重要的认识论和方法论意义,然而囿于经济文化发展的现实,这一理论在马克思所生活的时代并没有得到充分阐释。随着经济文化不断发展,人类的文化生产规模不断扩大,作为人类一般精神文化活动的"精神生产"被西方马克思主义相关流派以"文化生产"之名接续研究。

关于"文化生产"的研究,与现代技术的发展密不可分。人类的精神生产经历了前现代较为平缓的发展阶段,到了17世纪,欧洲人发明和使用古登堡印刷机,极大地拓展了人类文化创造的内容和形式,深受现代技术影响的新的社会化生产方式不断渗透进艺术等文化创造领域,文化的规模化、组织化生产得以可能。20世纪40年代,法兰克福学派的霍克海默和阿多诺在《文化工业:作为大众欺骗的启蒙》一文中首次提出"文化工业"的概念,着重分析了报刊问世以来的大众文化产品以怎样的方式操纵着大众的观念、情感和审美方式。这一论析将文化生产的含义指向更为具体的工业化文化生产及其产品,具体包括具有现代工业形式的报刊、书

---

① 中共中央马克思恩格斯列宁斯大林著作编译局:《马克思恩格斯文集》(第2卷),北京:人民出版社2009年版,第591页。
② 中共中央马克思恩格斯列宁斯大林著作编译局:《马克思恩格斯全集》(第1卷),北京:人民出版社1995年版,第79页。
③ 中共中央马克思恩格斯列宁斯大林著作编译局:《马克思恩格斯文集》(第1卷),北京:人民出版社2009年版,第524页。
④ 中共中央马克思恩格斯列宁斯大林著作编译局:《马克思恩格斯全集》(第48卷),北京:人民出版社1985年版,第62页。

籍、音乐、广播、影视等文化产品生产。

媒介技术的历史生成对文化生产的发展影响甚大，媒介性质首要地决定着文化传播的时空效率。一直以来，人类文化传播模式的时空效率加速度发展，新的媒介出现，对前一媒介技术并不构成取代关系，而是呈叠加发展的态势。媒介技术的发明、进步使得人类不断突破时空的有限性，人类文化生产的能力在时间和空间两方面不断延伸。

口语出现以前，原始人类只能通过简单的声音和手势等肢体行为来进行联络、沟通，无法传达复杂的讯息。口语出现后，其所使用的语言符号必须约定俗成，才能被同伴充分理解，这意味着同一口语使用圈中的人们的交往必定紧密，其共同生活的群落的凝聚力和认同感不断增强，复杂的社会生活内容以及互动形式才有可能出现。语言的传播依靠空气为媒介，但只能在面对面的很有限的时空中进行传播，并且语言作为文化讯息和活动的载体，转瞬即逝，难以精确记载。

印刷物作为文化传播应用最广泛的媒介，其传播速度和广度受交通运输能力限制。以美国为例，直到20世纪40年代，信息传播速度还无法超过当时的交通工具——火车的行进速度[①]。但毋庸讳言，文字及印刷术的发明，极大拓展了传播的时间与空间延伸的范围，"产生出一种关于过去、现在和将来的思维模式"，从而开启了"对知识的反思性转换"[②]。

19世纪，电的发现和无线电通信技术的普遍使用，大大提升了信息传播的速度与广度，将大众传播推向繁荣鼎盛。20世纪以来借助卫星通信技术的发展，无线广播系统得以覆盖全球，推动了全球化和跨文化传播，把地球变成了一个村落，促进了文明的交流和互鉴。

20世纪中叶以来，数字通信技术和计算机技术的发展推动互联网诞生，创造了信息和数据可以自由传输的网络世界。这是一个虚拟数字空间与现实社会共存的时代；这是一个媒体加速融合，一些旧媒体消亡，多数

---

① ［美］尼尔·波兹曼：《娱乐至死》，章艳译，北京：中信出版社2015年版，第80页。
② ［英］安东尼·吉登斯：《现代性的后果》，田禾译，北京：译林出版社2000年版，第33页。

媒体依托网络融合、共生、裂变，媒体功能由提供信息资讯的单一内容，向满足生活服务和社交需求拓展的多功能、一体化的"平台+终端"发展的时代。一个万物皆可数字化、网络化，人们高度依赖媒介生存的时代来临。

正如威尔伯·施拉姆（Wilbur Schramm）所言，"现代传播所不同于旧式传播的，只是传播消息之时间和距离而已"①。从语言到文字再到信息技术，传播模式的加速发展，体现出人类不断以时间的缩短来跨越空间的障碍，从而达到信息发布和接收同步，信息内容保真和延续，人类信息交互的能力和范围急剧扩大。人类文化生产的不断发展，内在地决定着文化传播模式的叠加发展。

二、技术维度：技术发展与文化生产相互勾连

无论是回顾文化发展史、传播史，还是关照现实中的媒介与文化，我们都不难捕捉到媒介技术与文化生产之间的深度勾连。一方面，媒介技术为文化生产提供文化传播的物质基础，媒介天然拥有的物质属性和技术特征，使得其能够为文化生产提供一定的生产条件；另一方面，媒介技术的发展会对文化生产具体形式的兴衰产生直接影响，而具体的文化生产过程则建立于媒介技术基础之上并受技术程度的规约。

技术对文化的影响常常不是直接表现出来的，最为具体的体现是传播模式的变化。一种新的技术最初只是从表面改变些许生活方式，但随之而来的是整个外来文化或新文化通过技术"一点一滴地渗透进来"②。

口语的抽象性概念用语及语法结构的生成意味着原始人类大脑复杂性、逻辑性和精确性的重大升级。随之而来的是原始人类对生活领域的扩大以及个体知识、经验与体验的传承，甚至形成了人类早期故事和诗歌等艺术形式。

---

① 陈力丹：《精神交往论》，北京：开明出版社1993年版，第109页。
② [英]阿诺德·汤因比：《文明经受着考验》，沈辉等译，杭州：浙江人民出版社1988年版，第264页。

人类凭借文字媒介实现了文化传播与发展的一次飞跃。史学家通常把文字出现后的历史称为真正的文明史。首先，人类通过将文化讯息以文字符号记载并刻写在各类载体的方式，实现了对知识文化在储存容量、储存时间和传播空间方面的极大拓展，使人类文化传播从面对面的直接传播模式转向依靠文字媒介的间接传播模式。其次，文字媒介进一步提升了人类的理性思维能力，人们对抽象事物的认知和表达能力大大提升，人们可以对知识进行分类、反思和再加工，由此促进哲学与科学的发展。

文字媒介虽然大大提升了文化传播的效率，但在造纸术和印刷术发明以前，适合做承载文字符号载体的材料十分有限且笨重，难以制作和携带。此外，复刻文字的技术十分粗陋，主要依靠篆刻和手抄，效率低下，成本昂贵。例如，13世纪初，要抄写一本薄薄的书需"支付的工资相当于现在的3000美元，这是送给一位法国公主的生日礼物"①。这使得文字的媒介——书籍难以大规模生成和传播。

造纸术和印刷术的发明，极大地提升了文字的复制速度，改进了承载文字符号的能力，使新思想、新观念的生成和传播速度大大超越了以往任何一个时代。科学技术冲击下的传统文化生产发生了重大改变，那些传统的手工劳动、个体劳动不断消失，组织化社会化劳动形式开始出现于文化生产领域。

在欧洲，机器印刷的发明、普及创造了书籍和报刊等大众传播的新媒体，出版行业率先跨入组织化文化生产的行列，人类社会由此进入大众传播和大众阅读时代。波兹曼将印刷传播时代称为"阐释年代"，其文化特征是"富有逻辑的复杂思维，高度的理性和秩序，对于自相矛盾的憎恶，超常的冷静和客观以及等待受众反应的耐心"②。恩格斯指出，"书刊印刷

---

① [德] 威尔伯·施拉姆：《传播学概论》（第2版），何道宽译，北京：中国人民大学出版社2010年版，第13页。
② [美] 尼尔·波兹曼：《娱乐至死》，章艳译，北京：中信出版社2015年版，第78页。

业的兴起和商业发展的需要"①，改变了只有僧侣才能接受教育和读书写字的状况。印刷术的发明推动了教育的普及，新思想的启蒙推动了欧洲宗教改革，加速了封建制度解体，催生了资本主义，人类开启了走向现代化的征程，"使历史从中世纪发展到近代"②。

现代影音技术实现了声频、视频信息的大规模储存与传播，文化传播的质量和效率得到了质的提升。电子传播技术大大丰富了文化传播的形式、载体和渠道，也改变着文化发展的模式。电子传播集文字、图像、声音、视频等多种媒体表达方式于一体，充分利用人们的多种感知器官，加深了人类对世界和自身的认识和了解。大众传播创造了大规模的媒介组织机构，媒体组织成为传播主体。文化产品可以大规模复制，生产文化商品的工业流水线随之出现，特别是随着收音机、电视机的发明，人类开始进入追求休闲娱乐生活的大众文化时代，我们也常将之概括为消费主义文化盛行的时代。

全媒体技术以移动互联网技术为基础，是5G通信、大数据、云计算和人工智能等最先进媒介技术的系统性整合和集成性应用，是媒介技术革命的最新成果。网络传播以5G通信技术和大数据、人工智能技术为基础，不同形态的媒介得以相互连接到统一的数字平台，为传统媒体与新媒体的融合创造条件。由此，文化的出场方式与之前任何一个传播阶段相比，显得更为丰富驳杂。全媒体时代是一个由全媒体技术驱动的信息时代，是媒体特性及其传播方式对人的思维方式、生活方式和社会发展模式产生前所未有的深远影响的媒介化生存时代。媒介技术正以史无前例的深度和广度嵌入文化结构及其发展进程。与此前的历史阶段相比，现代文化的一个重要特征就是文化的高度传媒化，人们最大程度地突破时空限制，通过各种媒介接收或输出信息、思想和情感。

---

① 中共中央马克思恩格斯列宁斯大林著作编译局：《马克思恩格斯文集》（第2卷），北京：人民出版社2009年版，第225页。

② ［美］J. 赫伯特·阿特休尔：《权力的媒介》，黄煜、裘志康译，北京：华夏出版社1989年版，第4页。

三、主体维度：人在文化传播中主体地位不断提升

"文化"即"人化"。文化传播活动的主体不是抽象的、一般的，而是历史的、具体的，是置身于文化生产劳动实践、处于特定媒介环境下的"现实的人"。唯物史观最为显著的特点就是关注人的主体性和实践性，强调从人的生产劳动实践出发来认识精神生产的本质和意义。这给予我们重要启示：人永远是文化生产与传播活动的重点和目的。马克思主义认为，人类通过生产生活实践去创造并占有对象世界，在"人化自然"的过程中，人类通过文化生产建立了文化世界，人类的实践活动成果就是文化生产及其产品。人与自然关系的每一点改变，都意味着文化上的一点发展，人类也由此不断跨出"迈向自由的一步"[①]。从这个意义上来看，文化发展史就是人类从自然不断走向自由的历史，在这一过程中人类的主体力量总体而言在不断增强。

当人类的文化生产发展至大众传媒阶段，媒介技术更为激烈地推动文化领域发生社会分工与文化生产关系变革。传者和受众的角色分工与社会关系受媒介技术形式和结构制约，反映了不同时期媒介技术的特征，也随着技术变革而发生变化。在古代社会，社会分工和媒介技术并不发达，并没有产生专门从事文化传播活动的职业，也没有传播者与受众的专门区分。机器印刷术大规模应用后，大众传媒才成为一个深度嵌入社会组织结构并深远影响社会发展的具有独立性的社会组织。从马克思主义视角来看，大众传媒产业的出现正是媒介技术推动的文化领域社会分工与文化生产关系变革的结果，是人类交往活动从直接交往到依靠媒介进行交往的交往模式和交往关系进化的表现。因此，传者和受众角色第一次"历史性"地分离了。

随着传媒产业出现，媒介技术的理论化研究学科——传播学出现了。

[①] 中共中央马克思恩格斯列宁斯大林著作编译局：《马克思恩格斯选集》（第3卷），北京：人民出版社1995年版，第455页。

传播学的理论假设是人们可以通过信息控制论、社会学、心理学、人类文化学等多学科的方法论，对媒介技术进行改进和优化，以控制传播过程与结果。在以由"点"向"面"开展传播活动、信息单向流动为特征的大众传播时代，早期的传播学经验学派十分强调传播者的主体性，将传者视为可以控制传播内容和渠道的"守门人"，可以设置传播议程的权力拥有者，甚至出现了"枪弹论"这样将受众视作没有个体差异、被动接收信息客体的观点。而批判学派则将媒介技术与传播活动视为统治阶级攫取文化霸权、愚弄和操控大众意识形态的手段。虽然二者的立场、出发点和分析方法各不相同，但都十分重视传播者在传播中的主体地位与作用，并将传播者与受众对立起来。

随着社会分工扩大化，人们认识到受众不仅仅是一个被描述为某些"类"特征的抽象整体，受众根据其性别、年龄、职业、教育背景、宗教、地缘等因素的差别而显现出不同的特点和需求。随着电子传播时代来临，人们开发了更多传播媒介，而不同传播媒介因其向受众传播信息文本的路径、方式和技术结构各有不同，影响了受众对于信息文本的选择与解读的偏好，因而，传播学家开始重视受众在文化传播过程中的地位，并从信息控制论、系统论、社会学、心理学、文化人类学等多学科视角，开展跨学科方法的研究和探讨，例如，"共同体理论"、积极受众理论、"编码—解码"理论等。但这些研究的出发点，依然是以传者为主体，致力于如何更加精准获取受众反馈信息，增强传播效果。尽管如此，这仍然表明，随着媒介技术与理论不断发展，受众在文化传播中的地位和作用越来越被关注。此外，英国文化传播学派（伯明翰学派）在批判地吸收法兰克福学派媒介文化理论的基础上，也进一步将文化和媒介研究转向受众。比如，斯图亚特·霍尔（Stuart Hall）、安吉拉·默克罗比（Angela Mcrobbie）、约翰·斯道雷（John Storey）等人的媒介文化研究都受到了葛兰西关于统治阶级必须通过协商和说服等方式得到被统治阶级的意识形态认同的思想启发，进而从文本研究转向受众研究①。

进入全媒体时代，移动互联网技术的广泛应用大大降低了受众参与传播过程的难度。网络传播从"点对面"的大众式传播走向"点对点"的"分众化"传播模式，受众越来越深度介入传播过程，信息的交互式、社交式、裂变式传播方式使得人人成为"麦克风""自媒体"，渴望展现自我在传播过程中的观点、作用和价值。在多点式、裂变式和交互式网络传播情境中，传者和受者的地位不再泾渭分明，由于受者可以随时介入传者设定的主题或者传播的某一环节，从而引发新的传播议程，改变传播路径，引发次生传播，因而成为新传播议程的发布者。由此，传者和受者的身份可以相应切换，既体现主体间的互动，也体现传者和受者互为主客体的关系。这一鲜明的变化已被21世纪以来兴起的网络传播学所充分关注。

"凡是有某种关系存在的地方，这种关系都是为我而存在的"②。社会关系的再生产与新生产关系产生的过程，就是人的自由意识和主观能动性不断伸展的过程。文化生产与传播的同时，也在进行着社会交往关系的再生产。全媒体技术环境下的网状结构传播路径使传播活动越来越多地突破狭义的信息传播功能。经由互联网和移动终端的关联，受众成为连接物理世界、信息空间和意义世界的重要节点。受众与传者之间不再是单向的"主体—客体""主动—被动"关系，而是成为职业传播者不得不更加主动关注的"主体—主体"关系。受众与受众之间越来越多地基于职业、身份、兴趣、性别等多种要素结合成一个个独具个性的亚文化共同体。受众对传播内容的文本生产、价值赋义和传播渠道再也不是无法左右的旁观者，而是能够参与文化生产与意义建构，有能力通过微博、微信、短视频等媒介技术将火热的文化生活内容投射于传播体系，使之成为文化和新闻生产活动的物质生产资料和加工对象。而一旦这些文化素材和生产资料因为某些"机缘巧合"——或是由于其契合主流媒体的传播需要，或者由于

---

① 曾一果：《西方媒介文化理论研究》，北京：学习出版社2017年版，第85页。
② 中共中央马克思恩格斯列宁斯大林著作编译局：《马克思恩格斯文集》（第1卷），北京：人民出版社2009年版，第533页。

其符合大众娱乐生活的新颖性、猎奇心或审美需要——而被加工和"爆料",将迅速在受众中形成同频共振的"爆款",汇聚成撼动人心甚至改变社会发展方向或进程的历史洪流,从而真正体现了"人民创造历史"的力量。

四、功能维度:人类交往推动"世界历史"形成

如前所述,媒介技术在人类历史上发挥了推动生产力发展的积极作用,持续渗透至人类生活的各个领域,改造着人们的价值观念和生活方式,塑造着人们的交往行动和社会关系,而交往活动恰是传播最宽泛而又最能体现本质的活动。

交往(德文 Verkerhr)活动贯穿整个人类文明史,也是马克思主义经典著作中关涉文化传播的独特概念。在资本主义生产方式产生以前,人类的交往活动从空间上看是局部的、有限的,从时间上看是非连续的,从文化上看是个别的、片面的。直到资本主义为追逐利润无限增值,在工业革命推动下把世界各个处于原始和封闭状态的民族国家联系在一起,形成全球化的交往形式。"由于日益完善的生产方式、交往以及因交往而自然形成的不同民族之间的分工消灭得越是彻底,历史也就越是成为世界历史"[1]。马克思、恩格斯以"世界历史"的独特概念揭示了全球化的发展逻辑。

关于"交往"这一概念,马克思、恩格斯多次使用两个德文词——der Verkehr、die Kommunikation,以及对应的法文词 commerce、英文词 intercourse。根据陈力丹考证[2],由于对中德语义理解的差异,以往这些德文词被翻译为"交通",但这只是这两个德文词的狭义内涵,用马克思的话

---

[1] 中共中央马克思恩格斯列宁斯大林著作编译局:《马克思恩格斯文集》(第1卷),北京:人民出版社2009年版,第540-541页。
[2] 陈力丹:《"用时间消灭空间"——马克思恩格斯传播技术思想研究》,载《山西大学学报(哲学社会科学版)》,2012年第3期,第290-296页。

来说，对这些词的使用应是就它们"最广泛的意义"①而言，就是"交往"。例如，在《资本论》第2卷中，马克思写道："交通工业，它或者是真正的客货运输业，或者只是消息、书信、电报等等的传递"②。恩格斯也曾将"现代的交通工具"解释为"铁路、电报、巨大的工业城市、报刊和有组织的人民集会"③。这里被翻译成"交通"一词的德文就带有Verkehr和Kommunikation的词根，事实上泛指物质的交换和信息的交流，既包括物质传输即交通运输的含义，又包含媒介通信即传播的意味，因此是"一个宏观的社会性概念"④。可见，在马克思看来，交往与传播密不可分。广义而言，文化交往是包含人类物质和精神层面的全部交往活动，而文化传播应该包含物质层面的交通运输和精神层面的信息、资讯的传输和沟通；狭义而言，文化交往就是信息的交往和传播，就是文化传播。因此，马克思、恩格斯十分重视交往技术（这里是就其广义而言，包括交通运输技术和信息传播技术）对扩大人类交往能力和范围的推动作用，他们认为交往技术的发展促进了人类交往活动的发展，"交往手段的增加和改良……建立了精神与贸易发展所必需的交往"⑤，并使人类交往活动越来越呈现出世界历史性。可以认为，一部交往技术的革命史就反映了人类交往方式不断进化的历史，就是以媒介技术的进步不断突破交往活动的时间和空间有限性的历史。马克思、恩格斯称为"交往革命"的就是以交往和媒介技术革命为动力的文化传播革命。

交往技术是如何推动人类交往活动和文化发展走向"世界历史"的

---

① 中共中央马克思恩格斯列宁斯大林著作编译局：《马克思恩格斯文集》（第10卷），北京：人民出版社2009年版，第44页。
② 中共中央马克思恩格斯列宁斯大林著作编译局：《马克思恩格斯文集》（第6卷），北京：人民出版社2009年版，第64页。
③ 中共中央马克思恩格斯列宁斯大林著作编译局：《马克思恩格斯文集》（第4卷），北京：人民出版社2009年版，第488页。
④ 陈力丹：《"用时间消灭空间"——马克思恩格斯传播技术思想研究》，载《山西大学学报（哲学社会科学版）》，2012年第3期，第290-296页。
⑤ 中共中央马克思恩格斯列宁斯大林著作编译局：《马克思恩格斯全集》（第37卷），北京：人民出版社2019年版，第217页。

呢？马克思、恩格斯指出了具体路径：用时间消灭空间。所谓"用时间消灭空间"指的是以不断进步的交往技术提升物质传输、人员往来和信息传播的速度和效率，从而克服广袤的物理空间给交往活动带来的障碍。马克思、恩格斯指出，"用时间消灭空间"是资本主义生产方式的迫切要求。他们不但将时间视作衡量劳动生产率和商品价值的尺度，还将时间与空间视作生产和流通的要素，认为资本总是以交往技术和媒介的进步来不断降低扩大市场、寻找原材料和劳动力，以及物流贸易的成本。由于资本的"本性"就是通过提高生产率，降低交易费用，以实现增值，作为必然的逻辑结果，资本必然要通过"把商品从一个地方转到另一个地方所花费的时间缩减到最低限度"，以达到"用时间去消灭空间"的目的。

"资本越发展，从而资本借以流通的市场，构成资本流通空间道路的市场就越扩大，资本同时也就越是力求在空间上更加扩大市场，力求用时间去更多地消灭空间"，因而资本"用时间去消灭空间"的行动没有尽头①。而资本主义实现"用时间消灭空间"的手段，只能通过交往技术革命。从19世纪初开始，工业革命为交往技术的发展奠定基础。以蒸汽机的发明为代表的动力革命为纺织机、轮船和火车等交通工具的诞生打下基础。而电报的发明第一次使信息传播的速度超越人乘坐的交通工具的移动速度，预示着电子传播时代的新声，加上已广为普及的报刊新闻业与出版业，大众传播时代拉开序幕。与此同时，机器化大生产越来越普及化、制度化，产品的产出率、产量和速度大大提升。为尽可能缩减从生产到消费各个环节的资金和物料周转时间，减少周转损耗，尽可能准确了解市场需求和供需关系，客观上要求传播和运输技术与工厂化机械化的生产方式相适应，这不但推动了轮船、运河、火车和公路等交通运输业的大发展，也进一步刺激了电报、报刊和邮政等传播业的大发展。当传播和运输技术不断发展，就能够迅速提升物料运输及信息传播的速度和距离，降低损耗和

---

① 中共中央马克思恩格斯列宁斯大林著作编译局：《马克思恩格斯文集》（第8卷），北京：人民出版社2009年版，第169页。

流通费用。而到了19世纪末，由于新的交往手段——当时是轮船、铁路、电报的"惊人发展"，世界市场第一次真正历史性地形成了。随着电子传播技术特别是广播和电视的出现，信息的长距离远程传播实现了，大大提升了信息传播的速度和广度，提升了人类交往活动的深度，形成了不可逆转的全球化交往图景，推生了一个雅俗共赏、娱乐至上的大众文化时代。

马克思和恩格斯虽然是在探讨资本主义生产和流通过程以及生产方式扩张的经济学语境中提出了资本主义"用时间消灭空间"的论断，但其意义并不限于经济学范畴，同时也包含了文化的交往、发展与传播的丰富意蕴和理论张力。

第二节　媒介技术异化扭曲价值导向

在马克思主义看来，技术异化源于资本主义制度环境。在资本主义社会，媒介技术在推动文化发展与传播的同时，逐渐成为统治文化与人的异己力量。在文化和技术哲学层面，这样的异化过程源自媒介技术作为一般技术活动所内禀的技术理性的工具性基因。当蕴含人文主义价值理性和科学主义工具理性的启蒙运动完成了推动资本主义走上历史舞台的使命后，却被资本的逐利性阉割为失去对人的价值追求进行反思的纯粹的技术工具。技术进步带来的社会分工使劳动者越来越脱离劳动的过程及对劳动成果的控制，最终导致技术掌控了人。技术崇拜将这种异化扩大至社会生活的所有领域，形成技术统治社会的普遍合理性和媒介控制人的"无意识"情境和前提。在社会与历史层面，登上历史舞台的资产阶级统治集团将媒介技术作为宣扬、灌输其虚假意识形态的工具。借由意识形态国家机器的"召唤"和文化传媒化的过程，人们将源自统治阶级的虚假意识形态当作自我生发的意识形态，形成了意识形态"虚假性"的二重意涵，完成了媒介技术的意识形态化。在受众心理与行为层面，大众迷恋于媒介技术所创造的"完美交往"的幻象，特别是陷入技术革命的最新成果——全媒体技术所创造的虚拟交往空间。本意是用来延伸人的感知能力的媒介技术，把人变成了技术的附庸。

一、技术理性冲击人的主体性

如前所述，在媒介技术生成及其作用于文化生产的历史进程中，人在文化传播中的主体地位总体而言是不断提升的。然而，随着资本主义国家工业化进程对科学技术的依存度越来越高，技术理性逐渐成为新的价值理性。历史地来看，技术理性打破了神对人的控制、宗教对人的束缚、帝王对人的统治，打破了无机自然界对人的实践活动的限制，实现了对"人对人的依赖"关系的"除魅"，从而激发了人的主体性，无疑具有历史进步意义。然而，作为"把人类从恐惧、迷信中解放出来"并确立其主体地位的"最一般意义上的进步思想"[①]，启蒙运动推翻了上帝，把技术理性奉为神明，却抽去了人文主义价值理性的内涵。马克思曾不无悲切地指出技术理性是如何从人的发展力量变成人的束缚——机器"具有减少人类劳动和使劳动更有成效的神奇力量"，却引起劳动者的过度饥饿和疲劳，"技术的胜利，似乎是以道德的败坏为代价换来的"[②]。技术理性化身为器物文化渗透进生产关系，表现为机械化大生产制度下越来越精细化的社会分工（职业分工、技术分工和生产环节分工）、技术和生产环节越来越脱离劳动者的掌控。资本家则通过控制技术过程实现了对劳动过程的掌控，以更有效地提升生产利润率。

在这种芬伯格称为"技术霸权"或"操作自主性"（operational autonomy）[③]

---

① Max Horkheimer and Theodor W. Adorno, *Dialectic of Enlightenment*, New York: The Continuum Publishing Corporation, 1972, p. 3.
② 中共中央马克思恩格斯列宁斯大林著作编译局：《马克思恩格斯文集》（第2卷），北京：人民出版社2009年版，第580页。
③ ［美］安德鲁·芬伯格：《技术批判理论》，韩连庆、曹观法译，北京：北京大学出版社2005年版，第91页。

的生成过程中，人的作用越来越小，至多只能掌握生产的"特殊局部规律"①，商品的最终形态却难以得见，也不得拥有；而随着对劳动过程以及劳动对象抽象化、片面化、隔离性的加深，劳动者越来越多地失去对生产过程和劳动对象的把握，人与人之间原本可以天然联系于劳动关系之中的社会关系也遭到割裂，形成隔阂甚至对立。当因远程通信技术而可以居家办公时，人们不再去办公室集体办公，甚至在共同完成一个项目的同时却互不相识；当偌大的厂房依靠全自动机器人流水线组装产品的时候，人们没有工作闲暇的聊天对象，不需要处理复杂的人际关系；士兵接受上级的命令按下发射导弹的按钮，就好像在家中嚼着口香糖、玩着电子游戏的孩子那样轻松，"甚至穿着凉拖操作无人机，对指定目标实施攻击"②。他们不用感受血与火的洗礼，不用感受虽然是敌人，但同样是同类在死亡线上的挣扎与哀号，不再接受内心的道德拷问；人们成了不需要思考，或者只需要依赖技术而失去人心的机器。从此，人们习惯于对现实世界"不见树林只见树木"，对美好生活的整体性想象也不复存在。对待机器的态度最终转化成对待人的态度——当人自己变成了机器，别人也都是机器。技术对世界的支配"是以人与所支配的客体的异化为代价的，随着精神的物化，人与人之间的关系本身，甚至个人之间的关系也异化了"③。

技术理性消除了人对人的直接统治，但并没有消除人对人的统治。技术作为控制自然的知识形式，异化为一部分人以知识统治另一部分人的权力。技术理性不仅通过把人变成了技术的人格化和物化形式，从而统治了人，还使这种统治合理化为被统治者"自愿"的意识形态。当追求效率和利润成了确证上帝荣光的新教伦理时，资本剥削劳动力剩余价值的罪恶就

---

① ［匈］卢卡奇：《历史与阶级意识》，杜章智、任立、燕宏远译，上海：商务印书馆1996年版，第150页。
② 《曝光！美军极隐秘部队滥杀无辜》，https：//Mbd.baidu.coM/newspage/data/landingsuper?context=%7B%22nid%22%3A%22news_89857132899815725413%22%7D&n_type=-1&p_from=-1（访问时间：2021年12月14日）．
③ ［德］马克斯·霍克海默、［德］特奥多·威·阿多诺：《启蒙辩证法（哲学片段）》，洪佩郁、蔺月峰译，重庆：重庆出版社1990年版，第24页。

隐入地底，技术的合法性成了衡量劳动者生存境遇的尺度。于是，劳动者处于不是为自身的全面发展而开展自觉自由的劳动，而是因为不得不出卖自己的劳动否则就不能生存的异化劳动的悲惨境遇，竟被神奇地扭曲为必须凭借自身劳动能力——技能水平而谋生的公平竞争和优胜劣汰的理性生活。现代社会被简化成一台巨大的机器，每一位劳动者只是其中微不足道的齿轮。

当包括大众传播媒介在内的技术广泛应用于资本主义生产方式，技术便体现了一种包含控制欲的历史的社会的结构设计和运动过程，成为统治和奴役大众的工具：一切都基于技术规则而运行。在经济领域，这个技术规则就是表面等价交换，实则隐藏了剥削劳动者剩余价值的不平等秘密，并通过税收和社会福利让渡部分剥削所得，以示公平的市场机制。在政治领域，表面上技术为普罗大众所有，实质则处于特殊利益集团操纵下，施行排他性统治的"合法的暴政"的代议制。对此，阿尔文·托夫勒（Alvin Toffler）早就尖锐地指出，"代议制的民主政治，实际上是对工业技术不平等的确认，是挂羊头卖狗肉的冒牌货"[1]。在文化领域，则是无所不在的，为意识形态服务或者已经意识形态化了的大众媒介及失去了反抗精神的单向度的文化。技术中立的传统观念再也无法维持，技术化的社会成为一个统治体系和控制系统，"统治的既定目的和利益，不是后来追加的和从技术之外强加的；它们早已包含在技术设备的结构中"[2]。至此，技术理性完成了韦伯所说的现代社会的合理化过程，技术理性的合法性成就了统治的合法性，技术理性最终从新的启蒙神话走向日常生活世界的意识形态化。

在技术理性神话的物化成果——庞大的国家机器和现代社会的精巧结构中，劳动者的反抗失去了对象。工具化的劳动者似乎觉得命运不公，但

---

[1] ［美］阿尔文·托夫勒：《第三次浪潮》，朱志焱、潘琪、张焱等译，北京：新华出版社1996年版，第78页。
[2] ［德］哈贝马斯：《作为意识形态的技术与科学》，李黎、郭官义译，上海：学林出版社1999年版，第40页。

又找不到应该反抗的对象,因为主宰他们命运的统治者已经不像资本主义发展早期那样形态鲜明。随着工业化程度提升和工人阶级反抗加剧,资本家躲到机器后面,将生产责任交给职业经理人,摇身一变成为似乎脱离了生产资料和生产过程的行政管理的官僚。资本家对劳动者的关系似乎消失了,但又从未真正远去,"随着人类愈益控制自然,个人却似乎愈益成为别人的奴隶或自身的卑劣行为的奴隶。甚至科学的纯洁光辉仿佛也只能在愚昧无知的黑暗背景上闪耀。我们的一切发明和进步,似乎结果是使物质力量成为有智慧的生命,而人的生命则化为愚钝的物质力量"[①]。对劳动者的控制与控制社会的普遍形式勾连起来,技术对人的异化从生产劳动关系中蔓延开来。人们仿佛不是生活在资本逻辑的统治之下,而是笼罩在技术这一超人的"客观""公正"的力量荣光之中。只要生产力在不断提升,生活水平在不断提高,那么,发达工业社会就可以"利用技术而不是恐怖去压服那些离心的社会力量"[②]。马尔库塞所揭示的技术异化的普遍化状况,在英国文化研究学派的雷蒙德·威廉斯看来,意味着晚期资本主义社会的问题已经从物质生产领域转向文化和意识形态领域。既然无力改变命运,人们就只能沉醉于电视机前,或者躲进虚拟网络世界里,选择一个节目或一个游戏来消磨时间,获得一些虚假的满足感和快感,来暂时忘掉自己在现实生活中的不满与自卑。劳动者的主体性和革命性就这样被极大地消解了。

二、媒介技术沦为资本主义控制意识形态的工具

马克思在分析文化生产与物质生产相较而言的特殊性基础上,深入批判了使人本身、人与世界的关系发生异化的资本主义社会现实。概括而言,马克思的文化理想寄托于一个人类价值全面实现的自由王国。在那

[①] 中共中央马克思恩格斯列宁斯大林著作编译局:《马克思恩格斯文集》(第2卷),北京:人民出版社2009年版,第580页。
[②] [美]赫伯特·马尔库塞:《单向度的人:发达工业社会意识形态研究》,刘继译,上海:上海译文出版社2016年版,第2页。

里，人类才能真正自由地进行精神生产、文化创造。由此，马克思深刻批判了资本主义生产方式与人类精神生产的"背道而驰"。马克思、恩格斯指出，在资本主义制度下，统治阶级总是要将本质是以维护自身物质利益和统治地位为出发点的意识形态说成是超阶级的、为大众所普遍接受的意识形态，体现了意识形态的"虚假性"。这构成意识形态虚假性的第一重意蕴，即人们认为的那些"普适"的意识形态和文化习俗恰恰是在普遍性遮蔽下的特殊性表达。西方马克思主义不少理论家继承马克思主义唯物史观，承认人的思想观念由物质生活决定，认为与阶级统治密切关联的意识形态，是合理化掩盖其"社会和政治活动的真正动机"①的工具，但他们把注意力放到意识的能动性方面，认为意识形态具有相对于经济基础的独立性，决定意识形态的还有上层建筑的诸多要素——或用阿尔都塞的概念来说就是"社会结构"，进而对意识形态虚假性的生成机理进行了更为细致的考察，发现资产阶级借助媒介技术加强意识形态统治的秘密。

人们对于客观物质世界的看法和观念并非不受外界干扰而自我产生的"自由意志"，而是被那些已然"先在"的观念、习俗、规范制约着的"屈从体"②。那些"先在"的观念、习俗、规范，部分源于统治阶级的意识形态和文化统治，部分源于历史传统，当然，归根结底，这些历史传统受不同历史时期统治阶级意识形态和文化的影响。于是，马克思、恩格斯曾揭示的意识形态虚假性衍生出另一层含义，即那些处于被遮蔽状态的人们并不认为自己头脑中的观念是被影响甚至"操纵"的，而认为是个体对现实的不受干扰、自由、感性的把握及其成果。但这一"观念的观念"却是个体的自我想象。在阿尔都塞看来，这种"个人同他的存在的现实环境的想象性关系的表现"③就是意识形态，而"想象性"就是意识形态的

---

① ［美］弗洛姆：《在幻想锁链的彼岸：我所理解的马克思和弗洛伊德》，张燕译，长沙：湖南人民出版社1986年版，第139页。
② 陈卫星：《传播的观念》，北京：人民出版社2004年版，第159页。
③ Louis Althusser: *Lenin and Philosophy and Other Essays*, New York and London: Monthly Review Press, 1971, p. 152.

"虚假性"。衡量这种"虚假性"程度的标尺，则是个体对外部世界的自我想象与真实的现实世界的接近程度。

马克思和恩格斯已经认识到新闻媒介（当时主要是报刊）对意识形态的引导和控制能力，但并没有专门对承载文化统治与控制的媒介技术进行深入探究。到西方马克思主义理论家那里，进一步批判了资产阶级意识形态虚假性，对文化控制的媒介和技术加以分析和反思。西方马克思主义继续对资产阶级意识形态"普世化"的机制、工具和过程加以探索。西方马克思主义流派理论有一个内在共通点，即认为统治阶级总是假手特定的媒介载体来完成对意识形态和文化的控制，即"媒介的工具作用"在于充当维护意识形态合法化从而也是维护统治合法化的工具[1]。阿尔都塞认为，文化并不仅由经济基础决定，而是被复杂的多种社会结构的要素所决定。国家对意识形态的灌输和培育不仅通过直接和强制形式——"通过暴力起作用"[2]，还要通过国家意识形态机器——学校、媒体、政治机构、教堂、家庭等媒介机构，将本质上倾向于某一特殊集团的利益及其意识形态以潜移默化的"召唤"[3] 方式内化为社会常识以维持权力。意识形态常常不是通过"意识"的形态，而是作为"结构"，也就是承载于有形的物质形态和社会结构的媒介——意识形态国家机器之上"而强加于绝大多数人"[4]。国家机器的各个社会机构看似相互独立，但首先，它们都受到统治集团控制；其次，每一社会机器所制定的社会规范都不会互相冲突，而是形成了维护统治阶级利益的合力。那如何实现意识形态国家机器对大众的文化控制呢？秘诀就在于"召唤"。国家机器通过大众传媒不断宣传"你应该是怎样的""你应该成为什么样的人"的观念，同时运用教育、舆论、宗教

---

[1] ［德］哈贝马斯：《交往与社会进化》，张博树译，重庆：重庆出版社1993年版，第184页。
[2] ［斯洛文尼亚］斯拉沃热·齐泽克：《图绘意识形态》，方杰译，南京：南京大学出版社2002年版，第145页。
[3] ［斯洛文尼亚］斯拉沃热·齐泽克：《图绘意识形态》，方杰译，南京：南京大学出版社2002年版，第171页。
[4] ［德］阿尔都塞：《保卫马克思》，顾良译，北京：商务印书馆1984年版，第203页。

信仰、法律甚至广告等多种媒介技术手段，来确证这种信念的合理性，直到个体将这种被不断重复和强化的信念内化于心，误以为是源自内心的价值观。在这个过程中，主体的意识是被定义的，真正的主体意识却丧失了。以商业广告为例，通过不断被灌输"你拥有了……，你就拥有了……样的生活，你就成为……样的人"，个体很有可能丧失自我人生定位，而去追逐广告宣传的人生方式，但这往往要通过拥有那种生活方式及其代表性物质符号——房子、车子、某种商品、生活方式来实现。这种选择未必是符合个体实际的最优方式，却被宣扬为"正确"，将生活方式物质化，然后完成对自身的物化和意识形态的替代化。

当然，在阿尔都塞看来，意识形态灌输既有主体之外各种媒介机器的胁迫和诱惑，也离不开主体的自我参与，"一切形式的统治都建立在不知情之上，也就是说，被统治者是同谋"①。事实上，作为"社会行动者"的个体是具有认知能力的，他们既受制于意识形态的"社会决定机制"，也在形塑着"那些决定他们的社会机制"②——意识形态国家机器。作为意识形态赖以存在和表达的物质形式与媒介载体，意识形态国家机器的作用恰恰是让被支配者在"承认和无知的双重过程"③下认同自己的被支配地位。是否深信统治阶级提供的意识形态是次要的，只要人们能够"顺从"这种意识形态"赖以获得物质存在的表面仪式和实践"——大众传媒及其实践，统治阶级对大众的意识形态替代过程就得以完成。

受到马克思主义和西方马克思主义传统影响的英国文化研究学派约翰·B. 汤普森（John B. Thompson）直接从文化传媒化角度解析了意识形态的虚假性及其生成机理。在马克思主义看来，资产阶级意识形态的虚假性在于它是一种以统治阶级思想代替大众的"误导"的观念，而汤普森则

---

① ［法］皮埃尔·布尔迪厄、［法］汉斯·哈克：《自由交流》，桂裕芳译，北京：生活·读书·新知三联书店1996年版，第53页。
② ［法］皮埃尔·布尔迪厄、［美］华康德：《实践与反思：反思社会学导论》，李猛、李康译，北京：中央编译出版社1998年版，第221页。
③ 陈卫星：《传播的观念》，北京：人民出版社2004年版，第162页。

认为意识形态是一种更为广义的"意义的象征形式";马克思主义(包括西马)所揭示的统治阶级对文化的操纵,在汤普森看来则意味着文化符号为权力服务。汤普森认为,现代文化的一个重要特征就是"传媒化",人们无时无刻不在通过媒介接收外界的形象、信息和思想。他高度重视媒介技术在大众传播中的作用,认为大众传播"是依靠传媒产生部署的技术来生产、传输和接收各种意义表述的问题"①,而意识形态和文化的生产和传播越来越依赖于媒介技术和文化产品的商品化,"现代社会中象征形式的生产和流通是与传媒产业的活动不可分的"②。文化传媒化的过程,就是"商品化的象征形式"这种意识形态通过众传媒传播至日益扩大的受众领域的过程。

由此,汤普森总结出资产阶级意识形态服务于建立和支撑政治统治关系的五种运行模式:合法化、虚饰化、统一化、分散化和具体化。而所有这一切运行模式,离开了立法机构、教育机构、宣传机构和大众传媒则无法实现:立法机构通过颁布规章制度确立统治的行为和制度的合法性以及领导人的权威性。教育机构通过历史回溯和理论灌输提供统治存续的合理性。宣传机构和大众媒介更是不可或缺的主角:合力设置议程,突出一些统治阶级认为是重要的人或事件并予以宣传报道,忽略某些被认为是威胁其合法性与合理性的人或事,排斥那些在意识形态上无法与主流相容的"异见者"。汤普森所描绘的那种人日复一日、年复一年地通过广播、电视、报刊等各种传播媒介接收社会环境中的思想和信息,以致离开这些传媒,人们难以想象如何生活的场景,这不正预示了后来媒介情境学派有关人的媒介化生存的生动景象吗?当媒介技术被掌握在资产阶级统治者手中,当人们不得不依赖媒介技术否则就认为不能生存下去之时,媒介技术不仅成为资产阶级控制和操纵大众文化与意识形态的工具,自身也变成了意识形态。

---

① [英]约翰·B.汤普森:《意识形态与现代文化》,高铦等译,上海:译林出版社2019年版,第133页。
② [英]约翰·B.汤普森:《意识形态与现代文化》,高铦等译,上海:译林出版社2019年版,第174页。

三、虚拟现实技术改变现代交往方式

技术异化的现实效应主要体现为人对技术的崇拜和对现实生存处境的逃避，误以为技术衍生的平台、数据和虚拟空间可以安放自我的存在价值。在网络化生活世界中，大众自我反省能力降低，虽然感性直观地认识到自身理性反思和价值判断能力的缺失，也有可能察觉到生活方向的迷离，但难以深刻把握问题的实质，甚至产生一种直达本能和心理层面的崇拜和依赖：如果海量信息难辨真伪和价值，那么就升级一下基于算法推荐的搜索引擎；如果琳琅满目的商品无从选择，那么需要更多参考各种类型的"点评"软件或带货主播推荐——当没有能力辨别信息真伪、筛选有用信息时，所依赖的搜索引擎将把支付给它广告费最多的网站推送给你；当不愿花费力气去实体商店选购比较商品的时候，你信赖的点评量最大的商家或许只是雇用了大量水军。媒介和工具本来是应作为人的生理器官的有机延伸，但新的媒介技术出现的代价却是人对自身感觉器官的截肢，是对头脑思维能力的阉割。人们为了更加便捷的生活，为了适应新技术带来的新生活，又不得不成为技术的"生殖器官"——新的技术生产出不得不屈从的新的生产关系和交往方式，技术就如此这般潜移默化地主宰了人的生活。在这样的生存空间，每个人都是深度参与者，这种参与某种意义上可以描述为人人都成为被技术控制的客体，同时会成为被技术监视和利用的对象。

"大众传播的技术媒介已经改变并能够改变现代社会中社会互动性质的方式"①。媒介技术"以时间消灭空间"的特性降低了人际交往和信息传播的壁垒和成本，创造了更多可供选择的交往途径和手段。技术不断拓展人类交往活动的边界，本来为了延伸人的感知能力而被创造出的作为新媒介的有机器官，给予人们追求"完美交往"的想象空间。人类为了不断摆脱对身体和感官有限性的束缚，又进一步陷入技术理性的死循环，直到

---

① [英] 约翰·B. 汤普森：《意识形态与现代文化》，高铦等译，上海：译林出版社 2019 年版，第 16-17 页。

媒介技术把人变成其附庸。

如果说人类交往活动最大的障碍是自身物理属性带来的限制，那么信息技术革命的最新成果——基于互联网和全媒体开发的虚拟交往技术则创造了一个可以抛弃物理身份限制的虚拟现实世界。网络虚拟空间具有两种特性：符号化和隐蔽性。客观物质世界的万事万物，包括人的各种属性，都可以被数字化符号所表征。在符号化生存的网络空间，人们可以轻易地隐匿自身属性，具有相当的自由度来设定代表自己的符号属性参数，生成一个想象中的自己。被塑造的"符号人"，可以是去除自身缺点的完美的人，也可以是与他本身的现实的生存状态迥异——性格相反、身份地位相差悬殊的、他所希望成为的人。但是抽象的平面化符号群是否能全面准确地描述一个丰富而立体的现实的人以及人与人之间复杂的交往活动和交往关系呢？通过符号来感知符号化的世界将导致现实的人的感知能力弱化或退化，也导致主体对实践对象认识的单一化、平面化和片面化，人的主体性随之消解。"任何媒介的使用或人的延伸都改变着人际依存的模式，正如它改变着我们的各种感觉的比率一样"[1]。既然现实的人可以在虚拟世界轻易地完善自我、发展新的社交关系或找到成就感——例如，借用一张美颜头像或拉长的身躯来展示一个美好的形体，可以更容易收获好感；在现实中受挫，可以转而在游戏世界里通过打怪升级，或发展一段与虚拟恋人的关系，或创造一个属于自己的虚拟帝国——那么，长此以往，人们将自然而然地习惯于使用暂时性遮蔽的虚拟交往技术替代现实生活中的人际交往活动。在这样的路径依赖下，人们将沉溺于媒介创造的虚拟世界而不能自拔，甚至为了维持自己及他人对自己的美好想象而诉诸谎言。随着人的身份、形象、特性数字化与符号化，每个人都像戴着假面具、穿着隐身衣的"剧中人"。人的主体性某些方面被网络技术夸大或扭曲，其他一些方面却退化了。

---

[1] [加] 马歇尔·麦克卢汉：《理解媒介——论人的延伸》，何道宽译，上海：译林出版社2011年版，第111页。

然而，人很难察觉主体性的割裂与消解，更不用说去主动改变。尤其是从出生开始就生活于网络环境的年轻人，较难有清醒意识来分辨沉溺网络对人的自我意识的侵蚀危害。虚拟世界的生活就是新的"现实"生活。浅显易懂的表达形式，娱乐至上的生活方式已经成为确证现代生活合理性的意识形态。媒体报道都在努力讲缺乏深度的大白话，意见领袖努力把自己写的公众号内容表达得越浅显从众越好，老师被要求使用多媒体的形象化教学方式……"接地气"固然好，但也形成了这样的认识：简单、生动形象就是好的传播方式，理性、逻辑和抽象代表晦涩难懂和失败的沟通方式。"奶头乐"的生活方式经由互联网而越发强化，不仅在文化传播领域，包括教育、政治、商业在内的所有社会生活领域，大众崇尚简单化、形象化的思维方式，人的主体性和革命性遭到极大程度的消解。

第三节 文化发展与媒介技术进步相融共生的出路

马克思主义在肯定资本主义生产力创造的物质成就的同时，深刻批判了资本主义技术异化对人和社会造成的灾难性后果。在资本主义条件下，纵然科技获得极大发展和进步，自由全面发展的文化空间依然有限。"技术"也是西方马克思主义文化理论一直思考、质疑的"关键词"之一，文化与技术之间的关系是西方马克思主义探索文化发展问题的重要路径。文化发展与技术发展相融共生，尤其是媒介技术推进文化发展的出路，显然不在资本主义社会。

从技术异化对人和社会造成的负面后果来看，以雅斯贝尔斯、斯宾格勒、海德格尔等人为代表的文化哲学流派从人本主义的视角出发予以批判，把技术异化归咎于技术本身，认为技术应为人的种种异化现象负责，如压抑本能、分裂人格、虚空心灵，使人丧失生活目标和意义，导致道德沦丧和文明堕落。法兰克福学派则认为特定的社会生产方式及其产生的经济制度决定了身处其中者必然会对技术滥用，从而导致人自身的异化。技术异化是由社会的异化造成的，并导致人的异化。然而，人本主义的技术批判仅将技术异化视作技术内禀的自然属性发展所致的必然结果，难免走上技术决定论的歧途；对技术异化的后果揭露侧重于技术对人性的控制和异化，也不够全面。而法兰克福学派对技术异化的社会根源进行了一定程度的挖掘，在某种意义上接续了马克思主义的反资本主义精神。生态马克思主义一定程度上坚持了对资本主义制度造成技术异化的批判，但兴趣点更偏向批判由资本的逐利性导致的技术异化对生态环境的影响。总之，无论把技术异化归咎于技术自带的异化基因，还是归咎于产生和使用技术的社会制度环境，技术异化都是由人对技术的滥用造成的。因此，两种路线殊途同归于人对技术的不当使用导致人的异化的批判及其拯救。对此，应回到马克思主义技术批判的唯物史观轨道上来，把上述诸流派对技术异化的人本主义批判与对资本主义制度的社会批判有机结合起来进行反思。对媒介技术异化进行批判并不意味着对技术的全盘否定，在马克思主义看来，技术发展并非必然走向统治人的消极一面，而应成为推动必然王国走向自由王国的革命力量。因此，批判媒介技术异化的出路在于重申技术和文化的共同指向——以人的发展为共同目标。一方面，就媒介技术作为技术范畴的一般属性而言，要着眼于技术的人本主义批判视角，透过技术理性中的工具理性看到其蕴含的价值理性，对技术理性开展祛魅的观念革命，召唤价值理性回归。另一方面，就扬弃媒介技术异化的具体技术路线而言，要遵循技术的社会批判理路，从文化范导媒介技术应用的社会价值层面寻求出路。

一、技术理性祛魅助推价值回归

由于技术主义传统所固有的文化和思维方式，以及技术革命所创造的难以比拟的物质财富，技术理性不可避免地生成了主导性的意识形态和控制性的社会结构。以马尔库塞等人为代表的法兰克福学派往往将技术理性视作只关注达成手段的最优化而不做完成目的的价值追问的工具理性,从而使技术理性与价值理性"精神分裂"。这样的认识在雷蒙德·威廉斯看来是有缺陷的。技术崇拜并非就只能充当价值哲学的被批判角色,技术理性也并不能简单等同于工具理性,对技术理性的批判不等于对技术理性的全然否定。技术理性是崇尚科学思维和技术进步的现代文化,是物质文明的重要组成。在这个意义上,霍克海默认为,哲学上取消科学,在个人生命是一种慰藉,在社会中则是一个谎言①。对技术理性批判"否定之否定"的意义在于张扬技术理性中被遮蔽的价值理性,对技术理性的异化和控制顽疾进行抑制。为此,要对技术理性开展祛魅的观念革命,召唤价值理性的回归。

文化是人的全部的生活和实践方式。技术实践作为渗透所有人类实践活动中最重要、最广泛和最基本的实践活动,从来不是外在于人类的生活世界,而是内嵌于人的整体生活方式和历史文化。人的全面发展是文化发展的价值和目标,技术实践又是人的全面发展的动力和条件。因此,文化与技术发展本来的共同目的就是指向人的解放和自由而全面的发展。马克思主义旗帜鲜明地肯定了技术的巨大作用,认为"科学是一种在历史上起推动作用的、革命的力量"②。当然,不同时期的技术所占据的社会地位、发挥的历史作用及表现出的形式结构不尽相同。同时,人们对技术作用的认识和预见会受历史条件和科技条件限制而无法达到完备的程度。在特定的社会和历史背景中,基于某些特殊原因,技术突出和表现某些方面和因素的倾向性时有出现。由此,技术革命有时表现为对人的本质力量的确证和发展,有时却形成物的力量对人的控制。但不能因为技术在某个特定历史阶段所产生的应用后果,就对其作用进行夸大,或割离其内在的合理性因素,对技术理性的价值进行全盘肯定或否定都不可取。

---

① 张立成:《西方技术批判理论重建文化哲学的尝试》,载《科学技术与辩证法》,2000年第2期,第52-56页。
② 中共中央马克思恩格斯列宁斯大林著作编译局:《马克思恩格斯文集》(第3卷),北京:人民出版社2009年版,第602页。

马克思从"现实的人"出发,在人的现实生活、现实活动和现实需要中透视技术的本质,指出技术的本质是人的本质力量,是人的力量作用于现实世界的显现,是连接人与自然的媒介。因此,人的活动和需要也决定了技术的应用和发展。技术是为了解决人的问题,提升人的自由限度而生的,实用性造就了技术应用的合理性的基础,人们追求和使用知识,恰恰是为了获求它的实用价值。只不过,技术理性建立在近代自然科学形成的机械唯物主义认识论基础上,科学理性和数理逻辑方法对人认识和改造世界能力的发展只能是片面的、孤立的,甚至还带来了自然由于人的贪婪过度侵害而反过来对人的生存的反噬,这是技术理性的先天不足。但与中世纪及其宗教神学对人的思想和自由的全面禁锢和压抑相比,技术理性毕竟还是伸张了人的主体性地位。

从人们运用技术获得的现实物质成果看,技术理性确证了人的本质力量。技术理性作为一种以数理逻辑和形式逻辑来认识世界、处理人与自然关系的思维方式和方法论,通过科学分工和科学管理的形式极大提升了生产效率,促进了生产力发展,优化了政治、经济、文化等社会组织结构和运行模式,创造了以往人类历史无法比拟的巨大物质财富和更高生活水平,为人的全面发展创造了必要的物质基础条件。技术理性对人性的启蒙和解放在推动宗教文化向世俗文化转向的同时,不可避免地走向了放大和宣扬世俗物欲之途。当新教伦理将对物欲的追求合法化为勤俭、高效、创造物质财富等生活方式,并将其等同于对上帝崇拜的合理化行动时,技术理性才得以跨越狭隘的物质生产领域,成为渗入世俗的文化生活方式。可以说,技术理性恰恰是通过物化的方式,才生成了当代发达工业社会,尽管这样的现代性文明远非"历史的终结"。因此,技术理性的"单向度"是人类历史进程的阶段性产物。

对技术理性的批判是现代性批判的重要议题之一,无论是当代的媒介批判、技术批判还是文化批判,最终均或多或少通过否定技术理性生成的思想基础、社会环境与文化结构,来寻求文化与技术共生的进路。总体而言，片面理解"主体—客体"二元论、"主体性"导致人的主体性与对象化世界的对立，以及人与自然、人与人关系的异化。在某种意义上，人们将这种对立与异化潜意识地化为天赋的权利——人代替上帝对万物进行统治是技术进步下的历史必然性。由此而生成的技术理性必然是对与文化分离而对立的、控制的理性的肯定。在技术主义看来，既然万物的隐秘结构和神秘规律可以被精确把握，那么人的思想和行为的规律为什么不可以被认识和把握？为什么不能通过构建一种控制人的技术，使人也像机器那样被精确操纵呢？借鉴了自然科学理论和方法论的社会科学部分实现了这一目的，且这种实现程度与日俱增。这不但放大了技术理性的权威，更迎合了资本主义统治阶级基于维护自身统治地位和利益的隐秘目的。于是，技术精英与统治阶级有意无意地合谋，将这种以价值中立面目出现而以操纵和控制为实的技术控制转化为与政治统治结构和社会组织机制相嵌联的统治技术，最终上升到意识形态领域的"无意识"状态，从而塑造了日常生活的情境和底色，完成了人们对于技术控制人的合理化认同。由此可见，技术的文化性不是先天的，而是被赋予的；技术既可以成为统治的工具，又可以成为解放的工具；技术异化的责任不在技术自身，而在运用技术的人。

从认识论和实践论角度看，人对世界和自我的求知欲和认识能力没有止境，人通过劳动实践改造自己、解放自己的历史进程没有终点。因此，技术作为推动人的解放和自由的工具、动力和杠杆不可或缺。因此，不能因为技术理性的历史偏向性所导致的在一定状态下特别明显的工具性就断然否认技术理性的合理性。作为技术理性的完成目标，价值理性预示着技术与文化的和解与文化对技术的解放。技术并非价值中立，而是价值所涉的，它是"善与恶"的价值判断集合体。我们要消除的是"唯技术主义"，要抵制的是技术异化后对人的控制。幸运的是，人在不断推进技术进步的同时也在不断解构和超越技术，不断超越"此在"的局限性，这也是文化发展的内在动力和永恒主题。关键是在继承技术理性合理性的基础上有效反制技术理性的短视性、功利性和异化倾向，利用技术为文明进步创造物质基础，为技术理性注入人文关怀；通过进一步发展科学技术，不断追求对自然社会和人自身的真理性认识，不断提升对科技应用后果的科学预知能力。技术理性应在不断自我扬弃的过程中彰显历史的合理性，走向科学与文化合二为一，兼具工具理性与价值理性，以对人类的终极关怀为目的，促进人的自由和解放，进而推动实现人的全面发展。

二、以文化的先进性引导媒介技术合理发展

探讨先进文化何以能够引导和塑造媒介技术发展，我们可以回溯至马克思主义文化理论始终关注的两个基础性问题：

第一，经济基础与作为上层建筑的文化之间的关系。唯物史观以经济基础与上层建筑的形象化方式，凸显了文化在社会总体中的位置及作用。马克思主义强调经济因素是文化发展的决定性因素，而文化对于经济起重要的反作用。文化从来不是孤立抽象的精神活动，它的发展始终与政治、经济、技术密切相关。经济基础的确在极大程度上决定了文化的发展，尤其是技术的发展对文化总是起到变革性影响，如技术革命对资本主义生产与再生产及社会公众思想理念的诸多改变，传媒技术广泛应用于当代文化产业，等等。文化和技术关系这一永恒的论题指向了当下迫切需要回答的新问题——怎样防止文化发生技术化偏向，如何用先进文化来引导和塑造技术的发展，等等。

第二，文化的意识形态属性。在阶级社会中，意识形态是文化的核心，形塑着文化的呈现方式，特定的意识形态产生特定的文化实践，特定的文化表征一个民族或国家的精神内核。文化的意识形态基因从根本上指向文化的外在样态，即文化发展方向、路径，文化为谁服务，等等。在社会主义国家，无产阶级政党在领导、规范社会主义文化实践的过程中必须坚持马克思主义，从而建构起区别于资本主义国家的文化理论。列宁、毛泽东在领导革命的过程中不仅极为重视文化建设，而且尤为重视在物质条件并不充分的情况下利用可以利用的媒介，以发挥文化推动革命、动员宣传、凝心聚力的重

要作用。以毛泽东同志为代表的中国共产党人强调通过文化实践来激发广大人民群众的革命精神，塑造新的政治主体，以组织化的文化实践来推进革命实践。由此我们可以说，马克思主义文化理论的先进性并不停留于对文化的一般性解说和研究，而是直观地体现为革命的批判理论和意识形态实践，马克思主义文化理论是革命者的武器。中国新民主主义革命取得胜利后，中国共产党领导中国人民开启的"破旧立新"实践中极为重要的任务就是改造旧文化、建设新文化，在巩固新的政治经济制度的基础上，培养符合共产主义革命理想的"新人"，而在社会主义建设、改革开放、新时代的历史阶段，中国共产党几代领导集体始终将意识形态建设作为社会主义文化建设的重中之重，马克思主义文化理论是建设者的指南。

在不同国家、不同历史阶段，先进文化自然有不同的内涵、要求和发展路径。对我国而言，社会主义先进文化理应体现时代性、科学性、革命性的内在统一，继承中华文明传统，弘扬时代精神，持久推动社会发展，充分表达中国式现代化的文化追求。唯此，先进文化才能发挥推动人类社会进步的精神力量，才能发挥"矫正"技术异化的积极作用。

如果说人本主义的技术批判方法为消除技术异化带来希望，那么技术的社会批判方法则指明了消除媒介技术异化的路径。马克思主义从批判技术异化产生的资本主义制度着手，指出技术异化在资本主义社会无法避免，资本的逐利性是产生和放大现代工业社会中技术异化现象的根源。正是在资本逻辑作用下，技术作为人类本质力量的内在属性被异化为推动资本不断增值的重要动力，因而也成为资本统治社会的重要手段。遵循马克思主义批判立场和方法，从文化发展视角出发，我们应深入分析当代中国媒介技术发展中出现的各种问题，全面认识媒介技术发展的社会价值，警惕技术异化，以社会主义先进文化规约和引导媒介技术发展。

首先，从技术发展的认识论看，社会主义先进文化所秉持的马克思主义价值立场蕴含着指引人们正确看待技术正反两方面作用的科学方法。任何时代的科学技术都是人类认识自然达到一定程度和实践活动发展到一定阶段的产物。在特定的历史条件下，人类无法穷尽对自然规律的真理性认识，也不可能预测科技发展的一切后果并做出理性回应。正如人是在人与自然的矛盾运动中发展出作为认识和改造自然的工具和手段的科学技术一样，人也只能在技术发展造福人类和技术异化的矛盾运动中不断加深对技术的科学性认识。每一次技术发展在带来积极效应的同时也会产生负面效应，对技术负效应的不断克服正是推动技术进一步发展的动力。

媒介技术发展也不例外。任何一种新媒介的出现，无论书籍、电视，还是网络，出发点总是为了延展人对客观世界的感知，客观上促进了文化传播。然而媒介的"副作用"显而易见。例如在大众传播时代，电视、广播等电子传播技术使信息传播速度大大超越火车、轮船等传统"信息传播者行进的速度"①，在促进信息传播全球化的同时，却带来了"支离破碎的时间和被分割的注意力"②；在"人人都是麦克风"的互联网时代，互联网进一步造成了诚信丧失、网络暴力、数字鸿沟、信息茧房等诸多问题，还造就了沉迷虚拟世界的"网络人"。然而，媒介技术"副作用"又产生了推动文化和社会进步的"正效应"。网络新媒体的崛起使文化受众拥有更为充分的知情权和表达权，获得更为平等的身份权利，进一步弥合了传者和受众之间因信息和知识不对称而形成的社会权力的巨大鸿沟。概言之，媒介技术的发展，总是要对原有的文化传播模式及人的思维方式和存在方式造成冲击，甚至瓦解固有的文化结构。这体现了否定之否定规律，在肯定新媒介技术创生和应用的过程中包含自我否定的负面因素，在自我否定中又产生了进一步自我修正、创新和变革的肯定性内容。

新媒介技术对旧秩序的破坏蕴含文化创新的动力。发展社会主义先进文化的过程中，我们对媒介技术发展中出现的问题要予以较长时期的仔细观察、分析和研判，既不能放任不管，又不能一禁了之。要了解新兴媒介技术的特性和优缺点，使媒介技术始终处于人的控制，以促进人的解放和

---

① ［美］尼尔·波兹曼：《娱乐至死》，章艳译，北京：中信出版社2015年版，第79页。
② ［美］尼尔·波兹曼：《娱乐至死》，章艳译，北京：中信出版社2015年版，第86页。

全面发展为旨归，其运用符合社会主义社会伦理道德原则，真正起到促进社会主义先进文化发展的作用。

其次，从技术发展的社会现实看，社会主义先进文化提供了防范资本主义逻辑对媒介技术伦理侵蚀的价值遵循。改革开放以来，我国把发展生产力确立为社会主义初级阶段的中心任务，强调社会主义本质是解放和发展生产力，建立了社会主义市场经济体制，成功开辟中国式现代化道路，取得的成就举世瞩目。从生产关系变革视角看，改革开放是建立与完善社会主义市场经济体制，极大激发市场活力、不断完善市场化机制的实践过程。从发挥市场"在社会主义国家宏观调控下对资源配置起基础性作用"，到"在资源配置中起决定性作用和更好发挥政府作用"，我国社会主义市场经济发展必然要发挥资本作为重要生产要素和市场资源配置手段的积极作用。然而，资本的无序扩张，资本的"腐蚀性"和扩张性，使得人们的价值取向和交往活动难以避免受其内在逻辑影响。社会主义国家要在遏制资本无序扩张方面有所作为，当资本逻辑难以抑制地向社会各个领域进行扩张，进而有可能"感染"社会主义的价值理想时，我们理应主动、自觉规范资本有序发展，尽可能避免技术异化发生。

在社会主义初级阶段向更高阶段发展的过程中，充分弘扬社会主义先进文化的价值理念来防止资本逻辑对技术伦理的侵蚀，显得尤为重要。党的十八大以来，我们始终坚持以人民为中心的价值理念，在坚持党的领导下加快构建全媒体传播格局，为人民创建美好生活发挥积极作用。一方面，积极融入世界信息技术革命浪潮，加快互联网信息技术和基础设施建设，力争在人工智能、大数据技术和5G通信技术等领域缩小与西方发达国家的差距，甚至在某些领域达到世界领先水平。另一方面，在大力培育和扶持互联网企业发展壮大的过程中积极施行反垄断措施，遏制互联网资本"野蛮生长"的冲动，治理和培育风清气正的网络空间，使先进媒介技术和媒介平台的发展符合人民群众整体利益和社会进步的长远目标。

最后，遵循马克思主义文化理论对人的主体性和实践性的强调。从技术发展的应用过程看，社会主义文化强调以人民为中心，强调增强劳动者主体性。这决定了社会主义国家媒介技术应用的"群众路线"具有内在优越性。在马克思看来，技术通过介入生产过程，使工人因无法掌握完整的工作技能和生产过程从而不得不依附于机器，进而瓦解工人反抗意志和能力的根源，不在于技术之上，"机器本身对于把工人从生活资料中'游离'出来是没有责任的"①，而在于技术的资本主义应用方式，"同机器的资本主义应用不可分离的矛盾和对抗是不存在的，因为这些矛盾和对抗不是从机器本身产生的，而是从机器的资本主义应用产生的"②！

虽然上述论证是马克思针对资本主义早期基于异化劳动形成的技术异化现象进行的批判，但至今仍有指导意义。由于社会主义意识形态和制度对资本运行的管控，马克思当年所分析的这种劳动异化和技术异化并非普遍存在，但仍有一定的蔓延趋势，如互联网企业发展过程中的算法劳动剥削、大数据掠夺、平台经济垄断等对社会主义文化生态造成的冲击或破坏，引发广泛质疑。要解决这些问题，就必须将党的群众路线和全媒体技术相结合，发挥出人民群众在文化建设中的最大优势。

密切联系群众是中国共产党的三大作风之一，群众路线是党"全心全意为人民服务"宗旨的集中体现和重要方法，是社会主义先进文化人民性立场的体现。进入全媒体时代，互联网已成为影响党群关系和执政基础的最大变量，并且我们始终受西方国家推行数字霸权和"颜色革命"的冲击。能否在全媒体时代贯彻好群众路线，关乎我们能否发挥媒介技术优势，掌握互联网主动权和话语权。由此，我们应认真总结新中国成立七十多年来在发展科技事业中形成的人民民主参与的优良传统和宝贵经验并继续发扬光大，科学合理规制媒介技术的应用过程。特别要注意认真倾听和征求媒介技术使用者和用户意见，确保媒介技术在决策、设计、使用和共

---

① 中共中央马克思恩格斯列宁斯大林著作编译局：《马克思恩格斯文集》（第5卷），北京：人民出版社2009年版，第508页。
② 中共中央马克思恩格斯列宁斯大林著作编译局：《马克思恩格斯文集》（第5卷），北京：人民出版社2009年版，第508页。

享成果过程中形成政府主导、行业专家指导、媒体舆论监督、民众广泛参与的技术应用群众路线的良好机制，确保媒介技术的发展目标着眼人民需要，应用过程公正合理，成果为人民享有。

第二章

社会主义先进文化的内涵演进和实践经验

中国共产党从诞生之日起,就成为"中国先进文化的积极引领者和践行者"①。一部中国共产党波澜壮阔的百年发展史,也是社会主义先进文化的蓬勃发展史。回顾中国共产党在思想文化战线上的斗争经验和发展历程,先进文化一直是"党唤起民众、夺取政权的燎原火炬",是"拨乱反正、改革开放的思想武器"和"继往开来、再铸辉煌的精神动力和智力支持"②。社会主义先进文化蕴含马克思主义的价值立场,也承载了马克思主义的价值追求。在领导中国革命和社会主义建设与改革的伟大征程中,我们党对先进文化的认识与时俱进,社会主义先进文化建设随着中国特色社会主义道路的探索实践而不断深化。中国共产党深刻认识和把握媒介技术革命作用于先进文化发展的客观规律,在不同的历史时期,根据不同的媒介技术条件,有针对性地运用和发展现代大众媒介技术,有力地推动了社会主义先进文化不断发展。梳理和总结中国共产党领导社会主义先进文化发展的历史进程和历史经验,是在新的历史条件下推动社会主义先进文化发展的必要前提。

---

① 习近平:《习近平谈治国理政》(第3卷),北京:外文出版社2020年版,第35页。
② 张生泉、唐一中:《党代表先进文化前进方向的历史使命》,载《毛泽东邓小平理论研究》,2001年第5期,第29-34页。

第一节　社会主义先进文化的内涵演进

"社会主义先进文化"这一表述直接生成于"三个代表"重要思想关于"中国共产党要始终代表中国先进文化的前进方向"的重要论断。从文化发展史视角看，社会主义先进文化从五四运动以来在中国广泛传播的马克思主义先进理论中充分汲取养料，在中国共产党倡导的新民主主义文化中初步酝酿，在新中国成立以来社会主义革命和建设时期的探索实践中形成，贯穿并发展于从党的十一届三中全会以来社会主义精神文明建设的开展到党的十八大以来"五位一体"总体布局全面推进改革开放四十多年的伟大进程，在新时代中国特色社会主义文化与时俱进的丰富实践和生动表述中走向新境界。梳理这一发展历程，有助于我们科学理解和全面把握社会主义先进文化的丰富内涵。

一、社会主义导向和性质的先进文化

近代以来，无数志士仁人和先进知识分子努力探求振兴中华的"治世良方"。五四运动以来，随着中西多元文化思潮的交流和碰撞，马克思主义逐渐获得中国先进知识分子的认同，最终成为中国共产党的价值理念和奋斗旨向。以毛泽东同志为主要代表的中国共产党人深刻分析了中国半殖民地半封建社会的现实状况，提出了新民主主义革命的历史任务。同时指出，要建设反帝反封建的新民主主义文化。新民主主义文化就是新民主主义革命时期的中国先进文化，成为社会主义先进文化的重要思想资源，为社会主义先进文化的形成定位了初始坐标。

新民主主义革命胜利和新中国成立，为中国的进一步发展扫清障碍。但新民主主义革命的胜利"只是万里长征走完了第一步"①，非社会主义

---

①　毛泽东：《毛泽东选集》（第4卷），北京：人民出版社1991年版，第1438页。

因素在经济、政治和思想文化等领域还广泛存在。因此开启中国革命的第二步伟大征程——社会主义革命，成为新中国成立后最重要的任务。与之相应，从新民主主义社会过渡至社会主义的历史阶段，反映社会主义革命和建设历史任务的新民主主义文化将进行怎样的转向，如何进行转向之后的建设，成为文化建设领域的当务之急。

（一）由"反帝反封建"转向社会主义性质

从早期苏维埃政权到延安革命根据地再到新中国成立，以毛泽东同志为主要代表的中国共产党人一以贯之地重视文化，革命时期中国共产党在根据地领导的文化建设中发挥了凝聚人心的重要作用，优良的文化传统作为重要的思想资源继承下来。新生的社会主义中国一穷二白、内外交困，以美国为代表的西方各国对新中国政治上孤立，经济上封锁。文化建设上同样面临着巨大考验。毛泽东在1949年中国人民政治协商会议第一届全体会议开幕式上指出：随着全国经济建设高潮即将到来，"不可避免地将要出现一个文化建设的高潮。中国人被人认为不文明的时代已经过去了，我们将以一个具有高度文化的民族出现于世界。"[①]

毛泽东系统阐述关于文化的核心观点，要追溯至《在延安文艺座谈会上的讲话》（以下简称《讲话》）。《讲话》是在马克思主义基本原理与中国具体实际相结合的基础上，对中国共产党如何领导中国文化艺术发展所做的重要探索，为新中国成立后文化艺术发展指明了根本道路和方向，产生深远影响。围绕党对文化艺术工作的领导这一根本问题，毛泽东鲜明地提出文化有阶级立场的区分，要明确文化的无产阶级立场，发挥文化服务于政治的作用，特别重视发挥无产阶级先进分子和广大劳动者对于政治经济社会发展的能动作用。对于新生的社会主义中国来说，巩固国家政权、凝聚人心是至关重要的。

毛泽东在《新民主主义论》中提出"民族的""科学的""大众的"为新民主主义文化的三个标准。"民族的"被放在标准的第一位，体现了

[①] 毛泽东：《毛泽东文集》（第5卷），北京：人民出版社1996年版，第345页。

与中国革命历史境遇的深切勾连。也就是说,"民族的"标准首先指向中华民族的独立和尊严,主权上的独立反映到文化上,同样要反对帝国主义的压迫与"围剿";其次是反对帝国主义文化、封建文化,反对西化,创造"新鲜活泼的、为中国老百姓所喜闻乐见的中国作风和中国气派"的民族形式。"科学的"主要指向对遗留的封建文化和迷信思想的深度清理。随着推翻压迫中国人民的"三座大山",中华民族在谋求独立和发展的同时要进一步改变民族的精神面貌。由此,新文化建设的当下任务是彻底革除封建思想残余。我们所熟知的新中国成立后延续根据地传统的扫盲运动、识字班开设、汉字改革以及新闻纪录片在内的各种形式的宣传活动等,都体现了文化建设的科学性要求。"大众的",则指向文化艺术为广大人民群众服务。文化艺术"为了谁",这是社会主义文艺发展的根本问题。社会主义文化的内在要求决定了社会主义文化艺术不是为帝王将相、王公贵族或少数精英服务的,而一定是为人民群众服务的。这与文化艺术的"人民性"标准有着内在的一致性。直到今天,"人民性"依然是思想文化领域须臾不能搁置的标尺。

随着社会主义"三大改造"的完成,社会主义制度得以确立,新的社会主义文化也逐步确立。学界对党在社会主义革命和建设时期的相关研究,主要集中于对新民主主义文化的阐发。由于新民主主义革命的最重要任务是获得民族独立,建立最广泛的统一战线,在文化上必须是包容的。但在进入社会主义改造的新阶段,对现存的资产阶级意识形态以及封建思想残余进行社会主义改造,就成为十分紧迫的任务。就性质而言,社会主义文化应当属于五四以来"中国共产党人所领导的共产主义的文化思想"[①] 的范畴。梳理当时的文件和相关论述,本书认为社会主义性质的新型文化至少应包括以马克思主义为主流意识形态,具有革命性、阶级性、战斗性和人民性,为无产阶级的工农兵大众服务等。由于当时无产阶级大众文化素质较低,因此还应包括把普及文化知识放在首位,以培养革命事

---

① 毛泽东:《毛泽东选集》(第2卷),北京:人民出版社1991年版,第697页。

业接班人为目标等内容①。

值得强调的是，1953—1956年党和政府在推进农业、手工业和资本主义工商业社会主义改造的同时，相应地在思想文化领域积极推进社会主义文化建设。这一时期的文化建设密切配合了所有制领域内的社会主义改造，为巩固马克思主义指导地位，扫除资产阶级意识形态及封建思想残余，统一思想认识，促进新中国文艺繁荣和科教文卫事业发展奠定了基础。

（二）为社会主义文化确立初始坐标

新中国成立初期，文化建设领域最引人瞩目的是"百花齐放、百家争鸣"以及"古为今用、洋为中用"方针的提出。为了在全社会更深更广地发展和传播社会主义新文化，毛泽东提出应尊重科学文化发展的自身规律，倡导在科学领域的思想争鸣和文学艺术表达形式与风格的自由发展，从而激发了人民群众繁荣文化和建设社会主义的巨大热情。针对在反对资本主义和封建文化过程中表现出的绝对化倾向，在革除封建糟粕的过程中，我们党提出要批判地传承和发扬中华优秀传统文化，"对于中国古代文化，同样，既不是一概排斥，也不是盲目搬用，而是批判地接收它，以利于推进中国的新文化"②。而在反对资本主义的同时，也要批判地吸收西方文明中的进步文化，"中国应该大量吸收外国的进步文化，作为自己文化食粮的原料……决不能生吞活剥地毫无批判地吸收"③。这就形成了批判吸收、"古为今用"和"洋为中用"的文化发展原则，打破了文化发展的保守主义和教条主义的束缚，思想文化领域展现勃勃生机。

正是在"百花齐放、百家争鸣"方针的引领下，广大人民群众开展了生动丰富的文化活动：

一是推行汉字简化与推广普通话。历史悠久的汉字为表意文字，含义

---

① 杨凤城：《中国共产党与当代中国文化发展研究》，北京：中共党史出版社2013年版，第4页。
② 毛泽东：《毛泽东选集》（第3卷），北京：人民出版社1991年版，第1083页。
③ 毛泽东：《毛泽东选集》（第2卷），北京：人民出版社1991年版，第706-707页。

深刻隽永却难写难认，为了更有效地普及教育，提高人民群众的文化水平，汉字简化在当时势在必行。中国汉字改革委员会搜集了群众的意见，经多轮论证，最终于1956年通过了汉字简化草案。与此相应的是推广普通话工作，着力突破现实生活中语言运用的限制。我们党关注人民群众在沟通、交往过程中遇到的问题，以统一的普通话来解决方言给各地区人民群众造成交往不便的问题。推广普通话的工作，为增进人民群众之间的交流沟通，团结更大多数人发挥了积极作用。

二是开展扫盲工作。扫盲工作在根据地时期就已展开，在提高农村人口识字率方面收效显著。中国基本国情之一是人口多，其中文盲人口众多。中华人民共和国成立后，我们党实事求是，把扫盲工作视为文化工作的重中之重。这场文化教育活动，使在旧中国被剥夺文化学习权利的人民群众尤其是农村妇女走入识字班，真正践行了文化"为人民"的宗旨，也为未来推进文化建设奠定了最广泛的群众基础。

三是合理运用媒介技术推动各方面文化工作，发动群众、鼓舞人心，构建新中国成立之初的良好文化生态。1954年中共中央政治局起草并通过了《关于改进报纸工作的决议》，重视并发挥报刊、广播、出版事业的导向作用。1953年7月中央新闻纪录电影制片厂成立，所拍摄的反映社会变革、体现民众精神需求和生活实践的新闻纪录片深入人心。农村电影放映网建设、农村广播网建设如火如荼，电影巡回放映队深入广袤农村大地，深受广大农民欢迎。文艺工作者在电影、戏剧中塑造了众多"社会主义新人"形象，反映了社会主义经济、政治领域的鲜活实践。

二、中国特色的社会主义先进文化

改革开放和社会主义现代化建设新时期，随着中国共产党对社会主义初级阶段的本质和任务、党的建设和社会主义社会发展方式等重大问题的认识不断深化，党对社会主义文化先进性的认识也不断深化。改革开放初期，为抵御因对外开放而侵入的资本主义文化思潮，邓小平同志高瞻远瞩地提出了建设社会主义精神文明，强调物质文明和精神文明一起抓。东欧剧变使世界社会主义运动陷入低潮，而国内市场经济制度仍在实践中探索，面对国内外复杂形势，以江泽民同志为主要代表的中国共产党人把建设"有中国特色的社会主义文化"提升至与政治建设和经济建设同等重要的地位，并将党的先进性与先进文化的先进性结合起来，旗帜鲜明地提出了发展社会主义先进文化的重要命题和历史任务。21世纪以来，随着改革进入深水区，树立科学发展观，确保社会稳定和谐成为推动改革开放进一步深入的前提条件。以胡锦涛同志为主要代表的中国共产党人提出了建设和谐文化与构建和谐社会的任务，以社会主义核心价值体系摄先进文化发展方向，推动社会主义先进文化与时俱进。

（一）突出精神文明在社会主义现代化建设中的重要性

党的十一届三中全会做出以经济建设为中心的重大决策以后，社会思想领域出现了两种主要倾向：一方面，疑惧于搞改革开放和市场经济会导致社会主义旗帜变色的可能，不愿推动深化经济体制改革，有人甚至想要回到"以阶级斗争为纲"的老路上去；另一方面，一些人在改革开放的东风中矫枉过正，甚至偏离马克思主义的方向指引，倒向只顾追逐物质利益的资本主义思想文化的阴暗面。此外，西方多元思潮蜂拥而入，给民众特别是年轻人造成了思想上的迷茫和混乱。邓小平提出"三个有利于"的评价标准，以澄清对社会主义的各种错误认识；恢复"双百"方针和关爱知识分子的政策，释放文化发展的生机活力；尊重文化发展的客观规律，倡导文化"为人民服务、为社会主义服务"，强调社会主义文化要发挥为社会主义建设特别是经济建设服务的功能，使文化发展符合改革开放的需要；着眼于发挥文化"育人"功能，以培育"四有新人"为目标，提出"面向现代化、面向世界、面向未来"的教育改革和文化发展方针，突出文化发展的时代性和开放性。这些带有明确导向的论述和方针政策充分反映了这一时期邓小平同志对先进文化的深刻把握。在此基础上，邓小平提出了"社会主义精神文明建设"，这一表述被认为是其文化理论中的"灵魂和支柱"①。概言之，即要在建设高度物质文明的同时，还要"提高全民族的科学文化水平，发展高尚的丰富多彩的文化生活，建设高度的社会主义精神文明"②，要"两手抓、两手硬"，两个文明都搞好，才是有中国特色的社会主义。将文化建设纳入社会主义现代化建设的整体布局，强调发展精神文明，体现了我们党对于社会主义先进文化建设认识的深化。

党的十二大系统阐释了社会主义精神文明的内涵、特征及重要意义，强调社会主义物质文明和精神文明"互为条件，又互为目的"。党的十四大将建设社会主义精神文明同发展社会主义市场经济、建设社会主义民主政治确立为建设有中国特色社会主义的三大目标。党的十四届六中全会形成的《关于加强社会主义精神文明建设若干重要问题的决议》，重点研究了社会主义市场经济和改革开放新的历史条件下如何搞好社会主义精神文明建设的问题，特别是对思想道德和文化建设做出全面部署。在党的领导下，广大理论工作者对精神文明核心要素进行了丰富的阐发和高度概括，形成了一些生动形象、便于记忆推广的标识性话语，其中不少表达仍在沿用，如"四有"（有理想、有道德、有文化、有纪律）、"三个主义"（爱国主义、集体主义、社会主义）、"五爱"（爱祖国、爱人民、爱劳动、爱科学、爱社会主义）、"三德"（社会公德、职业道德、家庭美德）、三观（世界观、人生观、价值观）、"公民道德二十字"（爱国守法、明礼诚信、团结友善、勤俭自强、敬业奉献）等。与此同时，在全社会大力开展"五讲四美三热爱""三优一学""五个一工程""讲文明、树新风"、共建文明单位、实施公民道德建设纲要、树立社会主义荣辱观等深入人心的精神文明建设活动。

（二）从"有中国特色社会主义的文化"到"中国先进文化"

面对西方发达国家对我国实施"西化"和"分化"的图谋，以及社会主义市场经济发展过程中思想文化领域出现的风险和动向，江泽民同志

---

① 王建辉：《邓小平文化思想探论》，载《江汉论坛》，1998年第4期，第29-33页。
② 《邓小平思想年编：1975—1997》，北京：中央文献出版社2011年版，第271页。

明确提出"三个代表"重要思想,体现了社会主义文化的先进性同党的先进性的紧密联系。

"三个代表"重要思想的提出尤其是"社会主义先进文化"概念的提出,是江泽民同志十余年来集全党智慧深入思考的理论成果。早在1991年,在庆祝建党七十周年的重要讲话中他第一次提出建设"有中国特色社会主义文化"的科学命题。江泽民同志强调,要牢牢把握建设有中国特色社会主义文化的基本要求,"极大地提高全民族的思想道德和科学文化素质,促进社会主义物质文明和精神文明的发展"[①]。这是我们党首次把"有中国特色社会主义文化"与"社会主义精神文明"这两个概念结合起来,两者显然在指导思想、目标任务和建设方针等方面具有内在本质联系。

1997年,党的十五大报告系统阐述了"建设有中国特色社会主义的文化"的科学命题,对"有中国特色社会主义的文化"这一概念作了进一步明确和拓展:"建设有中国特色社会主义文化,就是以马克思主义为指导,以培育有理想、有道德、有文化、有纪律的公民为目标,发展面向现代化、面向世界、面向未来的,民族的科学的大众的社会主义文化"[②],已明确把作为社会主义"重要特征"的精神文明与有中国特色社会主义的经济、政治并列,与有中国特色社会主义文化的概念关联起来,实现了中国特色社会主义文化建设理论和实践的可持续发展。进入21世纪,江泽民同志提出"三个代表"重要思想。其中"中国共产党要始终代表中国先进文化的前进方向"的重要论断,是在"建设什么样的党,怎样建设党"的语境中提出了先进文化的代表性问题。2000年6月5日,时任中宣部常务副部长的刘云山同志撰文指出,"在当代中国,先进文化就是有中国特色的社会主义文化";"代表先进文化的前进方向,实质就是建设有中国特色

---

① 江泽民:《江泽民文选》(第1卷),北京:人民出版社2006年版,第158页。
② 江泽民:《江泽民文选》(第2卷),北京:人民出版社2006年版,第17页。

社会主义文化"①。先进文化建设明确了五方面基本内涵：必须始终坚持以马列主义、毛泽东思想、邓小平理论为指导；必须以爱国主义、集体主义、社会主义的思想道德为核心；必须继承发扬中华民族优秀文化和革命文化传统，积极吸收一切外国的优秀文化成果；必须面向现代化、面向世界、面向未来，充分体现时代精神；必须是民族的科学的大众的社会主义文化。这些论述构成社会主义先进文化的基本内容和框架。

2001年，江泽民同志在庆祝建党八十周年大会上的讲话中指出，当代中国所要发展的先进文化，就是"发展有中国特色社会主义的文化，就是建设社会主义精神文明"②。可见，当代中国的先进文化、中国特色社会主义文化和精神文明的内涵是互相联通和一致的③。江泽民还指出，"加强社会主义思想道德建设，是发展先进文化的重要内容和中心环节"④；"发展先进的生产力，是发展先进文化，实现最广大人民根本利益的基础条件"⑤，从而揭示了精神文明与先进文化的共同属性和紧密关联。

2002年，党的十六大报告进一步指出，"在当代中国，发展先进文化，就是发展面向现代化、面向世界、面向未来的，民族的科学的大众的社会主义文化，以不断丰富人们的精神世界，增强人们的精神力量"⑥。至此，社会主义先进文化的概念内涵得到阶段性完整表述，社会主义先进文化成为与社会主义市场经济和社会主义民主政治并列的中国特色社会主义事业总体布局的重要一极。这一时期，学界对社会主义先进文化的内涵进行了充分研究，除对先进文化的政治属性和意识形态属性进行阐释以外，还指

---

① 刘云山：《牢牢把握先进文化的前进方向　繁荣发展有中国特色社会主义文化——学习江泽民同志"三个代表"重要思想的体会》，载《党建》，2000年第6期，第4-8页。
② 江泽民：《江泽民文选》（第3卷），北京：人民出版社2006年版，第276页。
③ 参见陈晋：《发展当代中国先进文化的几个问题——读十六大报告后的一点思考》，载《党的文献》，2002年第6期；周晓阳、张多来、许伟平：《论中国先进文化的基本特征》，载《社会科学研究》，2002年第2期；刘云山：《高扬先进文化的旗帜　推动中国特色社会主义文化的发展繁荣》，载《党建》，2003年第1期。
④ 江泽民：《江泽民文选》（第3卷），北京：人民出版社2006年版，第278页。
⑤ 江泽民：《江泽民文选》（第3卷），北京：人民出版社2006年版，第281页。
⑥ 江泽民：《江泽民文选》（第3卷），北京：人民出版社2006年版，第559页。

出其应包括思想人文精神、科学文化和市场经济等内涵。这些研究丰富了社会主义先进文化的内涵和外延。

（三）建设以社会主义核心价值体系为"根本"的和谐文化

进入21世纪以来，随着改革开放进入深水区、攻坚期，社会矛盾激化，腐败现象多发，不稳定因素增加。发展不足与发展不当的关系亟待科学认识。我们党提出了中国"应实现什么样的发展？怎样发展"的时代之问。在经济高速增长的同时坚持全面持续可协调的科学发展，在物质财富快速累积的过程中确保各阶层的分配公平和思想上的稳定和谐，成为这一时期党的工作着力点。文化建设作为社会发展的"稳定器"，必须及时回应社会实践中出现的新现象和新问题。2006年9月，我国第一个关于文化发展的中长期规划《国家"十一五"时期文化发展规划纲要》出台，文化建设首次被明确纳入国家"十一五"时期的国民经济和社会发展总体规划。在此背景下，社会主义先进文化的内涵有了新的发展，"和谐文化"成为这一时期社会主义先进文化的标识性概念。

党的十六大报告第一次将"社会更加和谐"作为"全面建设惠及十几亿人口的更高水平的小康社会"的重要目标。2006年，党的十六届六中全会做出《中共中央关于构建社会主义和谐社会若干重大问题的决定》（以下简称《决定》），明确提出构建社会主义和谐社会的指导思想和战略任务，将"建设和谐文化，巩固社会和谐的思想道德基础"作为构建和谐社会的重要任务。文化的核心是价值观，《决定》特别强调要把社会主义核心价值体系作为"建设和谐文化的根本"。同年11月，胡锦涛同志在第八次"文代会"、第七次"作代会"开幕式上特别指出，"繁荣社会主义先进文化，建设和谐文化，为构建社会主义和谐社会作出贡献，是现阶段我国文化工作的主题"[①]。2008年，胡锦涛同志在纪念党的十一届三中全会召开三十周年大会上又做出"我们把社会主义核心价值体系建设作为主线，贯穿到国民教育和精神文明建设全过程"的表述。这一时期，"和谐"

---

① 胡锦涛：《胡锦涛文选》（第2卷），北京：人民出版社2016年版，第540页。

理念成为社会主义先进文化的新表征,而社会主义核心价值体系则成为在新的历史阶段发展社会主义先进文化的价值指向和贯穿主线。

党的十七大报告提出"推动社会主义文化大发展大繁荣"的任务,发出"坚持社会主义先进文化前进方向,兴起社会主义文化建设新高潮"的号召。强调要建设好作为"社会主义意识形态的本质体现"的社会主义核心价值体系,以"增强社会主义意识形态的吸引力和凝聚力";要建设好作为"全体人民团结进步的重要精神支撑"的和谐文化,以"培育文明风尚"[1]。党的十七届六中全会首次正式提出了中国特色社会主义文化发展道路,做出了《中共中央关于深化文化体制改革推动社会主义文化大发展大繁荣若干重大问题的决定》(以下简称《决定》)。这份文化建设的纲领性文件是建党以来第一次以党的中央委员会全会的形式专题研究部署形成的文化建设和发展指南,致力于全面部署深化文化体制改革,促进社会主义文化大发展大繁荣,加快建设社会主义文化强国。《决定》再次强调"文化建设是中国特色社会主义事业总体布局的重要组成部分",指出"没有社会主义文化繁荣发展,就没有社会主义现代化"[2]。与党的十六大报告把"发展当代中国的先进文化"直接等同于"发展社会主义文化"不同的是,《决定》把"坚持社会主义先进文化前进方向"作为发展社会主义文化的指向要求和坚持中国特色社会主义文化发展道路的重要保障[3]。《决定》还着重阐述了社会主义核心价值体系的重要意义和内涵,指出社会主义核心价值体系既是中国特色社会主义文化发展道路的"根本任务",还是"兴国之魂",更是"社会主义先进文化的精髓",因此"决定着中国特色社会主义发展方向"[4]。接着,胡锦涛同志在庆祝中国共产党成立九十周年大会上的讲话中再次强调"要继续大力推动社会主义文化大发展大繁

---

[1] 胡锦涛:《胡锦涛文选》(第2卷),北京:人民出版社2016年版,第639—640页。
[2] 《十七大以来重要文献选编》(下),北京:中央文献出版社2013年版,第561页。
[3] 《十七大以来重要文献选编》(下),北京:中央文献出版社2013年版,第562页。
[4] 《十七大以来重要文献选编》(下),北京:中央文献出版社2013年版,第564页。

荣，坚定不移发展社会主义先进文化"①，并把社会主义核心价值体系建设"融入国民教育、精神文明建设和党的建设全过程"②。

至此，社会主义先进文化实现了又一次内涵拓展。首先，新时期发展社会主义先进文化的理论支撑是科学发展观。中国共产党深刻认识到，社会发展的本质是人的发展，社会发展的目标不能两极分化，解决社会矛盾的方式应该是非对抗式的对话协商和渐进式的体制改革，要统筹兼顾社会各个领域差异和各个阶层利益，坚持全面协调可持续发展。其次，社会主义先进文化在新的历史阶段的前进方向和外在表现形式是和谐文化。在改革开放进入矛盾多发和深层利益格局触动的关键时期，和谐文化是崇尚和追求和谐的思维观念、行为范式和社会风尚，是对社会发展方式和目标应达到什么样的公平正义状态的价值认知和评判，是一整套利益关系调节和社会矛盾化解的机制和规范。再次，社会主义核心价值体系是社会主义先进文化的"精髓"③，同时也是"建设和谐文化的根本"④。它包括马克思主义的指导思想，中国特色社会主义的共同理想信念，以爱国主义为核心的民族精神和以改革创新为核心的时代精神，以及在人民群众生活实践中作为价值评判依据的社会主义荣辱观。党的十八大对社会主义核心价值观做了国家、社会、个人三个层面24字的概括⑤，是对社会主义核心价值体系的提炼，更是理论上进一步的深化和发展。

总之，和谐文化成为新时期构建和谐社会和全面建成小康社会的重要精神支撑力量，社会主义先进文化发展到新的阶段。

三、新时代的社会主义先进文化

党的十八大以来，以习近平同志为核心的党中央在党和国家事业取得

---

① 《十七大以来重要文献选编》（下），北京：中央文献出版社2013年版，第447页。
② 《十七大以来重要文献选编》（下），北京：中央文献出版社2013年版，第448页。
③ 《十七大以来重要文献选编》（下），北京：中央文献出版社2013年版，第539页。
④ 《十六大以来重要文献选编》（下），北京：中央文献出版社2011年版，第660页。
⑤ 党的十八大报告指出，倡导富强、民主、文明、和谐，倡导自由、平等、公正、法治，倡导爱国、敬业、诚信、友善，积极培育社会主义核心价值观。

全方位、开创性历史性成就和深层次、根本性历史性变革的基础上，面对百年未有之大变局，科学总结中国特色社会主义建设的伟大实践和历史经验，做出了中国特色社会主义进入新时代的科学论断。这个新时代，是中华民族从站起来、富起来到强起来的伟大飞跃，日益走向世界舞台中央，实现中华民族伟大复兴的新时代；是彰显中国特色社会主义制度优越性，形成并坚定"四个自信"，展现科学社会主义当代生命力和世界历史价值的新时代；是中国努力探索和开拓不同于西方的现代化道路，展现负责任大国担当，为解决人类共同问题贡献中国智慧和中国方案的新时代。文化是国家和民族的灵魂，社会主义先进文化是支撑中华民族伟大复兴和中国特色社会主义继续前进更基本、更深沉和更持久的力量。立足新的历史方位，正确定位社会主义先进文化的前进方向，使其继续发挥举旗定向、精神动力和智力支持的重要作用，对中国特色社会主义事业意义重大。

（一）开创新时代发展社会主义先进文化新篇章

党的十八大以来，党中央把文化建设摆在更加突出的位置，就2035年建成社会主义文化强国的战略目标做出了新的部署。在全国党代会、全国宣传思想工作会议、哲学社会科学工作座谈会、中国文联第十次代表大会、中国作协第九次代表大会以及教育文化卫生体育领域专家代表座谈会等多个重要场合，发展社会主义先进文化始终是习近平总书记关注的重要问题。党的十八大把社会主义先进文化作为中国特色社会主义五个重要组成部分之一，强调要"坚持社会主义先进文化前进方向，树立高度的文化自觉和文化自信"[①]，明确了建设社会主义文化强国的目标和实施战略。在随后召开的庆祝中国共产党成立95周年大会上，习近平总书记指出：要协调贯彻好包括文化建设在内的"五位一体"总体布局和"四个全面"战略布局，建设好"社会主义市场经济、民主政治、先进文化、和谐社

[①] 中共中央文献研究室：《十八大以来重要文献选编》（上），北京：中央文献出版社2014年版，第26页。

会、生态文明"①；要坚定包括文化自信在内的"四个自信"。同时还特别指出，中华优秀传统文化、革命文化和社会主义先进文化构成统一的有机整体，"积淀着中华民族最深层的精神追求，代表着中华民族独特的精神标识"②。

党的十九大更加突出文化自信对于国家和民族发展所发挥的精神力量，明确提出要"推动中华优秀传统文化创造性转化、创新性发展，继承革命文化，发展社会主义先进文化"③。习近平总书记还就新时代中国特色社会主义文化内涵做出重要阐述，指出中国特色社会主义文化"源自中华民族五千多年文明历史所孕育的中华优秀传统文化，熔铸于党领导人民在革命、建设、改革中创造的革命文化和社会主义先进文化，植根于中国特色社会主义伟大实践"④。此后，在党的十九届六中全会上，习近平总书记全面总结了改革开放和社会主义现代化建设时期所取得的文化建设成就，即"推进社会主义核心价值体系建设，建设社会主义精神文明，发展社会主义先进文化，推动社会主义文化大发展大繁荣"⑤。在此基础上，他强调"坚持以社会主义核心价值观引领文化建设，注重用社会主义先进文化、革命文化、中华优秀传统文化培根铸魂"⑥，进一步丰富和发展了新时代中国特色社会主义文化的内涵表述。

党的二十大进一步把实现中国式现代化，全面建设社会主义现代化强国确立为我们党在新时代新征程的使命任务。其中，把坚持中国特色社会

---

① 中共中央文献研究室：《十八大以来重要文献选编》（下），北京：中央文献出版社2018年版，第350页。

② 中共中央文献研究室：《十八大以来重要文献选编》（下），北京：中央文献出版社2018年版，第349页。

③ 中共中央文献研究室：《十九大以来重要文献选编》（上），北京：中央文献出版社2019年版，第16页。

④ 中共中央文献研究室：《十九大以来重要文献选编》（上），北京：中央文献出版社2019年版，第29页。

⑤ 《中国共产党第十九届中央委员会第六次全体会议文件汇编》，北京：人民出版社2021年版，第40页。

⑥ 《中国共产党第十九届中央委员会第六次全体会议文件汇编》，北京：人民出版社2021年版，第71页。

主义文化发展道路，增强文化自信，建设社会主义文化强国，发展面向现代化、面向世界、面向未来的，民族的科学的大众的社会主义文化确立为实现这一使命任务的重要途径。习近平总书记强调，我们要在坚持马克思主义指导地位、"二为"方向、"双百"方针、中华优秀传统文化"双创"发展等历史经验的基础上，"以社会主义核心价值观为引领，发展社会主义先进文化，弘扬革命文化，传承中华优秀传统文化，满足人民日益增长的精神文化需求，巩固全党全国各族人民团结奋斗的共同思想基础，不断提升国家文化软实力和中华文化影响力"①。这进一步指明了社会主义先进文化在新时代的前进方向和历史任务。

从在精神文明建设角度提出建设社会主义性质的先进文化，到从加强党的建设的角度提出社会主义先进文化的科学命题，再到从科学发展和社会和谐的角度深化社会主义先进文化的内涵，直至以习近平同志为核心的党中央从整体性视角审视社会主义先进文化的历史传承和现实发展问题，我们党始终把社会主义先进文化发展的历史、现实和未来贯通起来加以辩证思考和探索，对文化先进性的不懈追求是贯穿其中的红线，体现了我们党高度的理性自觉和文化自信。

（二）明确新时代社会主义先进文化的丰富内涵

党的十八大以来，习近平总书记对社会主义先进文化的来源与资源进行了历史性延伸，以实现中华民族伟大复兴为主线来概括中国人民自1840年以来奋发图强的近代史。我们党首次将中华优秀传统文化、革命文化和社会主义先进文化联系起来进行完整思考，强调中华优秀传统文化和革命文化都是具有特殊历史性和阶段性的先进文化，是社会主义先进文化的宝贵来源和资源。社会主义先进文化受到中华优秀传统文化和革命文化涵养，植根于民族土壤，继承了文化传统，是党领导人民开展中国特色社会主义伟大实践过程中形成的力量之源，集中体现了社会主义意识形态的举

---

① 《中国共产党第二十次全国代表大会文件汇编》，北京：人民出版社2022年版，第36页。

旗定向引航功能和社会主义核心价值观的守根铸魂育人功能。要始终坚持面向现代化、面向世界、面向未来的基本方针，准确把握民族的科学的大众的根本定位，使社会主义先进文化成为进一步推进和拓展中国式现代化道路的精神力量。同时要将中华优秀传统文化和革命文化的宝贵资源进行整合和转化，并且要与世界多元文明充分交流互鉴，使之为改革开放以来在社会主义市场经济条件中发展出来的社会主义先进文化所用。

就理论本质而言，习近平新时代中国特色社会主义思想是新时代社会主义先进文化的最新理论形态。党的十九届六中全会明确习近平新时代中国特色社会主义思想不仅是党的指导思想，而且是当代中国马克思主义，是二十一世纪马克思主义，是中华文化和中国文明的时代精华，实现了马克思主义中国化新的飞跃。党的二十大报告明确指出：习近平新时代中国特色社会主义思想对新时代党和国家事业发展、对推进中华民族伟大复兴历史进程具有决定性意义。要求我们深刻领会和把握习近平新时代中国特色社会主义思想的世界观和方法论。习近平新时代中国特色社会主义思想面对世界百年未有之大变局和中华民族伟大复兴战略全局，坚持马克思主义基本原理同中国具体实际相结合，同中华优秀传统文化相结合，为创立中国式现代化道路，创造人类文明新形态提供方法论依据，向世界展示中国马克思主义和社会主义的崭新形象，是新时代社会主义先进文化发展成就的理论表达。习近平总书记以中华民族伟大复兴为主线，以中华优秀传统文化和革命文化为滋养，以社会主义核心价值观为精髓，提出了举旗帜、聚民心、育新人、兴文化、展形象的使命任务。习近平新时代中国特色社会主义思想集中国化马克思主义之大成，集中华文化和中国精神之大成，也是百年来中国先进文化内涵发展的集大成，为新时代开创党和国家事业新局面提供了方法指导和行动指南，为继续推进马克思主义中国化、时代化，建设社会主义先进文化提供了坚强思想保证和强大精神力量。

在"两个大局"交织激荡的时代背景下，还应把社会主义先进文化的发展和传播放到国际和国内两个大局交织的背景中予以整体把握和思考。

从外部环境看，西方发达国家长期采用"文化帝国主义"的"软侵略"方式对包括中国在内的国家和地区实行同化、诱变或遏制。中国既不能被动应对，也不能咄咄逼人，而必须在坚守中华文化立场的基础上主动灵活地讲好中国故事。这就要求我们注重文明和价值观传播的特点，对外强调实现中华民族伟大复兴是文明的复兴，采取适合中国历史和现实的发展道路，是民族国家发展的正当权利；通过传播中华优秀传统文化，构建人类命运共同体，弘扬全人类共同价值，增强国际传播话语权。就国内环境而言，党的十八大以后中国经济高质量发展，随着2020年全面建成小康社会目标顺利实现，人民群众的物质生活条件极大提升。一方面，更加丰富的物质基础为实现人民美好生活的精神需要提供了必要的动力和条件。另一方面，要避免市场经济新发展阶段尚存在的问题导致人们方向迷失和道德滑坡，实现"人与自然""人与人"的多重协调发展，解决发展的"不平衡不充分"矛盾，成为亟待社会主义先进文化回应的当务之急[1]。因此，要推动中华优秀传统文化创新性发展和创造性转化，传承革命文化和伟大建党精神，培育和践行社会主义核心价值观，彰显更为主动的精神力量。

第二节　党对发展社会主义先进文化的组织领导

党的二十大报告明确指出：马克思主义是我们立党立国，兴党兴国的根本指导思想。中国特色社会主义的最本质特征和中国特色社会主义制度的最大优势是中国共产党领导。中国式现代化道路的开辟始终离不开马克思主义中国化时代化，离不开中国共产党的领导。团结、组织中国人民持续开展社会主义文化建设，是中国共产党推进中国特色社会主义伟大事业的重要组成部分。中国共产党始终代表中国先进文化的前进方向，自觉肩

---

[1] 王天民：《习近平新时代中国特色社会主义文化思想的实践品格》，载《湖南师范大学社会科学学报》，2018年第2期，第17—23页。

负起领导发展先进文化的历史使命,坚持马克思主义的精神指引,明确先进文化发展"为了人民、依靠人民、人民享有"的人民立场,通过先进分子群体的引航发动和组织体系的全面建设,卓有成效地推动了社会主义先进文化的发展。

一、坚持马克思主义的精神指引

没有哪种思想像马克思主义这样深刻影响和改变中国,正如邓小平所言,我们党对马克思主义的坚定信仰,是"中国革命胜利的一种精神动力"[①]。马克思主义探索并推动社会主义从空想变成科学,致力于实现人的自由解放和全面发展,"在人类思想史上,就科学性、真理性、影响力、传播面而言,没有一种思想理论能达到马克思主义的高度,也没有一种学说能像马克思主义那样对世界产生了如此巨大的影响"[②]。马克思主义超越以往任何一种研究人和社会发展学问的根本就在于,为全人类特别是无产阶级劳苦大众求解放、为无产阶级"批判旧世界中发现新世界"提供了不可或缺的思想宝库和理论武器。由此,作为马克思主义理论重要组成部分的马克思主义文化理论,不仅关乎人类自身取得自由和进步,而且指向人类自由而全面的发展。马克思主义是中国共产党人初心和使命的生成源泉,也是指引社会主义先进文化发展的价值根基,在与中国具体实际相结合的过程中塑造了中国共产党的政治品质、文化理念和行动原则。学界在探讨中国特色社会主义文化发展的历史经验时,已充分论证了坚持马克思主义指导地位在中国文化建设和发展过程中的基础性作用。更进一步讲,中国特色社会主义文化的先进性,正源于坚持马克思主义的指导。

第一,坚持以马克思主义为指导,是历史的必然选择。五四新文化运动时期,孜孜不倦探索救国救民道路的中国先进知识分子在接受马克思主义思潮的过程中打开了通往共产主义新世界的理想之窗。在马克思主义指

---

① 邓小平:《邓小平文选》(第3卷),北京:人民出版社1993年版,第62-63页。
② 《深刻认识马克思主义时代意义和现实意义 继续推进马克思主义中国化时代化大众化》,载《人民日报》,2017年9月30日。

导下，中国共产党成立，从此我们党将马克思主义的理论探索和中国实际逐步结合起来，逐渐探索出指向社会主义的发展道路。社会主义文化由社会主义经济基础所决定，体现社会主义经济和政治的本质要求，又为社会主义经济基础服务。确立怎样的指导思想，就会决定某一文化的性质和方向，我们党在各个历史时期的文化建设指导思想上，始终坚定地以马克思主义为指导。新民主主义革命时期，劳苦大众深受帝国主义、封建主义和官僚资本主义"三座大山"压迫，国家独立和人的基本生存都无法保障，遑论普通个体发展，因而在思想文化领域对马克思主义的坚守，就表现为打破文化只为统治阶级所垄断并为少数人利益服务的不平等状况，发出了文化权利为无产阶级大众所有的豪迈宣言，彰显出反帝反封建的民族独立精神，进而使人民大众汇聚起革命斗争的巨大精神力量。在社会主义初级阶段，则表现为实事求是、解放思想，为发展生产力提供精神动力和智力支持。中国特色社会主义文化一直在反映与体现着社会主义经济和政治的本质要求。如何发挥好社会主义先进文化为经济建设中心任务保驾护航的作用，一直是我们需要积极回答的时代命题。我们必须继续坚持以马克思主义为指导。

第二，坚持以马克思主义为指导，是保证社会主义先进文化性质和方向的必然要求。在意识形态领域，从国内情况而言，出现了多种文化成分并存、相互斗争的复杂局面，其中封建主义文化残余、资本主义文化思潮影响甚深。社会主义思想文化阵地，必须以马克思主义而不是封建主义、资本主义等非马克思主义去占领。从国际情况而言，当今世界上社会主义制度与资本主义制度依然相互对立与竞争，部分西方国家从未放弃"和平演变"战略，对包括我国在内的社会主义国家的文化渗透亦从未停止。在新的历史条件下，这场意识形态领域的"战争"已经出现了新的变化，文化全球化和文化多元化强烈冲突与碰撞，文化传播网络化出现了全新情况，"线下"向"线上"蔓延、"线上"与"线上"融通，使得文化渗透的形式和内容更为隐蔽，文化生产和传播变得更为复杂多变。在全媒体时代，网络文化中隐藏着封建主义、资产阶级价值观的错误观念思潮及文化产品，形式各异、传播甚广，这就要求我们在批判地吸收传统文化、外来文化的基础上要持续加强"内功修炼"——以社会主义文化的先进性来统一思想、稳定人心，抵御来自西方国家的文化渗透。要保持社会主义文化的先进性，首要的就是坚持以马克思主义为指导，把握意识形态领域斗争的主动权，唯此，才能在社会主义文化建设中真正代表社会主义先进文化的前进方向。殷鉴不远，苏联解体、东欧剧变的深层原因之一就在于未能抵御住西方文化渗透，文化精神层面上马克思主义信仰全面崩塌，整个社会人心随之涣散。在改革开放初期，我们党对极左思潮及时拨乱反正，提出建设社会主义精神文明，以抵御打开国门后外来资产阶级思潮对人们思想道德的侵蚀。20世纪90年代以来，我国进一步参与全球化进程，文化软实力在国家竞争中的作用日益凸显。我们既要引进和利用好外来技术和资金以提高生产力水平，又要同西方分化、西化中国的图谋做坚决斗争，还要坚持社会主义发展方向，在多元文化思潮纷扰中坚持一元主导。这就要求中国共产党要站在历史新方位，担负起引领先进生产力发展以增强国际竞争力，引领先进文化前进方向以凸显中国现代化道路的中国特色、中国气派和中国风格，代表最广大人民利益，从而确保中国特色社会主义文化在正确的航道上前进。

进入21世纪以来，随着改革进入深水区、各类社会矛盾多发期，维护稳定团结的局面，用更加科学的发展理念和方式解决改革中出现的问题，就成为关涉社会与人的公平发展和可持续发展的客观需要。以包含经济社会可持续发展指标的科学发展观引领社会发展，以明确定位的社会主义核心价值体系塑造中西方思潮碰撞加剧时期人的价值信仰体系，以具备调适人与人之间关系功能的和谐文化构建和谐社会，就成为保障全体人民特别是劳动阶层人民享有同等发展权利的内在要求。由此可见，在意识形态领域始终坚持以马克思主义为指导，是保持社会主义文化先进性的必然要求，在进入全媒体时代的新的历史阶段，这一点依然是须臾不能动摇的。

第三，坚持以马克思主义为指导，明确文化发展为谁服务的问题。马克思主义深刻揭示了人类社会发展的历史客观规律。中国共产党自成立之日起，就把马克思主义写在了自己的旗帜之上。从光辉的革命岁月到火热的建设时期直至改革开放、进入新时代以来，我们又不断以马克思主义中国化时代化的理论成果完善、丰富我们的文化指导思想。而这些思想贯穿了一个非常重要的核心问题，就是文化发展为了谁的问题。在马克思主义视域下，人的全面发展是社会主义的本质规定。社会主义中国的经济、政治制度为人民群众的文化创造力的发展、文化需求的满足提供了基本保证。在社会主义制度下，人的异化才能消除，人才能真正向全面而自由的发展方向前进，由此社会主义先进文化体现了马克思主义关于人类解放这一崇高的理想信仰。社会主义核心价值观对于社会主义公民的价值观念的塑造，体现了马克思主义以人为本的价值观。民族的、科学的、大众的社会主义文化目标则体现了马克思主义人民群众创造历史的重要思想。在社会主义中国，人民群众是从事生产活动的主体，是历史的真正创造者，不仅创造了社会物质财富，而且在创造社会精神文化方面发挥着不可替代的作用。"二为"方向的确立，不仅符合社会主义社会文化发展的自身规律，而且充分体现了中国共产党对马克思主义价值立场的继承与发展。

第四，坚持以马克思主义为指导，促进社会主义先进文化繁荣发展。中国特色社会主义文化发展涉及内容方方面面、层次丰富，如何以规律性的理论、经验去指导社会主义文化事业、文化产业大发展，需要以科学的世界观和方法论指引发展方向。坚持马克思主义在文化建设中的指导作用，并不是照搬照抄马克思主义某一具体内容或观点，也不是直接套用马克思主义公式把复杂的文化问题简单化，而是指坚持以马克思主义基本原理为指导，结合新的时代特征，结合我国文化发展实际，针对新的时代问题，深入研究文化建设基本规律，以符合我国文化发展国情的方针政策来指导文化建设事业的发展。党的十九大以来，以习近平同志为核心的党中央提出并不断强调中国共产党的初心和使命，指出："中国共产党人的初心和使命，就是为中国人民谋幸福，为中华民族谋复兴。这个初心和使命是激励中国共产党人不断前进的根本动力。"①"不忘初心、牢记使命"，是新时代中国共产党坚守马克思主义崇高旨向的决心和承诺，这在文化建设方面主要表现为：一是坚持"以人民为中心"，团结人民、扎根人民、造福人民的价值立场；二是继承勇于牺牲奉献的革命精神，发扬开拓创新的改革精神，激发凝聚人民的奋斗精神，以及让人民共享发展成果的价值追求，形成文化自信；三是以高度的使命感推动新时代中国特色社会主义文化繁荣发展，尤其在新的历史条件下要用好新的文化传播平台，发挥新媒体对于促进文化发展的积极作用。实践一再证明，我们党正是坚持将马克思主义基本原理同中国实际、时代特征相结合，才能始终指引中国先进文化的前进方向，中国特色社会主义文化才能不断繁荣发展。

概言之，我们党在革命和社会主义建设的不同历史时期始终遵循马克思主义的宗旨、立场和方法，以马克思主义追求人的自由解放和全面发展的崇高目标作为社会主义先进文化一以贯之的主题和主线，确保了社会主义先进文化的方向性、科学性和先进性。

二、聚焦先进性引领的示范群体

崇高人格是伟大心灵的回声。中国自古以来就十分重视理想人格的培育。中华儿女优秀的道德品质、高尚的家国情怀、积极的文化担当，逐步凝练为理性有为、自强不息、大德行天下的人格力量。中国共产党是中国工人阶级的先锋队，同时是中国人民和中华民族的先锋队，这决定了中国共产党代表先进文化的前进方向，在领导先进文化建设和传播方面具有不可比拟的先进性。我们党始终强调人民群众在文化发展方面的能动性作用，继承中华优秀传统文化，持续倡导示范人格的引领作用。领袖人物、知识分子和行业模范作为十分重要的人格示范群体，为各阶段社会主义先

---

① 习近平：《习近平谈治国理政》（第3卷），北京：外文出版社2020年版，第1页。

进文化建设和发展提供榜样和标杆，加之积极搭建选拔、推荐和传播榜样示范人物的平台，行健致远，成为我们党组织领导思想文化建设的特色和优势。

(一) 领袖人物的引航定向

现代文化传播理论认为，传播者的权威性极大地影响受众对传播内容的认同。无产阶级政党的领袖人物，是党运行发展的目标设定者、制度建构者、工作指导者和活动发起者，是党的灵魂和核心。中国共产党的领导人在社会主义文化形成、发展和传播过程中发挥了十分重要的作用，凭借人们对其革命家、理论家和政治家的身份符号认同，构建和强化了人民大众对先进文化传播的认同。

受马克思主义经典作家的理论指引和苏联无产阶级革命和社会主义建设实践的影响，中国共产党在进行新民主主义革命、开展党和国家的建设以及确立社会主义文化发展方向和目标的过程中，形成了以党的领导人的思想理论指引革命、建设和文化发展的独特经验，进而形成了中国共产党对国家文化建设的全面领导。从革命和建设的历史实践来看，由于中国共产党及其领导者的执政地位是从艰苦卓绝的革命斗争中取得的，在遵从历史发展普遍规律的同时，特别强调人的主观能动性和历史责任感。中国特色社会主义建设是前无古人的新事业，必须进行前瞻性理论思考，不断总结提炼实践中的做法和经验并上升到规律性认识，用发展的理论指导发展的实践，并且把新思维新理念新理论一层一层地传递到社会大众。在这个过程中，党的领导人站在意识形态变革和先进文化发展的制高点和关键点。因此，党的领袖人物必须是理论家与革命家和政治家的结合，社会主义先进文化的内容建设也往往都由领袖人物创设和推进，而这也形成了党发挥组织传播优势的起点。

习近平总书记在中国共产党成立一百周年的重要讲话中正式提出伟大建党精神，即"坚持真理、坚守理想、践行初心、担当使命、不怕牺牲、英勇斗争、对党忠诚、不负人民"①。作为党的灵魂和核心的领袖人物，是这一精神的人格化形象，他们在马克思主义中国化时代化进程中，在中国特色社会主义文化理念的传播中起到了率先垂范的引领作用。毛泽东思想、邓小平理论、"三个代表"重要思想、科学发展观、习近平新时代中国特色社会主义思想作为马克思主义中国化时代化不同阶段的理论创新成果，集中体现全党智慧，也充分体现主要创立者的领袖的引航定向作用。"民族的、科学的、大众的文化""一手抓物质文明，一手抓精神文明，两手都要硬""代表先进文化的前进方向""中华优秀传统文化的创造性转化和创新性发展"等带有标识性的文化观都由我们党的领袖人物在重要时间节点"一锤定音"，把来自人民的要求、希望转化为党和国家的价值导向。习近平总书记用"我将无我，不负人民"的真切话语提纲挈领地诠释了领袖人物的使命感、责任感和奉献精神，彰显了舍我其谁、鞠躬尽瘁的担当精神和人民情怀，体现了我们党全心全意为人民服务的宗旨。

概言之，一代代领导人根据中国革命和社会主义建设在各个历史发展阶段的特点和任务，提出了反映时代脉搏和人民心声的思想观念和价值追求，指明了先进文化前进的方向。这些思想和理论通过领导人在各类场合和重大活动中表现出来的言论和行为，例如领导人出席重大会议和活动，开展视察、调研和座谈等重要活动，在这些重要场合做出的讲话、指示和批示，以及事后形成的语录和记载领导人思想理论的文件、文集和书籍等传播开去。人民群众对领袖人物的权威性广泛认同，进而强化了对社会主义先进文化的认知和拥护。

（二）知识分子的承载传播

近代以来，努力探求救国救民真理和道路的优秀传统知识分子一旦与马克思主义相结合，就成为先进文化的启蒙者、倡导者、传播者和创造者。在新旧文化冲突发生的初始阶段，知识分子担负起批判旧的思想文化、启蒙大众思维、拓宽大众视野、宣传革命思想、充当革命先驱的使

---

① 习近平：《习近平谈治国理政》（第4卷），北京：外文出版社2022年版，第7页。

命。在社会主义先进文化确立的阶段，知识分子坚定对马克思列宁主义的信仰，投身于革命和建设事业，成为我们党统一思想、维护权威，开展革命和建设的人才资源。在社会主义先进文化稳固和发展的阶段，知识分子担负起共建主流价值、增强文化自信、引导社会舆论的重要任务。

在当代，广大知识分子是先进生产力的主力军和推动现代化的积极力量，又处于中西文化沟通和碰撞的交汇口，是解放思想和推进改革的先锋，发挥了提升全民科学文化素质、防范文化渗透和维护意识形态的安全防线作用；他们还担负着打破西方科技封锁、进行自主创新、赶超世界先进水平、抢占科技前沿和制高点的排头兵和先行者使命。特别是随着党和国家的文化建设体系和组织架构不断健全完善，知识分子以传播先进思想理论和文化的理论家、专家学者、科研工作者、教育工作者等身份角色，在党和政府的宣传部门、理论研究部门、报刊新闻媒体及社会各行各业，将自己对马克思主义中国化时代化理论成果的认识同生动而广泛的社会实践相结合，成为编织和拓展社会主义先进文化网络的关键"节点"。总之，无论是从文化发生学的一般意义而言，还是从社会主义先进文化作为一种由马克思主义政党主动"建构"，并被赋予特定含义的政治文化的特殊意义而言，现代中国知识分子在社会主义先进文化发展过程中都发挥了举足轻重的作用。

中国共产党历来注重发挥知识分子传播和发展社会主义先进文化的重要作用。根据不同历史阶段和知识分子的特点，科学制定和实施知识分子政策，创造知识分子干事创业的良好氛围。在新民主主义革命时期，党把来源于资产阶级和小资产阶级的知识分子视作可以争取其同情和支持革命的统战对象，确立了"团结、吸收、教育"的方针，向知识分子宣讲马列主义，吸收一大批知识分子并使之成为重要的革命力量。新中国成立初期，为彻底革除知识分子的小资产阶级旧思想，确立了"团结、教育、改造"的方针，大力开展对知识分子的思想改造，使之成为具有共产主义觉悟的社会主义建设力量。改革开放以来，我们从科学技术是生产力的角度出发，提出"尊重知识、尊重人才"①的方针，强调"政治上充分信任、工作上放手使用、生活上关心照顾"②；思想观念上进行拨乱反正，吸收大批优秀知识分子入党，提高其工资和生活待遇，恢复其应有的地位。20世纪末，"科教兴国"战略的提出更加凸显知识分子在文化、科技和教育领域的突出地位。基于此，党的十六大进一步提出"尊重劳动、尊重知识、尊重人才、尊重创造"的方针，将知识分子政策纳入人才战略的视野来统筹安排，将"人才强国"作为国家战略推出，形成了"劳动光荣、知识崇高、人才宝贵、创造伟大"③的时代风尚。党的十八大以来，我们党站在建设文化强国，实现民族伟大复兴的历史新方位，引领知识分子坚定文化自信，走中国特色社会主义道路。针对知识分子队伍不断扩充、文化领域知识分子影响力越来越大、互联网不断放大和激荡各种思潮、思想更加多元等新情况，我们党提出分类施策的具体要求，指出"一把钥匙开一把锁"④，强调做好知识分子工作的"五才"工作方法——"识才的慧眼、爱才的诚意、用才的胆识、容才的雅量、聚才的良方"⑤。总之，我们党始终注重通过引领、汇聚知识分子参与革命斗争和社会主义建设的洪流，将知识分子原有的传统爱国主义热情转化为共产主义奋斗的崇高理想信念，激发出知识分子为社会主义事业服务，为推进全人类解放而努力奋斗的崇高使命感。

（三）榜样人物的感召力量

在文化发展和传播过程中，榜样人物不仅起到强化主流观念、标示道德标准、凝聚团结力量等一般意义上的文化传播学作用，对社会主义先进文化而言，还具有特殊重要意义。社会主义先进文化不可能自然生发于落后的半封建半殖民地社会，通过暴力革命推翻旧社会，打破旧文化的枷锁

---

① 邓小平：《邓小平文选》（第2卷），北京：人民出版社1994年版，第41页。
② 江泽民：《江泽民文选》（第3卷），北京：人民出版社2006年版，第148页。
③ 习近平：《在全国劳动模范和先进工作者表彰大会上的讲话》，北京：人民出版社2020年版，第2页。
④ 习近平：《习近平新闻思想讲义》，北京：人民出版社2018年版，第95页。
⑤ 习近平：《习近平谈治国理政》（第2卷），北京：外文出版社2017年版，第41页。

是其萌发的前提条件。古今中外，凡是成功推翻旧的统治阶级，变革既得利益格局和生产方式基础的革命运动，没有不流血牺牲的，这就需要榜样人物发挥对民众的文化感召力，引领民众凝心聚力、众志成城，投入生生不息的革命洪流。因此，马克思主义经典作家、革命家历来强调要敢于树立，善于塑造无产阶级的、时代的榜样典型人物。例如，恩格斯曾指出，应该"歌颂倔强的、叱咤风云的和革命的无产者"①。列宁对高尔基塑造了无产阶级英雄巴威尔形象的作品《母亲》给予高度评价。邓小平同志在1979年10月召开的全国第四次文代会上，结合贯彻落实文化的"二为"方向的要求，指出文艺应"在描写和培养社会主义新人方面付出更大的努力，取得更丰硕的成果"②。习近平总书记也强调，"伟大时代呼唤伟大精神，崇高事业需要榜样引领"③。榜样人物的感召力量既根植于中华优秀传统文化中的人格示范传统，又源于中国共产党以流血牺牲和曲折探索换来的宝贵革命经验。在革命和建设的各个历史时期，通过发掘、树立和弘扬各类先进典型个人或群体，以先进典型所蕴含的崇高精神和优秀品质诠释党所倡导的主流文化价值，进而将其内化为全社会应共同追求和遵守的理想信念和价值准则，发挥了凝心聚力的重要作用。

第一，坚持将弘扬传统美德和选树时代楷模相结合，发掘提炼和培育选树相结合。在不同历史时期，我们党凝练了内涵丰富的革命精神和改革创新精神，大力弘扬承载了这些精神元素和谱系的先进典型。一方面，将在社会生活实践中已经出现，但尚未广为人知的榜样和典型发掘出来，对其所反映的时代要求和人民心声所孕育的精神内核予以提炼和弘扬。另一方面，根据不同历史时期，不同社会热点和行业建设的需要，凝练反映社会发展、党的建设和文化建设需要的精神文化内涵，并使之成为评优争先

---

① 胡亚敏：《马克思主义文学批评中国形态的当代建构》，北京：人民出版社2020年版，第81页。
② 邓小平：《邓小平思想年编：1975—1997》，北京：中央文献出版社2011年版，第271页。
③ 习近平：《习近平谈治国理政》（第1卷），北京：外文出版社2018年版，第159页。

的价值标准,再根据这一标准去选拔、培育和树立先进典型。值得一提的是,在20世纪90年代以前,基于革命文化所形成的政治标准是榜样评选中基础性的评价尺度。随着改革开放的深入,人们更加追求自我价值的实现,榜样人物更加多元化、现实化、生活化。

第二,形成丰富多元的榜样文化载体。一是充分利用节庆类文化载体。国家专门设置了烈士纪念日,利用清明节祭扫烈士英灵已成为传统。对特别知名的人物,例如陈云、杨靖宇、雷锋等还设定了专门的纪念日。对一些历史名人和伟大人物,在其诞辰召开纪念会和座谈会。二是打造和创新文学艺术载体。利用小说、报告文学、影视剧作、戏曲、歌舞、新闻报道等各种文学艺术样式描绘先进典型形象,评价、阐释榜样人物的思想精神内涵,讴歌、颂扬他们的英雄事迹。三是积极发挥各级各类文化纪念场馆作用。国家专门拨款修建各类英雄人物纪念场馆,根据需要组织开展专题纪念活动,以定期组织参观和群众自由游览相结合的方式全方位加强宣传。

第三,形成一整套创先争优、评先表优的制度。根据先进典型的生成规律和榜样文化的传播规律,首先,在日常生活实践中孕育和发现先进典型;在社会主义建设的火热事业中选拔、树立和培育先进典型;通过党的组织系统和宣传系统开展自上而下的宣传表彰活动。其次,利用事迹宣讲会、纪录片、访谈、影视等多种媒介集中宣传、报道、展示典型人物事迹,在全社会形成尊崇先进典型,学习人物精神的风尚。最后,鼓励先进典型开展示范性实践活动,在人民群众中开展比、学、赶、创活动,从而形成榜样文化传播的闭环。在榜样文化建设中,传统行政力量是主导,党和政府的完整构架网络是组织优势,党和国家确立了功勋荣誉表彰制度,各行各业都设置了相应的评选表彰制度和荣誉称号。随着全媒体时代的到来,社会公众的参与积极性得到更大程度上的激发。传统的选优评先活动中,群众的参与度、候选人的亲民度以及评选流程的生活化均有所增加。近年来,人民群众中涌现了一批"感动中国"人物、"100名改革先锋"

等具有广泛影响力的先锋模范，深受群众好评。

三、发挥全方位覆盖的组织优势

党对宣传思想文化工作的统一领导可具体分解为党管意识形态、党管宣传、党管媒体等多个领域。文化的生命在于传播，社会主义先进文化的发展当然离不开党领导下的有效传播。社会主义先进文化在传播和发展历程中，形成了独具特色的经验和优势，集中体现于党对宣传思想文化工作的统一领导和管理下的组织传播机制。广义而言，组织传播指组织成员之间互相交换信息的行为模式；狭义而言，指特定组织凭借组织的资源、构架和运作模式进行的有领导、有目的、有秩序的传播活动。中国共产党是传播和发展社会主义先进文化的主体，决定了社会主义先进文化的传播主要以党的组织传播方式进行，中国共产党善于整合国家与社会力量，以形成"横向到边，纵向到底"的人力、物力、财力、组织构架等雄厚和丰富的宣传和传播资源，保障了先进文化传播和发展的有效性。

（一）会议和文件治理模式民主高效

我们党始终坚持践行民主集中制原则，在充分征求吸取党内外先进分子和广大人民群众意见和建议的基础上，以召开重要会议和发布传达文件的形式贯彻落实党的重大战略决策部署，是中国共产党依托完备的组织构架和传播体系开展治国理政的重要制度和模式，也是建设和发展社会主义先进文化的重要手段和途径。"会议治理"和"文件治理"在我国的政治制度和国家治理中发挥了发布政策指令、征求反馈意见、推动行政执行和维护政治统治的重要功能。有时会议是围绕文件的出台而举办的，文件是会议的重要成果，例如领导人所做的讲话、报告和会议的决议，都是以文件的文本形式形成对党和政府行政过程有约束力的规范性；有时文件是会议做出战略决策部署的重要环节和补充，通过会议对文件进行说明和动员，启动相关工作。

在革命战争时期，一些重要的报告或文件常常由领导人亲自拟定。新中国成立以后，会议的召开和文件的出台流程逐步规范，一些重要会议的召开和文件的发布常常要经历"几上几下"的流程，首先是相关部门草拟文件初稿，草拟往往由党政机关制定文化政策的研究部门人员完成，常常还吸收党外人士和学术智库机构人员参与甚至主笔。文件草案形成后，在一定范围的党政负责人会议上进行审议，提出修改意见，待修改完成后，在特定而更广泛的范围内征求专家和有关职能部门负责人意见。通过多次会上研究，多次讨论修改，逐渐成形，并在重要会议场合进行发布。对一些极其重要的大政方针，还要在会议过程中组织分组讨论，最终达成共识。可见，召开会议和出台文件的工作制度不仅是我国政治制度的一部分，也是思想文化建设中落实民主集中制的具体表现，确保了决策的科学化和民主化。

梳理党和政府开展文化建设的决策工作历程，可以发现，先进文化发展的顶层设计和战略部署总是在前期充分酝酿后，以召开重要会议，领导人做出重要讲话、批示或指示并形成相关文件，制定出台重要文件相结合的方式来实现的。

第一类会议和文件专题研究文明、文化发展议题，规格最高。例如，党的十二届六中全会出台了我党历史上首个关于社会主义精神文明建设的专题文件《中共中央关于社会主义精神文明建设指导方针的决议》；党的十四届六中全会又做出了第二个关于社会主义精神文明建设的专题文件《关于加强社会主义精神文明建设若干重要问题的决议》；党的十七届六中全会做出了建党以来第一个文化建设和发展的指南《中共中央关于深化文化体制改革推动社会主义文化大发展大繁荣若干重大问题的决定》。

第二类会议和文件是将事关文化建设的议题纳入其他综合性重大会议和文件事项中联合发布和部署。例如，庆祝建党八十周年大会和党的十六大报告相继对先进文化与有中国特色的社会主义文化及社会主义精神文明做出了"三位一体"的表述和阐释；党的十六届六中全会做出《中共中央关于构建社会主义和谐社会若干重大问题的决定》，把建设和谐文化作为构建和谐社会的重要任务;党的十七大报告发出了"坚持社会主义先进文化前进方向,兴起社会主义文化建设新高潮"的号召。庆祝中国共产党成立九十五周年大会和党的十九大、二十大等重要会议,强调要坚定文化自信,明确了新时代文化建设的基本方略等内容。

第三类是在关涉文化领域的考察、座谈或者专题会上发表的重要讲话和指示,产生重大影响。例如,毛泽东同志于1940年1月9日在陕甘宁边区文化协会第一次代表大会上所做的报告中提出了新民主主义文化的纲领。边区文代会闭幕后,中共发表了《陕甘宁边区文化协会第一次代表大会宣言》,号召要"为创造广大民众所需要的新的民主主义的文化而斗争"①。1942年5月,毛泽东同志在延安文艺座谈会上发表讲话,提出了文艺为人民群众,首先是为工农兵服务等一系列重要文化发展方针;1956年4月28日,毛泽东在中共中央政治局扩大会议上的总结讲话中专门提出了"百花齐放、百家争鸣"的文化建设方针;1979年11月30日,邓小平在第四次文代会上的祝词中提出了"文艺为人民服务、为社会主义服务"的方针。党的十八大以来,习近平总书记在全国宣传思想工作会议、文艺工作座谈会、哲学社会科学工作座谈会、中央政治局集体学习、人民日报社视察等重要场合,多次就推动新时代中国特色社会主义文化事业繁荣发展做出重要讲话和批示。这些重要会议和文件精神被宣传思想文化系统细化为更具操作性的文化建设纲要、规划、意见和行动,并迅速传达至各地各级党组织,结合主流媒体的大力宣传造势,高效地推动了社会主义先进文化的发展和传播。

(二)宣传思想文化组织体系全面覆盖

宣传工作是无产阶级坚强有力的斗争和建设的手段,在无产阶级政党夺取国家政权和建设社会主义国家的历史进程中发挥了意识形态宣传、思想教育和文化推广的重要作用。

---

① 北京大学中文系:《文学运动史料选》(第4册),上海:上海教育出版社1979年版,第138页。

early在1921年党的第一次代表大会上,新生的中共中央的领导机构——中央局就设置了包括书记、组织委员和宣传委员在内的人事和组织构架,这成为我们党设计宣传思想文化工作制度的起点。1924年5月,中央宣传部正式设立。虽然只是党内常设机构,但自新中国成立开始,宣传部门就担负起主管国家意识形态方面工作的重要职能。文化建设内容十分宽泛,涉及文艺、理论、教育、体育、新闻、出版等方方面面,为加强领导,党中央设计了多部门齐抓共管的文化发展和传播的领导机构和工作制度,先后以中央政府政务院文化教育委员会、中央文教小组、中央宣传思想工作领导小组等名义和机构为组织形式,下辖由相关部门组成的省市县乡四个行政层级的宣传文化系统,其范围覆盖全国所有地区和所有行业,并通过在各级党组织设立宣传部门,直至在基层党支部中设立宣传委员,直达社会最基层。此外,宣传文化系统主管新闻出版机构和社会新闻媒体,这些机构和媒体既接受宣传部门的指导,又接受上级业务主管部门的直接领导;非宣传思想文化的职能部门则通过党组织在其中设立的宣传职能部门和负责人,确保接受和实施宣传思想文化工作部门统一发布的指令。"党管媒体"形成制度性安排。

中国共产党自成立以来,始终坚持"党办媒体"和"政治家办报",党组织直接领导党和政府设立的官方媒体,牢牢掌握"四项权力":重大事项的决策权,主要领导干部的任免权,资产配置的控制权和新闻业务的审核权。此外,对于社会化媒体,努力探索适应互联网传播规律的管理机制,形成了党委领导、政府法治、行业指导、媒体自律的管理方式和制度安排。由此,构建并完善了传播和发展社会主义先进文化的完整组织网络。

这个组织网络从以下三方面发挥了决定性作用:第一,广大党员普遍具有较为坚定的马克思主义理想信念,坚持党的领导,具备"四个自信",有效保证社会主义先进文化在党内自上而下的认同。第二,各主要工作条块都由党委负责人担任一把手,且各级各类行政部门都设置了宣传部门,对普通公务员也有明确的政治和思想要求，保证党组织可以有效引导政府机关及其干部在思想文化方面具有正确导向。第三，党媒构成新闻出版舆论的主流和主要组成部分，而社会媒体也受到宣传部门管理和引导，可以确保在领导人发表重要讲话、指示和批示之际，在党和国家的重要时间节点以及社会热点发生之时，能够领导和引导所有新闻媒体同频共振，弘扬主旋律，较好地完成了意识形态引导、先进文化传播、新闻出版管理，舆情监控引导、信息公开发布等重大任务。

（三）集中学习教育制度培根铸魂

思想政治教育是我们党不断提高党性修养的重要方式之一。中国共产党在经历大革命时期的严重挫折和土地革命战争的严峻考验后深切认识到，只有通过提升党的马克思主义理论素养，理论联系实际，才能避免革命失利。在1938年9月召开的六届六中全会上，毛泽东在所做报告《论新阶段》的第七部分，以专题形式讲到加强党的马克思主义修养的学习问题。由此揭开了以延安为中心，由党的高级干部直达全体党员干部的延安整风学习活动的序幕。通过反对主观主义、宗派主义和党八股，马克思主义实事求是的思想路线得以确立，新民主主义文化纲领深入人心。自此，中国共产党建立了一整套集体学习和个人学习相结合、平时学习和专题学习相结合的集中学习教育制度，根据不同历史时期党的各项任务和目标，开展不同主题的学习教育活动。

从1942年我们党首次开展延安整风运动开始，到党的十八大以来接续开展党的群众路线教育实践活动、"三严三实"专题教育、"两学一做"学习教育、"不忘初心、牢记使命"主题教育、党史学习教育，历次重大学习教育活动不但达到了加强理想信念、理论修养和党的自身建设的预期目标，也较好地契合与支撑了传播和发展先进文化的内在要求。一是集中学习教育活动是自上而下开展的，确立了先进文化组织传播的正式渠道。从中央政治局的集体学习，到各级党政领导班子的中心组学习、民主生活会，直至基层的党支部组织生活会，强调党员领导干部的率先垂范，一级带一级，契合了社会主义先进文化自上而下建构的规律性。二是集中学习教育活动始终坚持人民立场，突出先进文化发展的"二为"方向，坚持走群众路线，强调不断改善党群关系、改善干群关系。三是集中学习教育活动始终坚持问题导向，力求解决实际问题，夯实先进文化发展的基础。以开展学习教育活动为契机，集中解决一些长期难以解决而又影响社会发展、群众反映强烈的问题，使先进文化的价值追求体现为解难题、办实事、得实惠的实际成果。四是集中学习教育活动参与度高，覆盖面广，推动了先进文化的人际传播。每次学习教育活动都制定了严格的流程，包括培训教育、对照检查、分析评议、整改提高等几个阶段，形成思想动员、意见征求、召开民主生活会或支部民主评议会、制定整改方案、回头督促检查、巩固和扩大学习教育成果等环节，既有规定性动作，又有选学菜单，确保专题学习的积极性和效果。针对不同地区、不同层级、不同行业领域的党员，采用分层、分类、分批进行的方式。宣传思想文化系统还适应全媒体时代主流媒体与网络新媒体加速融合的趋势，建设了"学习强国""干部在线学习城"等网络学习平台。线上线下联动，使广大党员干部提升了理论素养，坚定了理想信念，提高了干事创业的动力和活力，同时也使每一个党员干部都成为承载先进文化的人际传播单元，社会主义先进文化经由这些先进分子最终传播并影响至广大人民群众。

第三节 百年来党领导文化建设中的媒介运用

马克思和恩格斯充分肯定媒介技术发展对社会进步做出的贡献。马克思曾指出，大众传媒——"报刊和电讯"可以在顷刻之间传播到全世界，它们"在一天当中所制造的神话……比以前一个世纪之内所能制造的还要多"①。同时他认为,无产阶级政党必须掌握领导文化的主动权,根据不同的情况和不同的对象,有针对性地选择运用宣传和新闻媒介。中国共产党深刻认识到人是文化发展的主体,无论媒介技术发达与否,都必须充分发挥人的主观能动性。同时深刻认识到媒介技术对先进文化传播的推动作用,强调对传播媒介的掌控与运用,注重根据不同历史阶段的条件积极发展媒介技术,根据不同情况和媒介特点有针对性地运用传播手段,使之契合每一时期的工作重心,并服务于具体的文化建设主题。

一、新民主主义革命时期:积极运用有限媒介传播先进文化

在艰苦的革命岁月里,受社会条件、技术水平和组织建设等因素制约,中国共产党能够运用的媒介资源和传播方式极为有限。马克思主义能够传播开去,主要不是依靠媒介技术的广泛运用,而是源于马克思主义内在的革命性和科学性,其实质是以内容传播为主,因此非常重视发挥先进知识分子的主观能动性。尽管如此,即便在条件极为艰苦的抗日根据地也坚持实事求是、因地制宜,有针对性地建设文化传播的各类载体,不断完善传媒组织体系。新民主主义革命时期中国共产党在媒介运用方面的创造性实践,为社会主义先进文化建设提供了宝贵的历史经验。

首先,注重发挥人在文化传播中的主动性能动性。新民主主义革命时期,特别是在国民党统治地区,由于受各方面因素制约,尤其是国民党政府的压制和破坏,我们党无法成规模、成体系地运用大众传媒技术。对马克思主义和革命文化的传播是隐蔽式的,先进知识分子、党的领导人和骨干分子进行的"面对面""人传人"等人际直接传播是重要方式。也因此,学术界在对马克思主义在中国的早期传播研究中,总是将人物研究视作重点②。对于革命时期的中国共产党而言,即便是进步书籍报刊的出版

---

① 中共中央马克思恩格斯列宁斯大林著作编译局:《马克思恩格斯全集》(第33卷),北京:人民出版社1973年版,第258页。
② 张付、张寒:《关于马克思主义传播研究的文献综述》,载《齐鲁学刊》,2015年第5期,第93-98页。

印刷也只能处于非公开状态和小范围之内。除在紧急情况下用于通信的电报,我们党难以使用被国民党当局所控制的广播等电子传播媒介。因此,中国共产党团结带领人民尤其是先进知识分子,通过创办期刊报纸、公开演讲、读书活动、秘密集会、著书立说、发表文章等方式,充分发挥人的主观能动性,创造各种条件突破媒介资源和传播条件的局限,广泛而持续地传播马克思主义。这一历史经验弥足珍贵,进入全媒体时代,我们依然要在文化传播的方方面面注重发挥人的主观能动性。

其次,充分发挥报刊书籍传播先进思想文化的作用。从新文化运动开始,报刊就担负起传播先进思想文化的时代使命。一大批先进知识分子在《新青年》、《共产党》月刊、《晨报》等刊物上发表进步言论,传播先进思想。各地共产主义小组还注重把对马克思主义的传播与工人运动的开展相结合,创办了面向工人阶级宣传马克思主义的通俗刊物,例如北京的《劳动者》、上海的《劳动界》、广州的《劳动者》等。遵循列宁的"办报—建党"经验和建党路径①,中国共产党成立后开始创办报刊,使其成为党的喉舌和文化传播的重要阵地,并逐步从中央到地方建立了一整套报刊系统。

中国共产党对报刊的发展和运用是从创立机关报开始的。早在中国共产党成立之初,1922年9月13日,党中央就在上海创立了第一张正式机关报《向导》周报。1931年12月11日,党中央在江西瑞金创办了《红色中华》报。全面抗战爆发后,在国共两党重新合作于抗日民族统一战线旗帜的背景下,1938年1月11日,党中央创立了在国民党统治区唯一公开出版的机关报《新华日报》。1941年5月16日,我们党在陕甘宁边区创办了革命根据地的第一张大型机关报《解放日报》。解放战争初期的1946年5月15日,晋冀鲁豫中央局机关报《人民日报》诞生。1948年6月15日,《人民日报》与《晋察冀日报》合并为中共中央华北局机关报《人民

---

① 龙伟、张辉甜:《办报以建党:五四进步报刊与中国共产党的成立》,载《新闻与传播研究》,2021年第10期,第5-19页。

日报》。1949年8月，《人民日报》改为中共中央机关报。同时，各地党政机关、群众团体和军事院校等组织也纷纷创报办刊，形式包括各种类型的墙报、油印小报和铅印大报等，逐步建立了"中央—省—特委—县"四级报刊传播系统。

再次，不遗余力地运用出版发行媒介，加强马克思主义研究、翻译和出版。从新文化运动开始，一大批先进知识分子翻译、介绍和出版了一批马克思列宁主义经典著作，为新民主主义文化提供思想来源和传播内容。我们党自成立后不久，就成立了人民出版社、上海书店和长江书店等马克思主义著作和论著出版发行机构，有计划地出版了马克思、恩格斯、列宁等论著以及宣传共产主义的通俗手册。在白色恐怖笼罩下，我们党秘密领导了一大批以民营形式出现的书店，如生活书店、读书出版社和新知书店以及地下与半地下的出版机构，如北方人民出版社和华兴书店等。党的出版委员会和中央出版局、中央印刷局、中央印刷厂、中央总发行部、解放社、新华书店等在革命根据地和中央苏区则相继成立，组织出版和印发了大量图书、宣传册和文化普及读物来宣传马列主义理论和党的政策主张。

最后，创造性探索大众化形象化传播技术的初步运用。在苏区，人民军队前进到哪儿，党旗就插到哪儿，先进文化就传播到哪儿。尽管中国共产党初步创立了广播和报刊系统，但由于红色政权生存空间和活动范围是区域性、局部性的，战争形势引发的频繁战略转移影响了大众传播媒介技术使用的稳定性。而因战争造成的新闻宣传战线减员、设备损耗以及组织机构撤并或重建，都是阻碍电子传播和印刷传播技术运用的重要因素。与此同时，人民群众普遍知识水平不高，绝大多数贫苦工农既不识字，也无力购置昂贵的收音机收听广播。我们党在发动穷苦群众闹革命的历史实践中，创造性地运用形象化传播技术，以大众化的语言艺术将抽象理论通俗化、生活化，以言简意赅、生动形象、贴近群众实际的演讲、口号、宣传画、标语、横幅、壁画、石刻、画刊等手段和载体开展文化宣传，行之有效。在根据地十分艰苦的条件下，"放幻灯、印鼓动画、写街头诗、贴

'壁上新闻'、演活报剧、寄年贴、写慰问信、赠纪念品,甚至放孔明灯等形式进行宣传"①,均取得了很好的宣传效果。红军队伍中,还创造了由演讲队和文字宣传组组成的"宣传兵制度"②。

二、全面运用传统媒介发展社会主义文化

首先,中华人民共和国成立伊始,中央人民政府就设立了新闻总署和出版总署这两个部级机构来管理新闻和出版事业。在对旧中国出版业进行社会主义改造的基础上,人民出版社、人民文学出版社和青年出版社等一批国家级出版社相继组建,新华书店改制为全国性的国营出版企业,新中国新闻出版体系初步建立。为确立马克思主义的指导地位,党中央还先后成立了专门翻译出版马列经典著作的机构——中央编译局和人民出版社,有计划、有步骤地出版马克思、恩格斯、列宁和毛泽东著作,几十年来,出版的书目包括经典著作的全集、选集、选读本、单行本、专题文集、言论集等,树立了马克思主义在思想和学术领域的指导地位。在传统报刊领域,党中央相继创办《红旗》和《求是》两份理论刊物,在革命时期长期报刊工作的基础上,建成"中央—省—特委—县"四级报刊传播系统,不断完善以"两报一刊"为权威中心、以党报党刊为主干、以社会化报刊为主体的报刊网络。

其次,大力建设和运用宣传教育媒介。早在延安时期,党就创办了党校、大学等工农兵教育机构。党和军队的领导人亲自传授马克思列宁主义知识,先后创办了中央党校、工农红军学校、抗日军政大学、延安马列学院、鲁迅艺术学院等20多所各类学校。新中国成立后,从中央到地方逐步设立了宣传部门、党校和社科院的培训教育研究系统。在各大高校开设马克思主义专业,初步完成马克思主义教育的体制化建设,培养了一大批党的理论和教育工作者。在一些边远地区和不发达地区,还开设各种军政

---

① 林之达:《中国共产党宣传史》,成都:四川人民出版社1990年版,第3页。
② 《建党以来重要文献选编》(第6册),北京:中央文献出版社2011年版,第460页。

大学、革命大学或培训班作为补充。

再次,发展成为技术先进、覆盖广泛的现代广电体系。1940年12月30日,中国共产党创办第一个电台——新华广播电台,并在延安首次播音。从新中国成立到1965年,我国广电事业初步确立了管理体制,从中央人民广播电台到各级地方广播电台建立了多层级构架,全国信息传输网络、联播机制、广播网初步建成,成为传播马克思列宁主义和毛泽东思想的"利器"。不少理论名家如艾思奇、于光远等都曾通过电台开设讲解马克思列宁主义基本观点和知识方面的讲座。由于新中国经济基础和科技基础薄弱,生产能力不足,直到20世纪60年代、70年代,收音机还没有成为普通百姓的常用品。因此,在改革开放以前,广播电台和收音系统仅设置于公共空间,相关设备和设施属于国有或集体所有,无论播放内容还是使用时间都受党和政府规定。

最后,针对人民群众广播电视使用率不高、书报杂志阅读能力不强的现状,党内骨干和先进知识分子面对面的教育宣传依然是必要的形式。革命时期流传下来的各种增强人际直接传播效果的媒介载体仍十分流行,并继续在如火如荼的群众政治运动中发展。例如,在传统的横幅标语、宣传画等基础上,"大字报"和"油画"等宣传形式应用广泛,在老少边穷地区,横幅、标语、宣传画等传播方式仍普遍发挥作用。而随着文化多元化趋势增强和新兴媒介技术不断出现,党和政府主动研判、科学调整,逐步加强可视化传播、沉浸式传播等新兴媒介技术运用,在经济更为发达的城乡地区,更有针对性地运用于对党的主流意识形态认同度更高的受众之中,如党政机关、国企、科研和教育机构等。在一些特定而重大的节庆活动,比如国庆节、党的生日、建军节、党和国家的重要会议召开等时间节点,也被广泛应用于全社会,以营造对特定或重大的政治、经济、社会或文化热点事件的宣传氛围。

三、综合运用传统媒介与网络媒介发展社会主义先进文化

首先,大力建设和拓展宣传教育媒介阵地,一以贯之地推进马克思主义中国化时代化。21世纪以来，延安干部学院、井冈山干部学院、浦东干部学院以及大连高级经理学院陆续建成，与中央党校、国家行政学院一起，在理想信念培养、理论知识学习和领导能力提升等方面各有侧重地展开培训，形成了"一校五院"的党的高级干部研修系统。从2004年起，党中央大力开展马克思主义理论研究和建设工程。通过聚焦马克思主义中国化理论成果的研究重点，瞄准重大现实问题的主攻方向，把马克思主义中国化的最新成果贯穿和融入哲学社会科学学科体系与教材体系建设，不断加强马克思主义理论队伍建设。同年，党中央下发《关于进一步加强和改进大学生思想政治教育的意见》，实施高校思想政治理论课的建设和改革，推动邓小平理论和"三个代表"重要思想"三进"工作（进教材、进课堂、进头脑）。2006年开始，有关部门组织编写"理论热点面对面"等系列通俗理论读物，进一步推动马克思主义大众化。党的十八大以来，将"深化马克思主义理论研究和建设，加快构建中国特色哲学社会科学，加强中国特色新型智库建设"[①]作为马克思主义在21世纪继续推进中国化、时代化、大众化的重要抓手；将思政课程向全学科领域范围内的"课程思政"拓展，将文化自信融入各个学科的教学，做到"全过程育人"。

其次，不断强化报刊和广播在社会主义文化建设中的积极作用。百年来，中国共产党领导下的报刊事业大力宣传党的理论和主张，承担了统一思想、确立正确舆论导向、开展舆论监督的责任。改革开放以来，报刊、广播继续肩负社会发展见证者、监督者和号鼓手的使命，成为改革思潮的鼓动者和改革实践的记录者。通过企业化转制和产业化改革，我国报业增强了市场竞争力，创立了一大批活跃的社会化媒体。此外，我们党大力建设和运用广播电视媒介，推动先进文化大众化传播。改革开放以来，随着收音机进入千家万户，其功能不再限于政治内容的传播，播放内容更为多元化、生活化，播放时长大大增加，收音机的广泛使用推动社会主义先进文化从政治传播模式转向大众化生活化的传播模式。

---

① 习近平：《习近平谈治国理政》（第3卷），北京：外文出版社2020年版，第33页。

再次,着力推动广播电视业的发展。早在1938年,八路军总政治部就在延安成立了中共最早的摄制新闻纪录片和新闻照片的专门机构——延安电影团,相继推出《延安和八路军》《南泥湾》等电影,由放映队带到各地党政机关、部队驻地、工厂、农村巡回放映①。1954年,毛泽东提出中国要办电视台。1958年,中国第一台国产电视问世。同年,中央电视台的前身——北京电视台开播。1973年彩色电视台正式播出,1975年建成可通达26个省(自治区、直辖市)的微波传输网。限于影视技术设备的稀缺和落后,很长一段时间内,我们在电视剧制播方面能力不足,只能将新闻拍摄成带有剧情的新闻报道剧以及以政论题材为主题的纪录片。直到20世纪80年代中后期,电视才开始普及,并一跃成为传播先进文化最重要的媒介载体。

改革开放以来,中央确立了"四级办广播、四级办电视、四级混合覆盖"②的广电事业领导体制和发展方针政策,推动广电事业持续40多年高速发展。20世纪90年代开始,广电系统大力实施重点工程驱动战略,在全国实施广播电视"村村通"工程。2000年开始,面向西部老少边穷地区实施"西新工程",解决了1亿多人口听广播和看电视难的问题。实施广电惠民工程,对全面普及科学文化知识和精神文明建设发挥了重要作用。进入21世纪以来,我国深化实施文化体制改革,全面启动广播电视数字化转型战略,推动广电事业发展跃上新台阶。

最后,积极运用新兴互联网技术,抢占先进文化传播新阵地。20世纪末以来,随着网络通信技术迅猛发展,互联网传播方式兴起,网络媒体成为人们赖以生存的新媒介,极大地改变了人的思维方式、生存方式和社会发展方式。互联网冲破了社会主义先进文化自上而下灌输和传播的单向维度,为我们党发展社会主义先进文化带来新机遇,同时也对社会主义先进

---

① 吕达、刘瑞儒:《延安电影团的历史功绩与经验》,载《甘肃社会科学》,2015年第2期,第33-36页。

② 覃信刚:《中国共产党广播电视思想的历史演进与经验启示》,载《中国广播电视学刊》,2022年第4期,第81-98页。

文化的主导地位造成新挑战。为此，党和政府将互联网产业发展视作推动先进文化发展的重要力量，主动出击，与时俱进地把加强党对互联网事业的领导作为新时期进一步增强党的文化领导权的重要抓手来加以谋划，提出要"加强互联网新闻宣传工作，努力掌握网上舆论引导的主动权"[①]。进入21世纪以来，党中央部署中央级媒体率先创建了人民网、光明网等一批重点新闻网站，并依托这些网站开辟各类理论频道。各地各级主流媒体纷纷转型拓展网络阵地，建立了各自的网络刊物和新闻网站。与此同时，众多高校和学术组织纷纷开设红色网站。比如，1998年清华大学成立了全国第一家红色网站。随后，各高校和地方马克思主义研究机构组建了"中国红色网站联盟"，加盟者达到710家[②]，各地党委和政府也开始创建门户网站，极大拓展了社会主义先进文化传播的网络阵地。

四、新时代：着力建设全媒体繁荣社会主义先进文化

党的十八大以来，以习近平同志为核心的党中央立足新时代的历史方位，把文化建设摆在更加突出的位置，深刻研判世界范围内媒体融合发展大趋势，对媒介技术革命在推动社会主义先进文化发展过程中作用的认知与把握愈加深刻。随着移动互联网技术、大数据技术、人工智能技术、5G通信技术的大发展，网络新媒体已成为社会主义先进文化传播的主阵地，互联网意识形态工作和信息化建设成为重中之重，维护网络信息安全成为维护国家安全的新战场，推动主流媒体与新媒体深度融合转型是把牢和拓展先进文化传播阵地的关键所在。在全媒体时代，牢牢掌握文化领导权，坚持党管媒体的一条基本规律就是，党坚定不移地掌握和领导社会主义先进文化的传播渠道，特别是网络渠道，努力把网络这个最大"变量"转化为推动社会主义先进文化发展的最大"增量"。党中央深刻认识到，要尊

[①] 陈华：《文化自觉之路——网络社会治理的实践与思考》，北京：人民出版社2014年版，第72页。

[②] 苟欣文、邓新民、蔡敏：《互联网技术与马克思主义传播基于价值观与方法论的研究》，北京：中国社会科学出版社2017年版，第20页。

重新闻媒体和文化传播的自身规律，做到善管善用媒体。要积极运用信息技术革命带来的最先进成果，推动传统媒体与网络新媒体深度融合，从而"做大做强主流舆论，巩固全党全国人民团结奋斗的共同思想基础"①。为此，我们党坚持以社会主义核心价值观引领文化建设，围绕"举旗帜、聚民心、育新人、兴文化、展形象"的使命任务，在坚持"双百"方针、"二为"方向、"三贴近"原则、"两个结合"等方针政策原则的基础上，科学把握互联网发展规律，稳步推进"互联网+"战略、大数据战略和网络强国战略，大力实施以推进媒体融合为抓手，以构建全媒体传播体系为战略，以建设"四全媒体"为目标的顶层设计，推进社会主义文化强国建设。

在文化内容建设领域，坚持"内容为王"，以内容优势赢得文化发展优势。我们党以习近平新时代中国特色社会主义思想为指导，积极运用全媒体弘扬社会主义核心价值观，贯彻以人民为中心的发展思想，推进中华优秀传统文化的创造性转化和创新性发展，弘扬革命文化和伟大建党精神，宣扬人类命运共同体理念和全人类共同价值，宣介全球发展倡议、中国式现代化道路、人类文明新形态等重要理念主张，引领和建设具有强大凝聚力和引领力的社会主义意识形态。

在组织建设领域，优化适应社会主义先进文化全媒体传播的组织构架。党中央审时度势，在2013年设立了高层领导议事和协调机构——中央网络安全和信息化领导小组（前身是1996年成立的国务院信息化工作领导小组和1999年成立的国家信息化工作领导小组），并在2018年党和国家机构改革中，将其升级为中央网络安全和信息化委员会，与国家互联网信息办公室"一个机构两块牌子"。该机构的建立健全，对落实我国互联网信息传播方针政策、推动互联网信息传播法治建设、督促和协调有关部门互联网信息管理，指导各地互联网有关部门开展工作等方面发挥了极为重要的作用。此外，各级党政领导机构也设立了互联网信息办公室和政

---

① 习近平：《习近平谈治国理政》（第3卷），北京：外文出版社2020年版，第316页。

府新闻办公室，加强对网络思潮、舆情和文化信息的管理、引导与规制。

在思想政治教育领域，接续开展了党的群众路线教育实践活动、"三严三实"专题教育、"两学一做"学习教育、"不忘初心、牢记使命"主题教育、学习贯彻习近平新时代中国特色社会主义思想主题教育活动。在坚持发挥传统经验和优势的基础上，依托党的组织和宣传部门建设了从中央到地方一系列大型融媒体的宣传和学习平台。例如，在全国层面有"学习强国""宣讲家"等平台，省市层面有"上海干部在线学习城"等平台，开展网上授课和线上讨论学习，设计了内容丰富而贴近现实的菜单式学习内容、积分制奖励机制，使之成为全体党员干部提升政治理想信念，熏陶文化素养的有效载体。利用人民日报、各级机关党委的党建网开设主题教育网站和微博、微信公众号阅读，以音频图文等形式拓展宣传教育辐射面；利用"两微一端一抖一号"组织追寻初心使命、传承红色记忆、为民办事解难等各类主题活动，征集和发表理论文章和学习心得，扩大教育学习活动影响力，有效增强了广大干部党员的理想信念、宗旨意识和进取精神。而全国范围内的革命文化遗址、纪念场馆，也在持续更新升级宣讲、传播手段，利用新媒体技术使革命文物焕发出新的"言说"方式，引领观众、听众融入革命历史场景，接受革命文化熏陶。

在主流媒体建设领域，加快推进传统主流媒体和政务媒体与网络新媒体的深度融合。人民网、央视、新华网等建立"中央厨房"式全媒体信息处理平台，党和政府的各级机关单位纷纷开设微博和微信公众号，甚至在抖音、快手等短视频中也发出声音。一大批"网红"官员也通过互联网平台服务当地民生，助力经济发展。在此基础上，进一步整合优化重大宣传主题的设置机制，不断提升重大议题议程设置能力。2023年，中央网信办按照中宣部统一部署，统筹协调各地各部门各类网站，精心制定2023年网上重大主题宣传和重大议题设置方案，通过设计贯穿全年、融通中外的6大篇章、225个项目，做到全媒体呈现、全景象展示新时代的壮美画卷和新征程的恢宏篇章，以凝聚广大人民团结奋斗的同心信心①。

与此同时，主流媒体积极利用社会网络媒体拥有的流量黏性优势，在微信、微博等社交平台，在今日头条、澎湃新闻等移动新闻客户端，在B站、小红书等短视频社交网站推动传播了大量适合手机移动观看的正能量文化内容，引领和汇聚丰富多元的网络社交媒体。还在新媒体领域培育并支持了一大批弘扬先进文化的"大V"，开发了大量传播社会主义先进文化的公众号、微电影、慕课和短视频。

在文化和传媒产业领域，营造清朗网络空间，发挥文化产业传播先进文化的作用。始终坚持社会效益优先，坚决抵制低俗、庸俗、媚俗的"三俗"文化。近年来，网络空间各类乱象频发，成为重点治理领域。2022年，国家网信办组织开展13项"清朗"专项行动，重点针对网络直播、信息内容乱象、网络谣言、未成年网络环境、信息服务乱象、网络传播秩序、算法综合治理、春节网络环境、流量造假和账号造假等方面进行专项治理。清理违法和不良信息5430余万条，处置账号680余万个，下架App、小程序2890余款，解散关闭群组、贴吧26万个，关闭网站7300多家，有力维护了网民合法权益②。同时，持续创新网络化、商业化运作模式，大批高质量新闻和影视剧作纷纷面世。例如，新闻专题类节目的《平"语"近人》《社会主义"有点潮"》《开卷有理》等，影视作品《建党大业》《建军伟业》《战狼》《红海行动》《我和我的祖国》《我和我的父辈》等，这些作品不仅通过各种文艺手法的广泛运用而弘扬了主旋律，而且拉近了与人民群众的距离，广受欢迎。此外，积极催化"文化+"对相关产业的深度融合效应，大力培育新的文化和传媒业态和产业，尤其是推动数字创意产业发展迅猛，使之成为有效传播社会主义先进文化的新型

---

① 《2023年网上重大主题宣传和重大议题设置发布启动仪式今日举行》，https：//baijiahao.baidu.com/s?id=1758080743931429820&wfr=spider&for=pc（访问时间：2006年2月22日）。

② 《2022年"清朗"系列专项行动处置账号680余万个》，http：//www.gov.cn/xinwen/2023-03/28/content_5748890.htm（访问时间：2023年3月28日）。

载体。

　　在国际传播领域，积极运用全媒体重塑外宣业务、重整外宣流程、重构外宣格局。一是以重大主题的融合报道为引领，讲好中国故事及其背后的思想力量和精神力量。如建党百年时在海外社交平台矩阵上推出《词解中国：中国道路》《100秒100年》等一系列新媒体品牌栏目，推出由美国共产党党员出镜的系列纪录片《求索》，探求中国共产党百年奋斗成功的秘诀。二是不断提升国际舆论斗争能力水平。以媒体融合为抓手，用翔实的专家、民众采访和大量的数据分析制作系列视频融合报道，打破西方禁锢中国的"舆论茧房"，真实立体全面地传播中国形象[1]。三是不断提高中华文化的议题设置能力，开设多种形式的栏目讲述中国的历史文化和当代生活。如《围炉漫话》视频谈话栏目组织外籍记者邀请在华外国人谈中国文化和在中国的生活经历，《开箱中国》栏目则用"真人秀"的方式对时代巨变中的中国民众生活方式进行体验与讨论，让海外受众更加深入地了解和理解中华优秀传统文化和现当代文化。四是推进海外社交媒体账号集群建设，培育了一支规模较大的多语种外宣"网红"队伍，成为连接中外、沟通世界的生力军[2]。

---

[1] 《用高质量媒体融合推进国际传播能力建设》，http：//www.71.cn/2022/1011/1181314.shtml（访问时间：2022年10月11日）。

[2] 《努力开创新媒体赋能国际传播新格局》，http：//www.zgjx.cn/2022-08/31/c_131065 7915.htm（访问时间：2022年8月31日）。

第三章

发展社会主义先进文化的全媒体境遇

在革命、建设和改革的历史进程中，在大众传播时代，我们党探索形成了发展和传播社会主义先进文化的优良传统和丰富经验。当历史指针指向全媒体时代，技术驱动对于文化发展的影响陡增。全媒体技术拓展了我们党发展社会主义先进文化的渠道和途径，加剧了多元文化思潮的散播和激荡。全媒体情境下的社会主义先进文化发展形成了新规律和新特点。习近平总书记在主持中共中央政治局第十二次集体学习时强调，推动媒体融合发展、建设全媒体是我们面临的一项紧迫课题。要运用信息革命成果，推动媒体融合向纵深发展，做大做强主流舆论，巩固全党全国人民团结奋斗的共同思想基础，为实现"两个一百年"奋斗目标、实现中华民族伟大复兴的中国梦提供强大精神力量和舆论支持。这些论述为我们研究把握社会主义先进文化发展的全媒体境遇提供了科学指导。我们必须全面研究全媒体时代的基本特征，深入分析在全媒体时代我们党发展社会主义先进文化的挑战和机遇。

第一节 全媒体时代的基本特征

全媒体传播是一个"有中国特色"的概念和战略。在我国，对全媒体的概念理解并不统一，与"全媒体"意涵相关的还有"跨媒体""泛媒体""多媒体"和"媒体融合"等概念。这一概念来自传媒领域实践,在中国互联网信息传播技术迅猛发展和传媒产业转型升级的大背景下应运而生,也在中国传媒业界和学术界探索网络时代文化传播规律的过程中不断拓展、融合和丰富。21世纪初以来,学界的研究视角侧重于新闻传播学和媒体产业发展领域,这从2005年至2019年一项统计数据可窥一斑:引量最高的学术论文排名前五的均为传播学期刊,其研究者也主要集中于拥有一流新闻传播学专业的院校[①]。这当然源于全媒体战略的提出首先回应了互联网技术进步推动文化传播和社会发展方式变革的需要,也有利于传媒产业通过转型发展获取新的利润增长点。但对全媒体时代的研究不能仅仅局限于此,因为我们党对全媒体战略的提出是基于在全媒体时代如何加强宣传思想文化工作的大背景,应着眼于为了更好地贯彻落实习近平总书记关于坚持巩固壮大主流思想舆论、弘扬主旋律、传播正能量的重要指示,把握和运用全媒体情境下社会主义先进文化传播和发展的新规律。为此,首先应该对全媒体时代的基本特征进行研究。

一、互联网技术革命是先导

如果仅从全媒体所蕴含的以多种媒体形态,如书、报、刊,多种传播形式,如图、声、文来传播信息的基本内涵出发,那么在互联网出现以前,就有了"全媒体"传播。只不过彼时限于技术手段,还没有产生如当下一般丰富的媒介。有学者就认为,"全媒体"早就存在,只不过随着互联网和新媒体的出现,全媒体"形态逐渐丰富,形成了现在这种多媒体形态融合并发展的状态"[②]。表面上,似乎可以为此观点做注解的,是"Allmedia"(全媒体)。"全媒体"一词最早于1999年出自美国一家公司的名称。该公司名为"玛莎·斯图尔特生活全媒体公司"(Martha Stewart Living Omnimedia),拥有并管理包括杂志、书籍、报纸专栏、电视节目、

[①] 王菲、樊向宇:《回顾与反思:中国媒体融合研究十五年(2005—2019)》,载《当代传播》,2020年第5期,第10-14页。

[②] 王庚年:《全媒体技术发展研究》,北京:中国国际广播出版社2013年版,第3页。

广播节目、网站在内的多种媒体，并借此营销自己的家政服务和产品①。深入分析这家公司的主营业务和商业模式，可以发现其所属各个媒体之间有一定联系，但运营内容、体制和方式并不一致。可见，当时所指的"全媒体"，更多指一种基于多元化业务内容的跨媒介运营载体，称其为"跨媒体"似乎更为合适。与之相对应的是20世纪末，在中国，少数研究文章从家电音响传播形式和通信传播媒介的"齐全"视角提及了"全媒体"的概念②。从今天的观点来看，这依然不过表达了"多媒体""跨媒体"的内涵。

"跨媒体"概念在中国的真正流行，始于互联网技术的广泛应用。20世纪末以来，西方传媒集团开启了兼并、重组、集团化浪潮，并向传媒数字化、网络化领域进军。随着中国加入世界贸易组织，为应对西方传媒巨头进驻中国即将形成的新闻和文化产业激烈竞争态势，为确保文化和意识形态安全，一些业内人士将基于互联网的跨媒体运营视为"中国传媒做大做强的战略选择"③。这种背景下提出的跨媒体概念，"着重于指依赖于不同传播介质、拥有不同结构属性的媒体（包括平面媒体、立体媒体和网络媒体）之间，为了实现优势互补、资源整合、协同发展、扩大规模效应、提升市场覆盖率"，所采用的一种合作传播模式。其核心在于不同媒体之间通过"横跨"组合来实现"合作"传播④。简言之，跨媒体是多媒体在形态和传播手段方面简单化和表层化的连接，是"全媒体早期孕育阶段的表现形态"⑤。2006年以来，在中国传媒业进行跨媒体运营的尝试基础上，"国家数字复合出版系统工程"发展规划出台，确立了建设"全媒体资源

---

① 王庚年：《全媒体技术发展研究》，北京：中国国际广播出版社2013年版，第3页。
② 罗鑫：《什么是"全媒体"》，载《中国记者》，2010年第3期，第82-83页。
③ 林如鹏：《跨媒体、跨地区、跨行业——中国媒介集团做大做强的必由之路》，载《新闻大学》，2002年第4期，第45-50页。
④ 王学成、来丰：《论跨媒体联合》，载《新闻大学》，2002年第1期，第63-65页。
⑤ 石长顺、景义新：《全媒体的概念建构与历史演进》，载《传媒》，2013年第5期，第51-54页。

服务平台""全媒体经营管理技术支撑平台""全媒体应用整合平台"等项目①。有学者认为这是"中国官方第一次正式用文件提出'全媒体'的概念,并将其作为媒介发展方向"②。此后,传媒业界开始频繁出现"全媒体"的提法,全媒体被用以探讨传统媒体的数字化转型和升级③的语境,指"立足于现代技术的发展和媒介融合的传播观念,综合传统媒体与新兴媒体,在媒介内容生产、媒介形态、传播渠道和传播方式、媒介运营模式、媒介营销观念等方面的整合性运用"④。从跨媒体到全媒体的演变,表明我们对全媒体的转型和发展,经历了从对多样化传播手段、载体和媒介形态的描述和认识,到深入媒介内容生产、组织机构设置和运营、营销模式全方位整合的内在把握的过程。

通过上述梳理不难看到,在大众传播时代,多种形式的大众媒体早已出现。但彼时多元化媒体依然遵循各自的文化传播规律,多种媒体的同步传播至多产生了多媒体或跨媒体的传播效应,与当代意义的"全媒体"传播相距较远。直到互联网和数字化技术得到普及,网络新媒体产生并获得产业化发展,多种媒体融为一体才成为可能。

广义的新媒体,具有动态、流变的性质,而狭义的新媒体,就是以互联网为载体的媒体。从时间视角看,新媒体之"新"是相较已出现或曾存在、为人们所熟知和运用的"旧"媒介而言的。早先出现的媒体因被人们熟知和大众化使用,而不再为"新"。例如网络媒体出现后,广播、电视等传统主流媒体就成了"旧"媒体。新媒体的时间视角显示了媒介的历时性。从空间视角看,新媒体之"新"指一种媒体从一个地区拓展到另一个

---

① 姚君喜、刘春娟:《"全媒体"概念辨析》,载《当代传播》,2010年第6期,第13-16页。
② 石长顺、景义新:《全媒体的概念建构与历史演进》,载《传媒》,2013年第5期,第51-54页。
③ 李玮:《跨媒体·全媒体·融媒体——媒体融合相关概念变迁与实践演进》,载《新闻与写作》,2017年第6期,第38-40页。
④ 姚君喜、刘春娟:《"全媒体"概念辨析量》,载《当代传播》,2010年第6期,第13-16页。

地区的状态,是原有媒体使用范围的扩大。这个媒体虽然已经存在并为某地区人们所熟知和使用,但具有地域局限性。例如流行于境外的推特、脸书等,相对于中国用户就是新媒体。新媒体的空间视角展示了媒介的共时性。从形态视角看,新媒体之"新"是指在媒体的技术、结构、管理和运营模式没有发生大改变的前提下,在表现形式、物理形态或使用功能等方面形成一定的新意。这一点在当前的网络新媒体领域得到充分展现。例如,同为社交类新媒体的腾讯QQ、微信等软件,虽然它们的使用界面有不少差异,但功能设置大同小异。新媒体之间不存在差异性极大的技术壁垒,只不过受限于知识产权和媒体运营者特色化发展战略的差异,否则不同的新媒体可以被打造得近乎一样。这反映了媒体发展过程中功能形态的"同质化"趋势。总之,互联网技术革命及其催生的新媒体传播格局成为催生全媒体时代的关键变量。

二、媒体深度融合是关键

从本质上看,技术因素是造就新媒体之"新"的根本。互联网信息技术催生媒体的数字化和网络化,进而改变了当代文化的传播模式,使原来信息从传者到受众的单向流动传播模式变为多线程的网状传播模式,进而对社会发展方式和人的思维与生存方式产生了革命性影响。相较于传统媒体,新媒体在内容生产方面门槛更低,人人都是发布和传播内容的"麦克风",都可参与信息内容的生产和发布过程;新媒体在内容生产和传播的速度与广度方面远超传统媒体,在传播方式和渠道方面更具丰富性、选择面和吸引力,在传播效果方面更具穿透性。由此,一度有观点表达出这样的担忧:传统媒体不向新媒体转型,就会面临被取代和消亡的命运。然而,新媒体就一定优于传统媒体吗?传统媒体和主流媒体是否一无是处?近年来,各种网络新媒体如雨后春笋,海量的社会媒体和自媒体为了博流量和实现"眼球经济",不惜在议题上标新立异,"标题党"盛行;不惜在观点上剑走偏锋,甚至挑起群体对立;不惜在论述中言语偏激,舆论场弥漫着各种消极情绪。可见，放任新媒体肆意生长就会产生消极后果。针对新媒体和传统媒体的辩证关系和战略定位，习近平总书记明确指出："传统媒体和新兴媒体不是取代关系，而是迭代关系；不是谁主谁次，而是此长彼长；不是谁强谁弱，而是优势互补。"① 传统媒体和新媒体的深度融合，既是全媒体时代异于互联网新媒体诞生前的"多媒体"或"跨媒体"时代的本质区别，也是其有别于网络媒体一度冲击和消解传统主流媒体影响力的"新媒体时代"，是走向全媒体时代的关键所在。

立足我国全媒体战略顶层设计的实践，比照西方发达国家传媒产业化战略推进的历程，可大致做如下总结：全媒体是多样态的媒体走向融合后的"跨界"产物，媒体融合的过程就是全媒体从诞生到发展的过程。而全媒体时代的到来，恰恰可以被看作新媒体和传统媒体从"相加"走向"相融"发展的成熟阶段。换言之，媒体融合产生了全媒体，全媒体正是"适合互联网的新的表达形式"的全新媒体②。

在全媒体发展初期，传播媒介形态呈现"相加"和齐全化样态。20世纪末至21世纪初，互联网刚刚兴起，人们尚未充分认识到互联网技术对传播模式、社会发展模式和人的思维与生存方式将会产生巨大变革，仅把互联网的作用当作"为传统媒体提供一种新的信息载体"③。一些职能部门甚至认为网络充其量不过是与电视、广播、报刊、书籍等传统大众传媒相等同的一种新形式传媒，认为将传统的宣传教育内容"搬运"到网上去，就能"占领网络阵地"。传统媒体，如报业和广电业，基于对大众传播规律的把握，对网络新媒体的意义认识更深。但在初期，传统媒体往往是将自身所生产的文化和新闻内容同步投放到创建的网站、论坛等网络媒体，并综合运用文字、图片、音频、视频的传播形式，增强文化和新闻的传播时效性、受众覆盖面与内容可读性。这时的媒体融合，还处于传播媒介物理形态

---

① 习近平：《习近平谈治国理政》（第3卷），北京：外文出版社2020年版，第317页。
② 李良荣、周宽玮：《媒体融合：老套路和新探索》，载《新闻记者》，2014年第8期，第16—20页。
③ 彭兰：《网络带来的变革》，载《中国记者》，1999年第10期，第49—50页。

上的"相加",追求传播媒介、渠道和手段的"齐全",形成的是传统媒体对互联网形态模仿的"衍生品",但已初步形成了全媒体的外在表现要素。

随着我国移动互联网技术发展和"三网"融合的推进,全媒体发展的技术基础进一步夯实。中国报业和广播电视业施行全媒体转型战略,担负起先行先试的重任,推动媒体融合从处于可轻易识别的产品和品牌表层的多元化传播形态的"物理相加",走向传媒集团在组织管理、结构设计、观念文化、运营流程等内部环节的"化学相融",这是一个突破。传统媒体的信息生产是一种依托生产工艺的专业化形成的生产模式,传媒组织根据报纸、电视、广播等不同传播媒介和渠道的工艺特点建构了信息的生产部门和流通机制;全媒体则将着力点转向信息获取对象,根据受众的认知和服务需求组织信息内容的生产和传播。在内容生产的起点,根据接收和消费内容的受众对象的需求和特点多渠道采集信息,统一进行信息内容的生产和加工;在信息传输的中端,建立能够整合资源,调配流程,分类加工信息和多样化分发信息的中央处理平台;在对接受众的末端,用户体验到的是个性化、精准化的营销与信息推送,以及对信息的多感官感知和接受。通过对信息内容生产、传播方式和渠道、组织结构以及传播形态的整合与融合,构建打通"策、采、编、发"全流程的融合机制,真正实现全媒体传播的跨媒体与信息接收的跨感知。

当然,受自身产权、资源、专业度和政策等方面限制,媒体业务的"化学相融"并非易事。这也是当代西方传媒产业走上通过集团化并购和重组来推动媒体融合发展的实践之路的深层原因。因此,我们必须充分认识和把握"媒介形态融合—媒体业务融合—媒体产业链融合"的规律,循序渐进,这样才能加快媒体深度融合与发展,尽早实现全媒体战略目标。

三、多元思潮震荡是常态

进入全媒体时代,文化内容生产更加开放,传者和受者的互动复杂多向,文化传播渠道生灭多变、交叉融合,多元文化思潮的传播方式和路径更为复杂隐蔽。这种看似无序散漫的文化散播表象下蕴藏着一定的特征和规律。一些思潮在多种力量共同作用下形成共振而不断强化，一些观念却在不同意见的争论中消减衰退。总体而言，主导性文化产生的向心力与多元亚文化产生的离散力（有时是离心力）双向增强。但由于主导文化的向心力与多元亚文化的离散力并非同步发生、同频共振，在不同场域不同时点，两者的强弱影响程度不一。于是，整个文化思潮的共在场域就产生了一种潮汐震荡和钟摆效应，表现为主流文化和价值观在特定时空场域中，时而在总体上呈现一致性，时而呈现离散性或偏向性。文化发展和传播的潮汐震荡特征在大众传播时代本就存在，进入全媒体时代更为鲜明，更多在于全媒体技术造成的传播权力的解构与重构运动所激发的文化散播钟摆效应。

进入全媒体时代，网络技术使受众更加积极主动地参与文化传播进程，传统的传播主导者把控和引导文化发展和议程设置的难度加大。以往不少研究较多探讨互联网技术发展对传播主导者所拥有传播权力的冲击、解构以及对受众的赋权。信息技术革命的核心在于增强信息的可获得性和可控性。总体而言，信息权力，确切地说是掌控信息的能力及其生成的权力——无论是在文字出现之前掌握祭祀技术的部族先知，还是印刷术出现以前掌握圣经文本的僧侣，抑或今日掌控信息发布与传输渠道的媒体——随着可获得信息的技术扩散，总体似乎朝着"平权化"方向扩展。以往研究揭示了信息技术解构社会权力集权化的趋势，但这仅就宏观而言。在中微观层面，随着信息技术的发展，社会权力的集中度处于权力解构与重构的往复运动之中。这样的往复运动到底通向权力的瓦解，还是指向权力集中的新方向和新方式，依然众说纷纭。随着信息技术的发展和扩散，对"掌控信息"这一概念必须做出更为精确的描述。从经验观察的视角看，信息拥有者越来越难以长时间地延迟信息内容的外溢速度，信息迟滞的时间越来越短。与此同时，信息把控者对信息的意义生成的干涉变得越来越多。根据议程设置理论，决定哪些信息应该被传播，怎样传播，哪些内容应该被封存,在互联网传播加强信息外溢普遍性的同时,传播的权力却被越来越强大的媒体所把控。新的传播技术不仅会削弱甚至还可能消解传播主导者的权力,这是因为在当代,新传播技术的运用往往不是自上而下,而是基于市场逻辑和消费主义以及娱乐需要为主要内容的大众文化发展逻辑自下而上发展起来的。因此,文化传播主导者对"起于青萍之末"的文化创新或变迁的风向感知相对延迟,对传统媒体形成使用方面的路径依赖,对新的传播技术的把握需要一定时间,因此看起来文化传播主导者掌控信息的权力被削弱了。在新技术生成初期似乎确实如此,但随着时间的推移,文化传播主导者将以其体制性、专业性等诸多优势全面掌控新的传播技术。例如,各国都确立了互联网传播的相关规则和法律,甚至要求用户必须经过实名制认证,以便对舆情进行事前分析预警,事中研判引导,事后追责。从这个角度看,全媒体战略以及媒体融合,正是在适应全媒体传播技术变革的迟滞时间内自上而下施行的国家行为。随着国家对全媒体发展规律的全面把控,新的权力垄断和不平等的到来只是时间问题。

全媒体时代传播权力的集中并非没有积极意义。全媒体技术应用的关键不在技术,而在于技术使用者是谁,使用目的何在。传播权力的解构与重构导致了全媒体时代文化散播的潮汐震荡效应,导致在全媒体技术发展初期,文化散播程度更为鲜明;而到了全媒体技术应用的成熟期、规制期,文化散播现象则相对收敛,凝聚共识的主流文化更显影响力。随着传播权力的解构与重构,文化散播的烈度呈现激化和收敛相互交替的发展势态。我们可以大胆预测,只要信息传播技术继续发展,那么传播权力的解构与重构运动就不会停止,从而文化的多元化散播现象也将持续。我们秉持以人民为中心的价值理念,将管控信息传播技术作为引导人民走向自由而全面发展的路径,那么对技术的管控和一定程度上对传播权力的集中是一种"善治","党管媒体"在全媒体时代获得新的发展,由此,多元文化的散播在极大程度上处于可控范围之内。

第二节　社会主义先进文化面临全媒体技术新挑战

马克思指出："一旦生产力发生了革命——这一革命表现在工艺技术方面——，生产关系也就会发生革命。"① 全媒体技术是当代最具代表性、革命性和引领性的先进数字信息技术，它以网络数字技术和通信技术为底层支撑，以大数据技术、云计算、智能算法为最新成果。全媒体技术推动了社会运行方式变革，提高了人们的生活水平，改变了人的价值观念和生活方式，产生了巨大的"技术红利"。然而，全媒体技术也对社会主义先进文化发展带来了全方位的挑战。

一、全媒体技术偏好干扰社会主义先进文化传播

理论上，全媒体技术能够消弭以往不同媒介各自固有的传播缺陷，从而提高文化传播的全面性和整体性效果；但事实上全媒体"全传播"的完美形式掩盖了受众基于媒介偏向性形成的媒介使用偏好，割裂了文化传播的整体性。而全媒体技术自身也存在系统性的传播偏向，很大程度上加剧并造成了当代文化传播的泛娱乐化，削弱了社会主义先进文化传播的穿透力。

（一）全媒体技术的"全传播"形式掩盖受众媒介选择偏好

全媒体技术通过先进数字信息技术将视频、音频、文字、图画乃至触觉等多种传播方式和渠道整合在一起，力求创造一种全方位感知世界的技术工具。全媒体技术的应用一度使人们乐观地将其视作可以实现麦克卢汉所预言的，克服了信息传播时间和空间障碍，可以重新"部落化"而建成"地球村"的美好途径。在地球村里，信息的传播和接受是同步和瞬时的，

---

① 中共中央马克思恩格斯列宁斯大林著作编译局：《马克思恩格斯文集》（第8卷），北京：人民出版社2009年版，第341页。

世界在人的感官中重新成为一个整体，人们对事物的认识和把握是一体化、整体性的，因而是全面的。这就是发展全媒体技术的本来目的——创造一种提供整体性认识和全面性把握世界的工具。全媒体技术使媒介从沟通和传递不同环境中不同信息的渠道，真正进化成为"新的社会环境本身的构成者"[1]。全媒体技术广泛运用的世界已经不仅是人生存于其中却与人分离的外在客观世界，而是人与之融为一体的实在场域。

然而，媒介技术固有的偏向性使通向这一美好世界的道路变得荆棘丛生。在媒介环境学派看来，媒介自身在介质、结构、传播方式等方面的差异，导致人们在选择媒介和传播信息时会产生偏差，因此传递了不同的价值观。对不同性质媒介使用的偏爱甚至决定了多元文化的不同特质。例如哈罗德·伊尼斯（Harold Adams Innis）就认为文明的发展与媒介的使用息息相关，"一种新媒介的长处，将导致一种新文明的产生，传播方式对社会构成影响极大。"[2] 伊尼斯还提出了媒介偏向性的问题，认为媒介根据其性质的不同，具有时间和空间的偏向性。那些材质坚固耐久，适宜长久保存但不便移动的媒介是时间偏向的，它们可以跨越时间限制，所承载的信息往往是深刻的，具有文化的历史传承价值，所形成的文化是强调传统、权威和理性的。那些材质轻巧，便于移动但不宜长久保存的媒介是空间偏向的，它们可以突破空间限制，因而有利于帝国的扩展，但同时是意义浅薄而多变、易逝的。麦克卢汉把媒介分为冷媒介和热媒介。"热媒介"作用于多种感官，所传递的信息比较清晰、直白、明确，人们不需要过多使用联想和推理即可感知和获取信息。"冷媒介"作用于单一或更少的感官，所传递的信息则比较含糊，信息量少，需要受众集中精力，调动多种感官进行联想和推理才能把握，因而有利于发展人的逻辑推理能力和创造力。

---

[1] David Crowley and David Mitchell, *Communication Theory Today*, Stanford：Stanford University Press, 1994, p.51.
[2] ［加］哈罗德·伊尼斯：《传播的偏向》，何道宽译，北京：中国人民大学出版社2003年版，第28页。

<<< 第三章 发展社会主义先进文化的全媒体境遇

尽管两者对不同媒介偏向性的划分各不相同，甚至引发过一些争议①，但说明了一个事实，媒介偏向性可能割裂人们对世界的整体性感知，且不同媒介的偏向对人的思维方式、行为特征和价值观念都产生了很大影响。如果说马克思、恩格斯及后来的法兰克福学派指出媒介的"偏向"来自媒介使用者的意识形态偏向，那么媒介环境学派则强调媒介自身的偏向性是产生媒介传播不同意识形态偏好的重要诱因，这是一种纯粹源于媒介技术自身结构和性质的偏向。

在理论上，要使全媒体技术发挥出帮助人们全面感知世界的优势，使用者必须能够自觉意识到不同媒介的偏向性并主动运用和发挥不同媒介的优点来弥补单一媒介偏向性带来的感知缺失。但在现实中，很多人更偏爱"热媒介"的图片、视频等直观和感性的感知方式，进而形成对特定媒介的使用偏爱，以至于不愿再使用需要通过推理、想象等"费脑子"的理性思考方式的"冷媒介"来认知事物。在全媒体时代，媒介使用者身处"人人都是麦克风"的环境，必须采用传播速度更快、传播范围更广的媒介技术才能优先吸引受众稍纵即逝的注意力，因此偏向于空间的媒介往往更受传播者青睐。这就是短视频、微博等新媒体广受欢迎的原因。从某种意义上来说，媒体的特色是吸引受众使用的重要因素，对媒体传播方式和渠道的创新意味着对某种传播技术偏向性的强化甚至创造。表面上全媒体技术

---

① 后来的学者在研究麦克卢汉关于冷热媒介划分的标准时，感到他的分类缺少一贯的标准，甚至存在逻辑矛盾。例如，郭庆光在《传播学教程》（中国人民大学出版社1999年出版）中指出，无声电影的信息清晰度显然比有声电影更为模糊，也更需要联想；而作用于多种感官的媒介所传递的信息含量显然比作用于单一感官的媒介更为丰富。也有学者提出了进一步完善冷热媒介理论的尝试。如刘海龙在《大众传播理论：范式与流派》（中国人民大学出版社2008年出版）中指出，麦氏对冷热媒介的划分基于媒介使用者的感觉，必须结合具体的使用者和环境才能做出判断。区分热媒介、冷媒介的最基本标杆是参与度，清晰度只是从参与度延伸出来的一个判断标准。本书综合使用媒介传播信息的清晰度（信息量和确定性）、参与度（受众需要使用知识储备和逻辑推理解析和补全信息的脑力劳动量）、媒介调动的感官（理性思维还是生理感官）以及传播渠道作为冷热媒介的标准，认为媒介传播信息的清晰度高（信息容量大、确定性高），受众参与解析和补全信息的程度浅，调动和刺激生理感官，传播渠道数量多的媒介是热媒介，反之是冷媒介。

拥有全方位传播的形式完美性，实质上全媒体技术为受众提供的更为多样化的选择机会却形成了人们对特定媒介的使用偏好和路径依赖。

人们对特定媒介的使用依赖将导致其对特定媒介承载的特定意识形态和思想观念的大量而重复性的接收。因此，不能想当然地认为媒介技术越发展，媒体种类越多元，传播渠道越丰富，社会主义先进文化传播力和影响力的优势就越能得到提升。在现实中，如果不加以引导，先进文化资源并不能自发、均等地占据每种媒体的传播渠道，人们偏爱使用的媒体并不能自发、均等地传播包括社会主义先进文化在内的多元文化内容。社会主义先进文化的传播往往集中于传统主流媒体，而很多人偏爱的网络新媒体传播的大量文化内容则未必是先进文化。如果任由媒介技术自由发展，任由人们根据习惯和偏好来使用媒介，那么社会主义先进文化将很难在多元文化的碰撞中维持主流地位，运用全媒体传播社会主义先进文化的整体性和全面性的效果也将大大下降。

（二）全媒体技术的"强空间—强热"偏向性导致文化传播偏向

当代文化传播媒介都是复合性载体，很少有信息只通过单一的媒介载体进行传播。例如，信息通过文字载体表达，文字内容再通过书籍或网站得以留存或转发。目前，所有的媒体主要由文字类媒介（以抽象文字符号为载体）和视听类媒介（以图像、声音或视频为载体）组成，① 全媒体则

---

① 当然，文字类媒介也在视听类媒介中得到广泛应用，例如字幕的应用。但如果以媒介传播的主要方式和媒介载体的主要性质来划分，文字在视听类媒体中只是辅助性的，因此，本书仅把以使用文字载体为主的媒介称为文字类媒介。当然，全媒体技术发展至今，各种新媒介往往呈现以某种媒介载体为主体、其他多种媒介载体辅助应用的特点。例如，微信也开发了视频号，抖音也广泛应用弹幕和评论等文字媒介。因此，对媒介进行精准分类是困难的，而以设计该媒介的初衷及其他最广为人知和最广为应用的媒介载体和形式作为划分依据可能更具操作性。在这种分类标准下，微信是网络文字类媒介，抖音是网络视听类媒介。另一种分类方式则更为简单，即根据媒介的某种单一载体来进行分类。在这种分类标准中，并不严格区分微信和抖音属于哪一类媒介（当然，它们无疑都属于网络媒体），而仅通过它们所主要运用的媒介载体和形式要素来进行划分。从这个角度看，微信和抖音兼具网络文字类媒介和视听类媒介的特点，只不过，用户更偏向于对微信进行文字类媒介的应用。究竟两种分类方式哪一种更科学，有待进一步探讨。本研究仅做定性研究，两种分类方法基本不影响本研究的分析。

由这两者叠加网络媒介而形成。例如传统的文字类媒介主要包括书籍和报刊，网络文字类媒介则主要包括电子书、电子报刊、微博、微信等即时聊天和社交软件；传统的视听类媒体主要包括电影、电视和广播，网络视听类媒体则主要包括音乐、图片和视频类网站等。网络新媒体包含以往传统媒体的诸多传播技术和特点，又发展出优于传统媒体的传播技术及特性。有学者已分析了新媒体的"时间—空间"传播偏向及其失衡问题①。我们可以更进一步，以媒体"时间—空间"偏向和"冷—热"偏向为划分标准，对网络视听类媒介、网络文字类媒介、传统视听类媒介和传统文字类媒介这四类组成全媒体主体的媒介的偏向性进行分析。

首先，相较传统视听类媒介而言，传统文字类媒介所包含的信息量更少，信息意义更为模糊，需要更高的知识储备和抽象思维能力才能对文字信息含义进行解析，受众参与度更高。同时，与电视、广播节目相比，受众能够更加方便地获得和留存书籍报刊，因而具有更高的留存性，因此，传统文字类媒介是冷媒介和时间偏向的，而传统视听类媒介是热媒介和空间偏向的。其次，网络媒体基于覆盖全球的互联网基础设施，能够在更广阔的空间进行传播，特别是创造并占据了虚拟网络文化空间，因而相较传统媒体而言占据了更大的空间传播优势。由于互联网能够容纳比传统媒体更多的信息，网络上各种信息的传播者也无时无刻不在争夺受众的关注度，新的消息很容易覆盖旧的消息，信息的保鲜度很短，因此网络媒介是空间偏向的②。此外，网络媒体能够综合运用更多的内容表达方式和渠道，可以传达更多的信息细节，因此，总体上网络媒体相较传统媒体而言又是"偏热"的。但如果仅用"冷—热"和"时间—空间"这两对指标，无法

---

① 孙健：《新媒体时代的传播偏向探析》，载《编辑之友》，2016年第5期，第70-72页。
② 事实上，由于信息存储技术的发展，网络媒介对海量信息数据的存储能力大大提升。但在资本逻辑和实现商业化需求的驱使下，只有不断更新信息才能吸引眼球，只有提高点击率，获得流量，才能变现媒体的商业价值，因此可以说，网络媒介的时间偏向性受到侵蚀。在全媒体时代，媒介传播的信息能否被受众"看见"，被"记忆"，成为媒介时间偏向性强弱的区分标准。可以认为，网络媒介的空间偏向性增长显著超过了时间偏向性增长，因此依然是空间偏向的。

精确比较这四类媒体在不同维度偏向的程度，因此，本书尝试加入描述偏向性程度的"强—弱"指标进行分析。

传统文字类媒介由于必须附于实物载体才能留存，其空间传播范围不如电视广播等传统视听类媒介，遑论与网络媒体相比，因此它的空间偏向最弱。而与网络文字类媒介相比，腾讯QQ、微信、微博等网络电子文本往往篇幅较短，表达形式口语化，难于表述深刻的思想价值而侧重于社交目的，因此传统文字类媒介需要的受众参与度更高，比网络文字类媒介更具有冷偏向。同时，虽然从形式上看，网络媒介比传统文字类媒介更能够长久保存信息，但受众面对不断快速更新的海量信息和有限的电子存储空间，只能经常性地清空和更新信息。因此，书籍报刊等传统文字类媒介反而占据了时间偏向的优势。又由于从整体上看，文字类媒介与视听类媒介相比需要调动更多的理性思维和受众参与度，因而是冷偏向的，因此传统文字类媒介是"强"时间偏向的"强"冷媒介。

传统视听类媒介是热媒介和空间偏向的。然而与网络媒介相比，在空间传播上它没有网络媒介传播范围广；在包含信息的确定性和对感官的刺激方面，它大于网络文字类媒介，而在受众解析信息的主动参与度方面更小。与网络视听类媒介相比，由于传统视听类媒介，如广播和电视，往往是整集制作、播放，播放和回放的频道、时间都有特定限制，节目制作者与观众距离较远，观众如果对节目内容有疑问，想要反复回看，或者想要与制作者进行沟通，成本较高，因而更需要通过逻辑推理或阅读影评等智力活动的方式解析信息。而网络视听类媒介打破了传统试听媒体制作节目的种种限制，因而可以传播更高清晰度的信息量。因此，与网络媒介相比，传统视听类媒介是"弱"空间偏向的"弱"热媒介。

网络文字类媒介由于附加了网络属性，已成为空间偏向的媒介，它在空间的传播范围和能力大大超越了传统视听类媒介。但作为文字类媒介，其空间传播能力又弱于网络视听类媒介，因而其空间偏向性介于两者之间。网络文字类媒介本来也应该具有冷媒介的属性，但它在内容表达风格上比传统文字类媒介更加浅显和大众化，鲜明地表现为"网言网语"的流行和热点主题的易变，承载信息的容量和明确度也高于传统文字类媒介。特别是随着媒体融合的发展，各种媒介互相深度嵌入和融合发展已经成为主流趋势。早期作为网络文字类媒介的微博、腾讯 QQ、微信等网络媒体早已吸收借鉴了用户最喜爱的视听类传播方式，发展成为融文字、图片和视频等为一体的综合性网络媒介，因此已具有热媒介的属性。然而，由于用户使用网络文字类媒介的初衷是通信交流，习惯于使用文字作为主要媒介形式，因此，它的热偏向程度弱于视听类媒介，是"中度"空间偏向的"弱"热媒介。

网络视听类媒介，特别是短视频和短图文，是当今最流行和最受欢迎的互联网内容传播方式。中国互联网络信息中心（CNNIC）发布的第 51 次《中国互联网络发展状况统计报告》指出，截至 2022 年 12 月，我国网络视频（含短视频）用户规模达 10.31 亿。其中，短视频用户规模达 10.12 亿，占网民整体的 94.8%[1]。近年来，短视频贡献了移动互联网的主要时长和流量增量，成为互联网的基础应用。还有调查指出，当前最受用户青睐的泛资讯体裁是视频和短图文[2]。可见，网络视听类媒介是所有媒介中传播力最强、传播范围最广的，因而是空间偏向最强的。同时，在各类视频网站和 App 中，一个节目可以根据制作方和观众的需要被分割成若干短视频，观众可以随时随地进行回看，制作方和观众可以很方便地在网络社区中对节目内容进行充分讨论。网络上各种意见领袖也可以充分发表意见，对视频节目进行各种解说、盘点、混剪和吐槽，进而形成新的视频素材二次传播，炒作热度。可以说，在承载内容的信息量和明确度方面，以短视频为代表的网络视听类媒介是最强的。因此，网络视听类媒介

---

[1] 《第 51 次中国互联网络发展状况统计报告——互联网发展研究》，https://www.cnnic.net.cn/n4/2023/0303/c88-10757.html（访问时间：2023 年 3 月 2 日）。
[2] 《预见 2021：2021 年中国移动资讯产业全景图谱（附发展现状、市场格局、发展趋势）》，https://baijiahao.baidu.coM/s?id=1695620104817651625&wfr=spider&for=pc（访问时间：2021 年 3 月 30 日）。

是"强"空间偏向的"强"热媒介。

由此，依据空间偏向性从强到弱排序，网络视听类媒介>网络文字类媒介>传统视听类媒介>传统文字类媒介。依据媒介冷热程度排序，从热到冷依次是，网络视听类媒介>传统视听类媒介>网络文字类媒介>传统文字类媒介。如图3-1可见，全媒体技术造就了全媒体整体性上的"热"媒介偏向①和空间偏向。根据伊尼斯和麦克卢汉的理论，这样的整体偏向性显然更易于传播通俗的、时尚的、大众的文化。

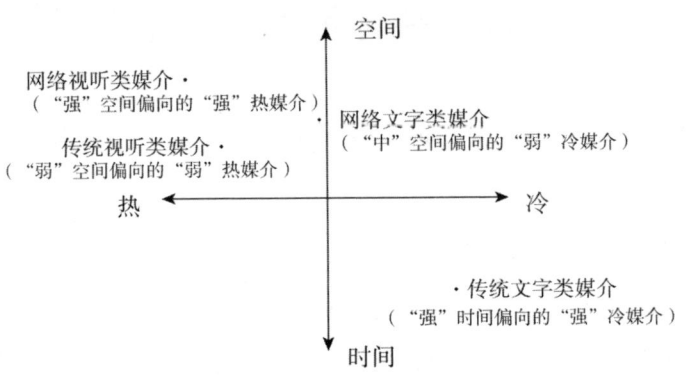

图3-1 全媒介的偏向性分布示意图

（三）全媒体传播的系统偏向性减弱社会主义先进文化传播力

全媒体技术具有整体上的"热"媒介偏向和空间偏向，因此，在不加干涉的情况下，全媒体传播并不必然有利于主流文化的塑造和传播，而可能更易于推动流变的、浅显的、多元思潮的快速传播，甚至会助推当代文化传播中的泛娱乐化现象。

从有利于稳固和塑造主流文化价值的角度考察，时间偏向的媒介有利于社会主流价值观的稳固和主流文化的塑造。因为时间偏向的媒介有利于文化的传承，而能够得到经久传承的文化内容，在价值论上应该是思想深

---

① 需要指出的是，媒体融合发展到今天，各种媒介形式的深度嵌入和融合发展已经成为主流趋势。早期作为网络文字类媒介的微博、腾讯QQ、微信等网络媒体早已吸收借鉴了用户最喜爱的视听类传播方式，发展成为融文字、图片和视频等为一体的综合性网络媒介。只不过用户使用上述网络媒体的初衷是通信交流，习惯于使用文字作为主要媒介形式，因此把它们归为冷媒介，但实际上它们已具有很多热媒介的属性。

邃而获得广泛认同的。在认识论上具有较为统一的意义边界和易于被识别的概念标识，在实践论中也是易于被凝练总结和教育内化的。这些都有利于文化共同体的形成，有利于培养稳固而持久的国家和民族观念，进而塑造出贯穿于民族国家历史进程的文化发展脉络。那么，作为空间偏向的全媒体技术则恰恰相反，更有利于流变的、浅显的、多元思潮的传播。

当然，媒介的"冷热"偏向对文化和思想的塑造也不能一概而论，必须与媒介所处的环境关联起来分析。在文化单一和社会封闭的环境中，热媒介有利于塑造和传承主流文化。在单一封闭环境中，热媒介传播信息数量的高饱和度、信息内容的高明确性、传播方式的直观性、传播渠道的多元性有利于文化传播者采取单向"灌输"和宣传的传播方式，受众在对相同信息的多次反复接收中形成普遍而稳定的心理认同。当主流文化和价值观念成为传统和习俗，就形成了无可辩驳、天经地义的强大合法性，对后人而言就降低了辨识、学习和认同的成本。而冷媒介的使用则意味着有利于强化人们的抽象思维和逻辑推演能力，反而容易生成不同于甚至质疑主流文化价值的异质文化思潮。因此，不论在东方还是西方，在传统的大众传播社会中传统的热媒介往往由国家掌控或受到严格管控，并成为主流媒体，用于塑造国家意志和意识形态；而冷媒介则受到严格审查，一方面确保其服务于主流文化的建构，另一方面则禁止违反政治标准和道德原则的思想言论的流传。

然而，在开放多元的文化环境中，热媒介却变得更有利于多元文化交汇碰撞。在全媒体情境中，对于不同文化思潮而言，传播内容的量大面广和传播形式的直观形象是优势，在传播速度方面"抢先一步"更是关键。为抢占受众，热媒介的传播技术和传播方式更受青睐，而传播者对热媒介的使用偏好及其对传播内容的偏向化表达方式又进一步强化了受众使用热媒介的偏好。这种偏好一旦形成，就在传播者和受众的互动中被循环放大。与此同时，一方面，冷媒介因其对受众接收文化信息的高要求（抽象思维和逻辑推理能力）和高成本（受众对使用传统冷媒介的兴趣越来小,提供的渠道越来越少)而越来越被"冷落";另一方面,虽然冷媒介具有研究、创造、表达和传承深刻思想价值理论的天然优势,依然受到主流媒体和学界重视,但在大众层面却越来越难以获得广泛接受,并在一定程度上成为传播异质思想文化的阵地,进而形成了与网络热媒介越来越获得大众化使用局面相反的恶性循环。当人们选择性地运用特定媒介技术进行传播和接收时,就意味着对传播内容的筛选自然而然地发生了。

全媒体技术的系统性"热"偏向和空间偏向与传播者和受众对空间偏向的热媒介的使用偏好合流,对社会主义先进文化的传播和接受形成巨大挑战。全媒体技术的偏向性应用导致泛娱乐化,一定程度上消解了社会主义先进文化所蕴含的崇高道德和价值追求。全媒体技术对空间偏向的扩张并非仅单纯以在物理空间拓展传播半径为目标,而表现为对网络虚拟空间和人的精神世界的全面占有以及对媒体收视率、点击率的不断追求。全媒体技术对时间偏向的侵蚀不仅表现为信息更新频率的增加以及呈现为受众面前信息生命周期的缩短,更在于人们在信息爆炸和内容"快闪"的情境中难以充分消化传播内容,难以形成对事物本质和事实真相的深度认知。

中国经济社会跨越式发展形成快节奏生活,社会改革带来阵痛和不适,市场经济崇尚激烈竞争,资本逻辑放大消费物欲,诸多因素交织在一起,给现代人带来极大的精神焦虑、空虚感和无力感。人们日益享受高水平物质生活,却无法回避由此滋生的各种精神弊病,很多人选择即时消费和"娱乐至死"的方式进行宣泄,以满足物欲和游戏人生的态度企图消除精神空虚,缓释心灵压力。一些商业媒体出于利益驱动制作暴力、色情、游戏、追星等"三俗"内容,广泛传播一切能够形成强烈感官刺激的话题,全媒体技术复刻了电视时代"娱乐至上"的信条,"一切公众话语都日渐以娱乐的方式出现,并成为一种文化精神。我们的政治、宗教、新闻、体育和商业都心甘情愿地成为娱乐的附庸,毫无怨言,甚至无声无息,其结果使我们成了一个娱乐至死的物种"[①]。泛娱乐化使很多人失去深

[①] [美]尼尔·波兹曼:《娱乐至死》,章艳译,北京:中信出版社2015年版,第4页。

度思考的意愿和能力，关注的话题失去了深刻意义，价值观沉沦于追求物欲、拜金和自私自利，使社会主义先进文化传播的穿透力和影响力大大下降。

二、资本技术联姻冲击社会主义核心价值观

社会主义核心价值观是社会主义先进文化的精髓，发挥着引领先进文化价值取向的定位功能，培育和践行社会主义核心价值观是发展社会主义先进文化的前提与核心。在当代中国，市场化滋生的资本逻辑为了不断扩大生存空间，借助并控制大数据和智能算法推荐等技术定向传播资讯，试图影响控制人的生活方式和思想观念，对培育和践行社会主义核心价值观造成冲击。

（一）资本控制算法推荐技术排斥社会主义核心价值观生成

全媒体技术以5G通信、大数据、云计算和算法推荐等技术为重要支撑。资本逻辑为了不断扩大生存空间，也为了追逐利润最大化，最大限度地发展和运用了大数据分析和算法推荐技术，也最大限度地将全媒体技术嵌入社会生活的方方面面。一方面，人们将大数据分析和算法推荐技术的应用视作通往美好生活的快车道；另一方面，作为全媒体技术与资本联姻的时代产物，算法推荐技术催生了大众对资本逻辑和技术理性的推崇。

互联网媒介平台主要依赖商业资本控制、大数据运用以及算法推荐技术等，以传播和销售新闻资讯、数据信息、商品服务为主要业务，极大地影响着中国人价值观念和生活方式。互联网平台因运营和维护需要大量资金，尤其在草创期极易受资本的人格化代表——投资人和广告商控制或制约。按照丹尼斯·麦奎尔（Denis McQuail）对受众的分类原则，商业资本将受众视为"媒介市场"（Media Market）的消费者，关注受众的媒介消费行为而不是媒介内容的接收。为了在竞争中拖垮对手，形成排他性的市场占有份额，平台不得不去抓取市场需求并迎合用户需要，甚至为获得用户黏性，赢得流量，借助算法技术、主动推荐"三俗"内容和广告商投放超出生活必需的消费商品，这就造成了互联网媒介平台的传播倾向于宣扬"三俗"，迎合消费主义，种种市场恶性竞争行为容易扰乱市场秩序，背离培育和践行社会主义核心价值观的总体要求。

这些现象在以自由竞争为主的市场经济发展过程中本就存在，但在全媒体技术发达情境中被进一步放大。通过有针对性地设计和使用算法推荐技术，互联网媒介平台强化了控制用户的议程设置能力，但这种强化却是隐性的：表面上表现为受众为自己进行议程设置——每个人根据自己的兴趣爱好来选择信息，受众的主体性似乎提高了；但本质上依然是平台在资本控制下实现的外部操控——将议程设置的算法推荐规则设定为"抓取受众接受信息的特征—分析形成受众偏好—根据受众偏好推送信息和商品"，一旦掌握用户使用偏好特征，就可以在用户"喜爱"的领域中按照实现资本盈利最大化目标进行有倾向性的定向推送。于是，算法推荐实现了对用户的隐性定向推荐，甚至使用户不知不觉沉迷于平台推荐的内容。

全媒体技术强化了媒介化生活状态，又使互联网媒介平台掌握了过去难以掌握的信息数据：用户喜欢阅览什么样的新闻资讯，喜欢住什么样的酒店，用什么牌子的产品，还有大量的私人通信信息，等等。媒介平台通过大数据挖掘计算出利润最大化的理论模型和行动方案，对人们思想和行动的控制达到了如同空气般不可缺少、无所不在而又难以感知的境界，以对物欲和金钱的无休止追求取代了社会主义核心价值观的崇高价值追求。

（二）"用户自择"假象遮蔽社会主义核心价值观传播

党的十八大以来，党中央加强集中统一领导，推动意识形态领域形势发生全局性、根本性转变。与此同时，百年变局和世纪疫情交织影响，经济社会发展处在关键时期，意识形态领域面临多种挑战和考验，"新自由主义"宣扬"市场万能""自由放任"，曲解涉及改革发展稳定的重大政策，歪曲党和政府对互联网企业、非公有资本正常的监管举措。随着全媒体技术迅猛发展，表面上商业资本可以通过加强对社会主义制度认同的言行表态，甚至通过响应国家号召，以设立"共同富裕基金"等形式来表达

"政治正确"的态度,进而获得政府和民意更多支持,但在技术层面上,则找到了隐藏和渗透特定政治立场和价值导向的场所。技术成了一个政治过程,社会权力特别是资本逻辑参与技术设计过程,把技术和媒介平台变为"实现自身的意图展开斗争的过程"①,转化为传播和表达特定思想观念和意识形态的载体,对此应有充分警惕。

互联网平台通过对大数据和算法推荐等技术的广泛应用,宣扬和培养"以用户为中心"的理念和行为习惯,使用户沉迷于"你关心的,才是头条"这样的"自主选择"假象。当人们接受了通过算法推荐来决定自我行为的观念后,商业资本就可以借助隐藏在用户自主选择口号中的算法推荐技术,在表面上以推动实现用户自主选择权为口号赢得流量和关注,而实际上以利润增值最大化为原则,定向推荐有利于资本逻辑生长的多元化思潮,导致消费主义、拜金主义和享乐主义盛行,在思想领域自由主义、历史虚无主义和个人主义冲击社会主义核心价值观。这种定向选择的结果被"大众的选择"这样的借口所深藏,甚至获得了更广泛的民意支持,自由主义和个人主义从来没有像今天这样,伴随着媒介技术发展,伴随着重视和提升受众在传播过程中的主体性和平等性要求而得到宣扬。

(三)商业互联网媒介平台隐形"擦边"行为扰乱社会主义核心价值观传播

近年来,国家对互联网平台与自媒体从事新闻和信息内容生产方面工作有较严格的监管准入标准,但监管却不够严格。这与互联网平台发展处于初期有关,基础薄弱、宽严结合的治理机制处于探索阶段。然而,在中国网民规模已达10.11亿,互联网普及率达71.6%,全球最为庞大和生机勃勃的数字社会②形成之际,资本控制下的网络服务提供商为逐利而野蛮生长的现象却越来越突出。为增加广告和各类收入,吸引流量和点击率,

---

① [加]达拉斯·斯迈思:《自行车之后是什么?——技术的政治与意识形态属性》,王洪喆译,载《开放时代》,2014年第4期,第95-107页。
② 《我国网民规模超10亿——解读第48次〈中国互联网络发展状况统计报告〉》,https://news.gMw.cn/2021-08/28/content_35119430.htM(访问时间:2021年8月28日)。

一些互联网媒介平台利用技术手段默许甚至开辟灰色地带传播失德、虚假甚至违法信息，误导受众，损害公共利益和受众的合法利益，干扰社会主义核心价值观传播。当前，有三类"打擦边球"的现象值得警示。

一是通过打造自媒体技术平台控制舆论。自媒体虽然没有新闻采编资格，但是通过对新闻事件的二次编辑，对社会热点事件的多维解读，形成了左右社会舆论的强大力量。互联网企业竞相在本平台领域打造专属的自媒体运营平台，设置了各类培育自媒体的投资和补贴计划，通过奖金激励、年薪计划、导入流量、提供技术支持和平台服务等多种方式，吸引有影响力的自媒体入驻平台，再签约接受投资和扶持。资本成为网络"大V"背后的隐形控制人。

二是利用算法技术"隐形"控制接入平台的各类信息。互联网平台已成为公众获取资讯的重要媒介。于是，平台获得了操纵信息的权力，并以维护信息安全和提升用户体验的名义绕过监管。例如，使用国内某知名搜索引擎进行搜索，发现网站将搜索内容引向本平台打造的自媒体内容创作区域，或者指向本平台支付广告费的商家或营销号；对搜索信息的显示位置进行竞价排名。在一些热点事件的排名之中，相关利益人与平台私下串通，操纵热搜排名，或者恶意删帖。虽经屡次整改，但这一问题仍然没有从根本上解决。

三是以编发"资讯"的名义混淆舆论。平台以传播"资讯"的名义，发布大量由入驻平台的写手和营销号创作的内容。对受众来说，有时疏于或不懂区分新闻和资讯。对自媒体而言，打着发布"资讯"的旗号，实际上产生了与媒体记者采编发布新闻一样的社会影响。更有甚者，为吸引受众注意力，一些自媒体改写主流媒体发布的新闻，以惊悚、血腥、色情或媚俗的标题吸引眼球，传播内含错误价值倾向的信息。而平台方作为提供"资讯"发布服务的技术平台，则规避了其对信息真实性的审查责任，虚假信息由此蔓延。

这些现象如果不加以规制，资本借助互联网媒介平台技术对资讯和舆论的隐形控制一旦与敌对势力合流，将通过炒作个别社会问题，渲染民众对政府的不满，产生极大的意识形态和文化离心力；甚至为了自身利益诉求煽动民众与政府对立，妄图制造社会混乱、干扰大局稳定，这些风险和动向应引起高度关注。

三、全媒体技术不当使用侵蚀文化自信

文化自信是一个现实的个人（公民）或一个政党、一个民族、一个国家对本民族自己的文化及其价值的充分肯定和积极践行，并对其生命力和自我发展能力持有坚定信心。习近平总书记多次强调指出，文化自信是一个国家和民族发展中最为根本持久的力量。公众对政府公信力的认同度反映了对政治制度和政治文化的认同；公众对市场主体在商业领域中所开展行动的认同度反映了对经济制度和市场规则的认同；公众对社会个体道德水平的认同度反映了对思想道德建设和大众文化的认同。然而，由于种种原因，从一些公共部门、互联网平台到社会个体都不同程度存在着对先进全媒体技术的不当使用甚至滥用现象，这对发展社会主义先进文化造成了极大阻碍，不利于我们在历史进程中实现文化进步。

（一）公权力技术误用有损党和政府公信力

广大人民群众对党和政府的治理合法性历来是高度认同的，并以此为基础形成了对国家政治制度和政治文化的文化自信。进入全媒体时代，信息化对于一个国家很多领域都会造成"牵一发而动全身"的影响，其中公权力也必须通过与先进数字信息技术的融合形成了数字公权力。数字公权力是公权力的数字化表现形式，也是公权力向数字信息领域和网络虚拟空间的边界延伸。全媒体技术不断发展赋予党和政府越来越大的数字权力，如何科学合理运用这些新型权力，如何设置好数字权力的运行边界，这是技术赋权带来的现实问题。

首先，数字公权力使用不当造成公众对政府执政能力的质疑。近年来，我国众多政府部门相继开通了政务微信、微博、短视频号，甚至还学

习使用很多流行于网络的方式（如直播等）来开展宣传和社会治理，初衷是通过学习掌握先进数字信息技术，改进工作方法，提高工作效率，降低治理成本，拓展和加强与网民的沟通交流。这本是全媒体时代创新政府治理和践行"网上群众路线"的好形式，但由于一些具体执行者对舆论生态现状缺少充分把握，对网络舆情规律缺乏较深认识，对开展网络社会治理缺少工作经验和工作方法，一些不作为、简单粗暴作为甚至乱作为频发；有的闹出了笑话，有的引起群众不满和抵触，有的甚至侵犯了群众的合法利益。还有些时候，为了监控、消除和屏蔽网上有害信息，网监部门对敏感信息关键词的设置过于严格或机械，影响网民的正常交流沟通；在某一时期国内外政治或社会热点事件、敏感事件发生的时间窗口，"一刀切"禁止公众号、短视频、网络意见领袖讨论相关事件，或者解散微信群、QQ群和论坛等讨论区，给民众造成限制正当自由言论权利的不良感受，等等。此外，技术使用者本身存在认识上的偏误，难以客观地采集、选择和处理数据，或者通过提取诸如生物特征数据、社交网络轨迹等相关数据信息，以规避采用诸如国籍、性别、肤色、宗教等具体关键词规则，导致"算法歧视"的后果。目前，我国正在建设网络强国，公权力与数字信息技术结合是建设网络强国的题中应有之义。我们在继续加强数字公权力建设的过程中要防止公权力借助数字技术形成新的不当使用乃至"滥用"，进而最大程度上消除数字技术误用对文化自信的侵蚀。

其次，数字公权力消极使用造成公共长远利益的损失。有时因政治需要、上级要求或民意所向，相关决策和执行人员难以在较短周期内寻求一项复杂问题的根本解决方案，只能采取"技术手段"设计生成一个暂时性解决方案。或因为官员升迁或者权力寻租，通过技术手段设计出符合程序正义、逻辑自洽、公正，但结果有利于决策者"偏向性"的解决方案。这种"技术调整"手段在传统的行政过程中早已有之，但随着大数据技术和算法技术的发展而"与时俱进"。例如，在房价调控、经济增量值计算、人均可支配收入统计等方面，如何对海量的大数据进行科学筛选和使用成为十分专业的技术。通过人为地影响、调节数据指标的生成条件和产生方式，或者有选择性选取数据指标，可以获得决策者所期待，但并不一定能反映真实现状的结果。随着智能算法技术被广泛应用，这种"技术调整"方式更加隐蔽，并以"算法偏见"和"算法黑箱"的形式呈现。算法设计者将决策者的主观意图嵌入算法程序的设计过程，对外则以技术的价值中立性论证该算法的合理性和公正性，同时通过艰深晦涩的专业壁垒阻隔受众对算法目的正当性和设计过程的查阅和追问。这类解决方案并不属于造假行为，更广泛存在于互联网商业领域，非技术专家和有经验的人员难以识别，因而具有极强的隐蔽性，但却会对更高的决策层造成形势误判和决策误导。

最后，数字公权力超限使用造成对公众私人权益的侵扰。政府在行使新兴的数字公权力之际，会面临难以确定合理的数字权力边界的问题。全媒体技术的广泛社会化应用造成了很多游离于传统政府管制范围以外的隐秘空间和灰色空间，也改变了意识形态和思想文化的传播方式与格局，动摇了原来较为稳固的社会秩序，使原有的主流媒体宣传格局、管理模式、组织架构和治理手段都难以适应。为确保对思想领域的有效引领和对社会领域的强有力控制，政府倾向于在所有的社会治理领域扩展其对数字权力的使用，并设定各种技术使用规则。然而，技术规则背后反映的是政治性规则。政府以数字治理方式推进社会治理，折射出国家意志和意识形态。与此同时，政府对行使数字权力的基本条件——数据安全以及个人隐私权的保护尚缺乏足够的经验和能力。将数字信息技术大规模推广应用于文化传播领域和社会治理系统的同时，对公民权利的保障和维权机制的建设相对滞后，凡此种种，皆会导致公众对政府公共权力的技术越界可能性产生担忧，进而影响公信力的构建。由此，我们党在新时代要真正把握信息化背景下的文化领导权、文化主动权，团结带领人民群众坚定文化自信，推动社会主义先进文化蓬勃发展。

（二）商业互联网平台技术错用造成新型"数字不公"

社会主义先进文化的繁荣发展，是以经济基础的稳固和经济制度的正当性为前提。消除垄断，消灭剥削，实现共同富裕是社会主义制度优越性的集中体现，也是文化自信生成的经济基础。中国共产党领导团结中国人民，经过长期艰苦奋斗确立了社会主义制度，实现了人民当家作主。然而，资本控制下的商业互联网平台对大数据技术的不当使用，造成了以"数字压迫"和"数字剥削"为主要表现的新型社会不公现象，需要引起重视。

近年来，"数字劳动"和"数字剥削"成为学界的热议话题。马克思主义理论对资本主义私有制下资本家剥削雇佣劳动者剩余价值的不正义行为进行了鞭辟入里的批判。西方一些学者将其引入互联网技术情境进行分析，展开了数字劳动和数字剥削方面的研究。最开始，数字劳动指互联网中广泛存在的自愿、无酬、享受与剥削并存的免费劳动现象[1]。其后，一些西方学者吸收了传播政治经济学学者丹·席勒的数据商品价值理论[2]和达拉斯·史麦兹的"受众商品"理论[3]。不少研究者认为数字资本主义时代的劳动形式与马克思时代的雇佣劳动相比，已经发生很大变化，网络用户在闲暇时间的上网行为也是创造价值的劳动。这种价值体现为用户行为产生的大数据，这些大数据被互联网平台资本无偿占有，转化为"受众商品"或"数据商品"。这种数据商品又被互联网平台售卖给广告商，用于对用户进行广告精准投放。一方面，互联网平台获得了丰厚的广告收入；另一方面，用户不但无偿贡献了自己创造的大数据价值，并且还通过购买

---

[1] Tiziana Terranova, "Free Labor: Producing Culture for the Digital", *Economy Social Text*, No. 2, 2000, pp. 33-58.
[2] 对数据商品的研究最早可以溯源至著名传播政治经济学学者丹·席勒。他从马克思主义政治经济学视角研究了信息的商品化过程，认为信息的经济价值产生于将其从一种有用的资源转化为商品的过程中，信息价值就是信息商品化过程中产生和交流信息所付出的社会劳动。这就把劳动价值论拓展应用于传播领域。但是他没有说明数据（信息的一种特殊形式）商品价值由谁创造。
[3] 史麦兹指出，电视媒体提供免费的新闻和节目以引诱受众观看，受众观看电视的行为不仅仅是在打发时光，而是在利用闲暇时间进行劳动生产，并为媒体和广告商创造了价值。受众是一种商品，电视媒体把受众的注意力和忠诚度当作商品卖给广告商获得利润，广告商再通过引诱受众购买商品并以收取包含在商品中的广告费的形式获得了受众创造的剩余价值。

包含广告费用的商品，间接向互联网平台支付了费用。因此，互联网平台对用户形成了"数字剥削"。

西方学者对数字劳动问题的研究反映了他们积极探索时代新问题解决方案的不懈努力，也是对马克思主义劳动价值论的理论拓展，无疑是有积极意义的。但这些研究也存在一些问题，如劳动和剥削概念的泛化、用户的行为数据潜在价值与具体实现方式混同等等。尽管如此，互联网平台并非"无辜"。互联网平台通过隐蔽化收集数据、产权化平台数据和黑箱化利用数据等手段，既实现了对数据量的垄断，又获得了基于大数据的各种垄断能力①，进而形成了对用户的"数字剥削"。首先，大型互联网平台凭借其累积的用户数量优势和技术优势，收集获取了大量用户数据。互联网平台对这些数据进行挖掘分析，生成描述用户使用特征的数字"肖像"，并根据用户行为特征设计推荐算法和营销方案，获取用户需求，开展精准营销；了解用户反馈，提高产品质量；跟踪用户需求变化，不断开发新的产品，从而大大降低运营成本，增加盈利。同时，大数据的收集和存储具有规模经济效应与范围经济效应，可以一次收集，多次使用，且多次使用后边际成本下降趋零。为保持平台的竞争优势，互联网平台采用加密技术屏蔽数据外溢，一方面形成了数据使用的排他性垄断地位，另一方面也违背了互联网的共享精神，造成新的"信息孤岛"。不仅如此，资本在增值欲望驱使下，还开始滥用垄断地位和技术优势，对消费者实施价格歧视；以各种名目提高商家入驻平台的中间费用，甚至逼迫商家在平台之间选边站位；强制要求用户放弃隐私权以获得平台使用权，将对用户的"压迫"隐藏于用户的被迫同意之下；消解用户的选择权利，成为对接"买—卖"双方必不可少的中间商，增加社会经济运行成本；控制媒体资讯传播、生活购物、企业贸易往来和金融支付的渠道，并掌握用户大数据信息，实际上是控制了用户的所有生活甚至国家经济命脉。

---

① 李勇坚、夏杰长、刘悦欣：《数字经济平台垄断问题：表现与对策》，载《企业经济》，2020年第7期，第20—26页。

互联网平台的"数字剥削"存在吗？答案是肯定的。海量的用户大数据必须依靠互联网平台雇佣的工程师进行处理，才能提取出应有的价值。在这里，互联网平台资本与数字雇员的雇佣劳动关系是马克思早已揭示的资本主义雇佣劳动和剥削关系的再现。由于资本增值是一种"力图超越自己界限"的"无限制的和无止境的欲望"①，对技术的资本主义应用方式使技术成为资本无限制谋取剩余价值的工具和帮凶。在我国互联网企业中，加班文化成为一种"畸形"的文化。"996"工作制度和各种变相的、隐形的加班措施使很多互联网企业员工难以忍受却又不得不接受，一些互联网企业接连出现员工猝死、跳楼、被辞退等事件，引发舆论关注。有调查显示，互联网从业者中78.4%曾有过非正常工作制的经历，57.5%出于对薪资、职业发展等因素的考虑勉强接受，40.3%完全拒绝。在"勉强接受"及"完全接受"的非正常工作制的互联网从业者中，47.9%的人认为自己"没得选"②。

如果说，非正常加班是一种显性的通过延长劳动时间而剥削劳动者更多剩余价值的行为，那么从事网约车、快递、送餐等行业的"数字劳工"们则遭受着隐形的"算法剥削"。互联网平台通过潜移默化地采集司机和骑手的行踪数据，分析设计最佳人员匹配、最短路线、最优流程和最多接单量等工作环节，将劳动过程不断地拆解和标准化，通过多次数据采集、效果反馈、训练和优化，建立奖惩机制模型。在这个过程中，互联网平台以数据挖掘和算法技术取代了对劳动者的"人工"管理，在淡化对劳动过程的直接控制形式的同时，将对劳动过程的控制权集中于算法技术的程序设计，迫使劳动者的产出最大化、极限化。上述种种表现，无非是再现了马克思早已深刻揭示的资本对技术的控制与滥用现象："机器就其本身来

---

① 中共中央马克思恩格斯列宁斯大林著作编译局：《马克思恩格斯全集》（第30卷），北京：人民出版社1995年版，第297页。
② 《互联网加班调查：超50%打工人认为"没得选"北京成压力最大城市》，https://baijiahao.baidu.coM/s?id=17063178896275815040&wfr=spider&for=pc（访问时间：2021年7月26日）。

说缩短劳动时间,而它的资本主义应用延长工作日";"机器本身减轻劳动,而它的资本主义应用提高劳动强度"①。

(三) 社会个体技术滥用影响公共道德

社会成员的思想道德状况是培育文化自信的精神基础。社会成员对公德规范的满意度、认同度影响对主流文化的认同程度。全媒体技术在拓展人的活动限度的同时,也将人的道德实践和伦理规范带入新的生活空间。现实社会中道德标准失范、责任意识缺失、伦理秩序混乱等一系列问题在互联网平台依然存在,甚至会在局部被放大。

首先是诚信危机不断加剧。诚信原则是一个人的立身之本,是构建社会道德的基础性原则。随着先进数字信息技术的发展,传统的失信行为借助大数据技术的包装和漏洞,特别是借助远程通信技术和即时转账技术,采用虚构事实和隐瞒真相等方法,形成了各种新的表现形式,如网络诈骗、信息侵权、流量造假、操纵账号等。调查显示,自1981年起的近30年时间里,诈骗案数量大致每10年仅增长1%;但2008年以后,诈骗犯罪的发案数量以每年20%~30%的速度增长,成为"主导全国刑事案件总体走势的一类犯罪"②。

网络失信行为具有超距性、隐匿性、广泛性和精确性的特点。犯罪分子采用网络虚拟技术将自己数字化、符号化,从而隐藏或伪装身份,甚至消除自己的活动轨迹。他们借助网络媒介超越物理空间限制,采用"声对声""屏对屏"的方式实施失信行为和违法行为。有的犯罪分子及其犯罪组织散落全国各地甚至远在国外,利用互联网各司其职,流水作业,难以追踪。网络虚拟技术便于伪装身份,变成"熟人",冒充"公检法司",操纵"水军",买通网站和粉丝群,利用伪基站短信、黑客软件、木马程序和钓鱼网站,实施婚恋交友、金融借贷、炒股理财、知识

---

① 中共中央马克思恩格斯列宁斯大林著作编译局:《马克思恩格斯文集》(第5卷),北京:人民出版社2009年版,第508页。
② 孙少石:《电信网络诈骗协同治理的制度逻辑》,载《治理研究》,2020年第1期,第100-113页。

产权、生活购物、求职兼职、刷单支付等方面的"群聊""群骗""群讹"。他们采集、分析和挖掘用户在上网过程中留下的各种数据,非法购买电信公司、金融保险系统、教育部门的用户隐私数据,精准对位"受害人",加剧各类失信行为的破坏性和波及面,也进一步加剧了人与人之间的诚信危机感。

其次是隐私侵犯屡禁不止。隐私权是人的一项基本的、内在的生存条件和权利,它事关人的尊严。隐私是一种"独处"的权利,它应"不受干涉",免于被"侵害"①。但隐私权不仅仅是一项被单独行使的权利,因为当隐私权被侵犯时,一定关联着的其他权利——如名誉权、肖像权等也会受到侵犯。在全媒体时代,人们在充分享受获取和传播信息便利的同时,用户活动产生的数据信息也可能被各类媒体、互联网公司和其他社会个体变成可供交易和牟利的商品或者娱乐生活的谈资,进而对自己的隐私造成侵害。于是,隐私权也进一步扩展为能够"控制有关自己信息的权利"②。在全媒体时代,人的隐私权被信息化、数据化了,用户信息或数据的隐私权就是"主体控制、收集和使用个人数据的权利"③。

在全媒体时代,用户数据具有重要的社会治理和商业价值,但随之带来的就是个人的身份信息、行为信息和偏好信息的隐私侵犯和泄露问题④。黑客攻击和"人肉搜索"是两种最主要侵犯隐私的方式。黑客攻击的主要目标是政府和企业,通过盗取机密信息进行牟利是主要目的之一。调查显示,黑客入侵是近年来隐私数据泄露的最主要原因,而用户的个人隐私数

---

① Samuel D. Warren and Louis D. Brandeis, "The Right to Privacy", *Harvard Law Review*, No. 5, 1890, p. 5.
② [美]理查德·A. 斯皮内洛:《世纪道德:信息技术的伦理方面》,刘钢译,北京:中央编译出版社1999年版,第169页。
③ 薛孚、陈红兵:《大数据隐私伦理问题探究》,载《自然辩证法研究》,2015年第2期,第44-48页。
④ 唐凯麟、李诗悦:《大数据隐私伦理问题研究》,载《伦理学研究》,2016年第6期,第102-106页。

据特别是身份数据泄露在各类隐私泄露中占据第一①。"人肉搜索"是另一种侵犯隐私的形式,它集聚网民的智慧把搜索引擎获得的海量信息进一步筛选和提炼,可以更快更准地找到目标信息。"人肉搜索"很容易导致对当事人的过度骚扰和伤害,侵犯当事人的隐私权、肖像权、名誉权、健康权等正当权利,招致各种道德质疑和法律问题。

最后是网络暴力愈演愈烈。网络暴力是一种针对特定对象传播攻击性言论的网络行为,常常以"道德审判"或"协助执法"为出发点和行为合法性的辩护理由,但超越了法律和道德允许的界限,是现实社会暴力行为在网络空间的衍生形式。网络暴力具有群体感染性、群体极化性、群体情绪化和反复持续性等特征,其侵害形式主要是对网暴对象进行威胁、骚扰、侮辱和社会性孤立等②。网络暴力一旦形成,不但打破社会道德底线,对当事人身心造成极大伤害,还会导致各种违法犯罪问题,大规模网络暴力还可能动摇社会秩序的稳定,使人人自危,限制了人的言论与自由权利。

当网络施暴对象身份信息不明确时,网络暴力往往以"人肉搜索"为先导展开。但网络暴力不仅针对事实上失德和违法的当事人展开,还常根据施暴对象的主观臆想甚至谣言诽谤。基于各种利益纷争的诉求,一些网络施暴者借助各种网络信息技术,通过雇佣水军刷帖、"僵尸粉"造谣,甚至买通互联网媒介平台人为地控制评论、误导舆论。近年来,这些现象在娱乐圈表现得尤为突出,不时造成分属不同明星的"饭圈"粉丝群相互攻击谩骂,造成谣言和诽谤弥漫网络,导致猎奇、审丑、媚俗和拜金等价值导向偏差,不但对无辜者造成了伤害,更对青少年的价值观培育和塑造造成严重误导,极大地败坏了社会风气。

---

① 金元浦:《大数据时代个人隐私数据泄露的调研与分析报告》,载《清华大学学报(哲学社会科学版)》,2021年第1期,第191-201页。
② 刘绩宏、柯惠新:《道德心理的舆论张力:网络谣言向网络暴力的演化模式及其影响因素研究》,载《国际新闻界》,2018年第7期,第37-61页。

第三节　全媒体战略赋能社会主义先进文化新发展

正如霍尔所言,"现代媒介的首要文化功能在于：提供并选择性地建构社会知识和社会想象,通过媒介我们感知'世界',感知他者'鲜活的真实',并将我们和他们的生活想象性地重构为可理解的'整体世界'"①。大众媒体已成为人们感知世界,建构生活图景的最重要媒介和工具。如果说,传统大众传播时代人们基于对不同媒体的选择偏好和可得性,对世界的认知还存在或多或少的"碎片化",那么,全媒体时代大众有机会通过多元化媒体和更先进的全媒体技术获取更为整体性的世界图景。全媒体传播对于国家治理和文化发展造成冲击,就在于多信源、多信道的信息获取方式和多样化的信息传播形式,在一定程度上削弱了党和政府对思想文化建设的领导权和控制力,但客观上也成为推动社会主义先进文化发展的外在动因,是抵抗帝国主义文化入侵,壮大主流思想舆论的有力武器。

规制全媒体技术的负面效应,发挥全媒体技术的积极作用,实施全媒体传播工程,构建社会主义先进文化的全媒体传播新格局,是社会主义先进文化在全媒体时代长足发展的全新路向。中央大力实施全媒体战略,推动媒体融合发展,正是将技术变革传导的外部压力和挑战转化为发展社会主义先进文化的内生动力的创举,力求打通勾连技术应用底层逻辑和文化发展全新指向的科学路径。因此,在把握全媒体时代基本特征和全媒体技术新挑战的前提下,着眼于提升主流媒体对社会主义先进文化的传播力,着力于在占领网络主阵地的基础上构建"四全媒体",是发展壮大社会主义先进文化的题中应有之义。

---

① Stuart Hall, Culture, the Media and the "Ideological Effect", In James Curran, Michael Gurevitch and Janet Woollacott (Eds.), *Mass Communication and Society*, London: Edward Arnold, 1977, p.341.

一、发挥主流媒体传播社会主义先进文化的主阵地作用

马克思、恩格斯始终强调文化主阵地对于无产阶级革命的重要意义。他们明确指出无产阶级政党的报刊和出版等新闻事业要服务革命斗争的政治需要,开展报刊实践的起点不是探讨新闻传播规律问题,而是"通过报刊表达舆论、反映舆论、传播舆论和引导舆论来推动革命"[1]。马克思主义政党报刊从其诞生之日起就与阶级斗争特别是意识形态斗争紧密相关。列宁创办《火星报》的过程正与从思想上和组织上建立马克思主义政党的过程相契合。年轻的苏维埃政权建立之后,在新的时代背景和新的传播环境下,列宁敏锐地把握住当时的新媒体——无线电广播的诞生,对于这一新型传播技术媒介给予极大关注和支持,苏联"成为世界上最早掌握无线电广播技术的国家之一"[2]。列宁在俄国工人报刊和党的新闻工作的丰富实践中,继承了马克思、恩格斯新闻思想,并在党性原则、构建党的报刊体制等方面做出了极为重要的贡献;而列宁的新闻思想和报刊实践对中国共产党的新闻舆论工作产生了直接而深远的影响。

中国共产党继承了马克思主义政党的优良传统,十分重视新闻舆论工作,且善于把握新的时代背景和传播技术变革,始终将主流新闻媒体作为传播社会主义先进文化的最重要载体,牢牢把握新闻舆论工作领导权。自1994年中国正式接入国际互联网并面向社会开放网络服务以来,党中央充分认识到互联网技术对文化传播模式、社会发展模式和人的思维与生存方式将产生巨大冲击,将互联网视作"思想政治工作的新阵地""对外宣传的新渠道"[3],视作"思想文化信息的集散地和社会舆论的放大器,……传播社会主义先进文化的前沿阵地、提供公共文化服务的有效平台、促进

---

[1] 彭广林:《马克思新闻思想的逻辑起点刍论》,载《当代传播》,2009年第6期,第22-24页。
[2] 童兵:《马克思主义经典新闻教程》,上海:复旦大学出版社2010年版,第189页。
[3] 江泽民:《江泽民论"三个代表"》,北京:中央文献出版社2001年版,第128页。

人们精神生活健康发展的广阔空间"①,视作社会主义建设的"最大变量"和使社会主义事业蓬勃发展的"最大增量"②。在中国共产党有关文化建设的顶层设计里,互联网传播不仅是信息技术或传媒产业发展平台,更是党的思想文化宣传和新闻舆论事业的主阵地、主战场和最前沿。

在传统的大众传播时代,主流媒体肩负文化传播内容的把关人责任,受众的信息来源确定,传播内容、渠道可控,传播效果容易评估,有利于主流思想文化的塑造和巩固。随着网络新媒体兴起,媒体格局、传播方式和舆论生态发生着深刻变化。一方面,媒体凭借技术升级不断进化,对受众提供多样化选择,特别是网络媒体"病毒式"传播使多元思潮,包括西方资本主义文化更加便捷地向受众渗透,不断给主流文化发展制造"杂音"。另一方面,网络传播技术消除了传统大众传播方式的时空迟滞,打破了信息发布和把关的权力垄断,传统的"灌输式"宣传受到挑战。民间自发的舆论依靠网络媒体放大,往往与主流舆论形成两个场域,传统主流媒体对传播内容的把关难度增大,党和政府的公信力、主流意识形态和思想文化的主体地位受到冲击。

虽然技术创新是实施全媒体战略的前提,而发展传媒和文化产业是全媒体战略最直接受益和最外显的形式,但全媒体战略绝不仅仅指向传播领域,而且更关乎党管媒体在新的时代条件下的落实。全媒体战略的核心是主流媒体的全媒体化。正如前文所述,理论上,全媒体自发的系统性传播偏向如果不加干涉,将在资本逻辑要素加持、商业竞争需要以及受众使用媒介偏好的驱动下,导致物欲化、庸俗化、生活化的文化传播内容挤占广大受众的头脑。因此,以主流媒体为核心进行媒体融合建设,实质是以党管媒体和价值引领的原则对媒体应用的资本逻辑和商业冲动进行抑制,培育和践行社会主义核心价值观,强化主流媒体在全媒体传播情境中的把关

---

① 胡锦涛:《胡锦涛文选》(第3卷),北京:人民出版社2016年版,第64页。
② 习近平:《习近平关于网络强国论述摘编》,北京:中央文献出版社2021年版,第13页。

人职责，发挥主流媒体在引领主流文化方面的基础性作用。对全媒体的应用要发挥各种媒体的传播优势，同时尽量消除不同媒体的传播短板。具体而言，在对内传播方面，要通过全媒体技术对传统媒体文化传播方式的冲击和媒体间的竞争倒逼传统媒体特别是主流媒体转型升级，推动新媒体与传统媒体融合创新，使社会主义先进文化的发展顺应全媒体时代的传播规律，巩固和提升主流媒体的话语权力。在对外传播方面，主流媒体依然是国际传播的主要媒介和平台，必须不断加强主流媒体的全媒体传播能力，并依靠"全媒体化"的主流媒体积极争夺全球网络空间的话语权和互联网治理体系的规则制定权。通过加强对外传播的主动性、传播渠道的多维度覆盖、传播话语和技巧的创新性，避免西方文化帝国主义凭借媒介霸权胁迫发展中国家话语权"失语"的教训和弯路，保障和扩大社会主义中国在日益走向世界舞台中央进程中的"言说自由"。

二、推进社会主义先进文化全媒体阵地建设

全媒体战略是党的新闻舆论事业的重要组成部分，是新时代推进党的文化建设的重要路径。全媒体战略始于传统主流媒体向新媒体的转型探索，关键在新旧媒体的深度融合，完成于"四全"媒体建设。全媒体战略以传媒产业发展为物质基础和表现形式，最终以是否能推动社会主义先进文化发展为成功与否的检验标准。中央实施全媒体战略引领社会主义先进文化发展经历了四个阶段。每一阶段是前一阶段目标的完成，也是开启后一阶段的前提条件。每一阶段的发展和完成以对社会主义先进文化原有阵地的拓展为标志，由此逐步推动传统媒体向新媒体发展，单一媒体向媒体融合全方位发展，最终形成发展社会主义先进文化的"全媒体"阵地。

（一）开拓社会主义先进文化的互联网传播阵地

1994年到2006年是传统主流媒体向网络阵地拓展的阶段，也是全媒体战略的酝酿阶段。传统主流媒体直面网络传播文化新模式的巨大冲击，面临着边缘化、传统大众传播方式无效化的危机，大力拓展网络阵地成为大势所趋。在理念方面，基于文化和意识形态安全方面的考虑，党中央强调要以主流思想舆论占领网络阵地，党的十六大报告将互联网站定位为"传播先进文化的重要阵地"。在具体做法上，积极关注西方媒体产业集团化的重组与并购趋势并借鉴其经验，着眼于加强我国传媒产业竞争力，依托文化产业化发展规划和文化体制改革，在开启媒体市场化和所有权融合（以广州日报报业集团成立为标志）的基础上，媒体传统报业开始探索向新媒体跨越转型。例如，人民日报于1997年推出人民网，用文字、图片、动漫、音视频、论坛、博客、播客、掘客、手机、聚合新闻（RSS）、网上直播等多种方式，每天24小时向全球网民发布各类信息[①]。

1999年10月，中国网络新闻宣传工作第一个指导性文件《中央宣传部、中央对外宣传办公室关于加强国际互联网络新闻宣传工作的意见》发布，把夺取21世纪思想舆论阵地制高点，建设传统主流媒体的新闻网站纳入国家战略。2000年1月底，全国首届互联网络新闻宣传工作会议召开，3月底，《国际互联网新闻宣传事业发展纲要（2000—2002年）》出台，提出互联网新闻宣传事业建设的三年奋斗目标、指导原则和社会发展条件，启动了从中央到地方的新闻网站建设工作，同时确定了首批重点新闻网站。2000—2005年，《互联网站从事登载新闻业务管理暂行规定》《关于进一步加强互联网新闻宣传和信息内容安全管理工作的意见》和《互联网新闻信息服务管理规定》[②]陆续发布，根据我国互联网新闻事业发展的实践，对互联网新闻传播和网站建设加以规范性建设和规制调整。2006年发布的《国家"十一五"时期文化发展规划纲要》明确提出，要加快建设一批实力强、影响广泛的新闻网站，形成若干个国际竞争力和影响力较强的综合型网络媒体集团，以完善地方互联网新闻事业发展格局。与之相应的是传统主流报业的报网互动试点运营探索。那时，主流媒体新闻网站建设基本完成了中央、省、市三级布局，时政类信息发布占中国互

---

① 刘光牛：《中国传媒全媒体发展研究报告》，载《科技传播》，2010年第4期，第81-87页。

② 该文件发布之日，同时废止了《互联网站从事登载新闻业务管理暂行规定》。

联网信息发布总量85%①，为全媒体战略的形成打下基础。

（二）推动传统主流媒体阵地与互联网阵地初步融合

2006—2013年是传统主流媒体在媒体形态、业务运营和组织构架方面与互联网不断融合的发展时期，也是主流媒体特别是报业和广电业等向全媒体转型的试点阶段。随着对互联网技术以及传播规律的进一步运用和认识，人们发现互联网不仅仅是"为传统媒体提供一种新的信息载体"②。通过建立一些网站、论坛之类的新媒体"外挂"，将传统主流媒体的内容"搬运"到网络媒体上，并不能实现主流媒体的转型化发展，也达不到抢占网络思想舆论阵地的目的。

2007年1月，胡锦涛同志在主持中共中央政治局就世界网络技术发展和中国网络文化建设与管理问题进行的集体学习时，提出坚持社会主义先进文化发展方向、提高网络文化产品和服务的供给能力、加强网上思想舆论阵地建设、倡导文明办网上网和维护国家文化信息安全五项要求。2008年，胡锦涛同志在人民日报社考察工作时强调，必须"加强主流媒体建设和新兴媒体建设，形成舆论引导新格局"③。在此时，构建"全媒体"的设想还只是作为国家文化发展战略的一部分被首次提出。2006年至2007年发布的《国家"十一五"时期文化发展规划纲要》和《新闻出版业"十一五"发展规划》两个文件确立了"国家数字复合出版系统工程"，规划了"全媒体资源服务平台""全媒体经营管理技术支撑平台"和"全媒体应用整合平台"等建设项目，旨在运用数字技术推动新闻出版行业的整合并提升其整体实力。其后，新闻出版总署启动了"全媒体数字采编发布系统工程"，确定了多家报业集团开展试点工作。随着2009年3G网络基础设施建设的大规模铺开，特别是2010年开启电信网、互联网和广播电视网"三网融合"之后，广播电视业也加入全媒体转型之列。在传媒产

---

① 《重点新闻网站发展历程》，http://www.scio.gov.cn/zhzc/9/6/docuMent/1353439/1353439.htm（访问时间：2013年12月6日）。
② 彭兰：《网络带来的变革》，载《中国记者》，1999年第10期，第49-50页。
③ 胡锦涛：《在人民日报社考察工作时的讲话》，北京：人民出版社2008年版，第6页。

业的试点成果基础上,全媒体战略初具雏形。

(三)加快媒体深度融合,互联网阵地成为社会主义先进文化主战场

2013—2019年是全媒体战略的形成期,也是加快推进媒体深度融合的发展期。随着移动互联网技术快速发展,网速从3G到5G不断提升,移动化、社交化的新型网络媒体不断涌现,互联网从最初思想政治工作和文化发展传播的"新阵地",已经转变为宣传思想文化领域主力军亟待挺进的"主战场"。而当务之急,是"传统主流媒体要突破思维、内容、平台、技术、经营等瓶颈,将更多人财物投向互联网主阵地,大幅提升主流媒体的内容生产能力、信息聚合能力和技术引领能力"[①]。党的十八大以来,以习近平同志为核心的党中央深刻把握时代变革大势,深刻认识新闻传播规律和新兴媒体发展规律,主动适应媒体发展趋势,积极应对互联网时代挑战,从建设网络强国、维护网络信息安全、适应媒体格局深刻变化、做大做强主流舆论的高度出发,把媒体融合发展上升为国家战略,并将其当作构建形成全媒体传播格局的重点路径。

2013年,习近平总书记在全国宣传思想工作会议上,从创新宣传思想工作的角度出发,首次提出要"加快传统媒体和新兴媒体融合发展,充分运用新技术新应用创新媒体传播方式,占领信息传播制高点"[②]。在同年年底召开的党的十八届三中全会,从健全坚持正确舆论导向的体制机制出发,强调要整合新闻媒体资源,推动传统媒体和新兴媒体融合发展。作为对党中央确立的媒体融合发展任务的进一步落实,2014年,习近平同志主持的中央"深改"小组第四次会议审议通过了《关于推动传统媒体和新兴媒体融合发展的指导意见》(以下简称《意见》),成为推动媒体融合顶层设计的政策文本。《意见》要求推动传统媒体和新兴媒体在内容、渠道、

---

① 崔士鑫:《加快推进媒体深度融合发展 建立全媒体传播体系》,载《传媒》,2020年第20期,第18-21页。

② 习近平:《习近平关于全面深化改革论述摘编》,北京:中央文献出版社2014年版,第85页。

平台、经营、管理等方面深度融合，着力打造一批形态多样、手段先进、具有竞争力的新型主流媒体，建成几家拥有强大传播力、公信力、影响力的新型媒体集团，形成立体多样、融合发展的现代传播体系。由此，2014年被称作中国媒体融合发展的元年，开启了媒体融合发展的全面布局。此后，出版业、广电业等先后出台了进一步加快相关行业媒体与新兴媒体融合发展的意见，中央主要新闻媒体走在媒体融合的前列，发挥了引领示范的作用。这一时期，传媒业的媒体融合发展成为热潮。"新型主流媒体""报业转型"成为热词。

此后，媒体融合加速推进。习近平总书记在2015年视察解放军报社、2016年党的新闻舆论工作座谈会和2018年全国宣传思想工作会议等重要场合，从牢牢把握意识形态领导权的高度出发，多次强调媒体融合发展的重要意义和实施方略。这一时期，媒体融合发展的重点方向是大力推动县级融媒体中心建设。2018年，习近平总书记主持召开的中央全面深化改革委员会第五次会议审议通过了《关于加强县级融媒体中心建设的意见》，即要求在县一级党委政府成立一个统一管理原有所属媒体单位的融媒体机构。2019年，中宣部和广电总局联合发布《县级融媒体中心建设规范》《县级融媒体中心省级技术平台规范要求》两项国家标准和《县级融媒体中心网络安全规范》《县级融媒体中心运行维护规范》《县级融媒体中心监测监管规范》三份文件，构成了规范县级融媒体中心建设的政策体系。此外，2019年11月科技部发布《关于批准建设媒体融合与传播等4个国家重点实验室的通知》，表明科技创新在媒体融合中的基础性作用被提升到更高的能级。

（四）构建社会主义先进文化的全媒体传播新阵地

2019年至今，全媒体战略进入快速推进阶段。2019年1月底，习近平总书记视察人民日报社后主持召开中共中央政治局第十二次集体学习，发表题为《加快推动媒体融合发展 构建全媒体传播格局》的重要讲话，提出我国已进入全媒体时代的重要论断，同时阐明了媒体融合发展与全媒体传播的关系，即主流媒体是媒体融合的主体，但媒体融合不是目的，而是实现主流媒体全媒体化的过渡性发展阶段，"全媒体才是终极目标和最终形态"①。习近平总书记还特别提出要建设全程媒体、全息媒体、全员媒体、全效媒体，为构建全媒体格局指明了方向。

2019年10月底，十九届四中全会发布《中共中央关于坚持和完善中国特色社会主义制度，推进国家治理体系和治理能力现代化若干重大问题的决定》（以下简称《决定》），强调构建网上网下一体、内宣外宣联动的主流舆论格局，建立以内容建设为根本、先进技术为支撑、创新管理为保障的全媒体传播体系，为全媒体建设确立了纲领性文件。2020年9月，《关于加快推进媒体深度融合发展的意见》（以下简称《意见》）出台，明确了媒体深度融合发展的重要意义、目标任务和工作原则，再次强调要加快全媒体传播体系建设，并提出若干实施举措。"加快"和"深度"凸显了推进力度，体现了"中央推动媒体深度融合的迫切性和方向性"②。2021年3月，党中央制定发布了我国《国民经济和社会发展第十四个五年规划和二〇三五年远景目标纲要》，再次明确了推进媒体深度融合、实施全媒体传播工程、做强新型主流媒体、建强用好县级融媒体中心的战略。《决定》《意见》和国家"十四五"规划组成了媒体融合发展的新指南。当前全媒体战略呈现中央级媒体引领示范、省市级媒体多样化发展、县级媒体重点推进的良好局面。中国记协2022年发布的《中国新闻事业发展报告》显示，2020年至2021年，中国新闻事业全媒体化、平台化趋势日益显著，全方位增速发展，报纸、广播电视等传统媒体规模增长放缓并继续致力于深度融合与数字化转型。其间，媒体平台技术、数字化传输技术、高新视频技术、人工智能、5G等新技术驱动媒体变革与创新发展。截至2021年12月，全国共有194263名记者持有有效的新闻记者证。从媒

---

① 胡正荣、李荃：《走向智慧全媒体生态：媒体融合的历史沿革和未来展望》，载《新闻与写作》，2019年第5期，第5-11页。
② 张建星：《推动媒体深度融合发展 打造全媒体传播新格局》，载《传媒》，2021年第3期，第1页。

体分布看，报纸70131人，期刊4333人，通讯社2919人，电台、电视台和新闻电影制片厂94370人，新闻网站3285人，融媒体中心19225人①。总之，全媒体战略快速推进，渐入佳境，全媒体人才队伍不断壮大，必将开创我们党发展社会主义先进文化的新境界。

三、建设"四全"媒体扩大社会主义先进文化影响力

由于社会主义先进文化的发展依靠党和政府持续推动、久久为功，社会主义先进文化的传播基于传统主流媒体，主流媒体的传播力对社会主义先进文化影响极大，主流媒体在内容表现形式、组织方式、传播渠道等方面的局限势必影响社会主义先进文化在全媒体时代的发展和传播。对此，习近平总书记指出，面对"信息无处不在、无所不及、无人不用"的全媒体发展新形势，要建设涵盖全程、全息、全员和全效的"四全"媒体。

（一）"四全"媒体是全媒体战略建设目标和全媒体最终形态

在以往的传播过程中，受众只有在传播的终端才能获知完成态的新闻事件，从新闻的产生到获取可能存在明显的滞后。而在全媒体传播的情境中，事件发展的进程被各种媒体以及公众"围观"，从而影响甚至改变事件发展的进程。特别在一些突发事件中，信息凭借网络媒体的实时传播呈现出实时变化的状态，导致传统新闻生产模式下产出的新闻传播到受众时，已与最新事态发展相去甚远，从而导致公众对传统媒体公信力的质疑。

全程媒体着眼于传播过程的全把控。全程媒体的内容生产者凭借手机、新闻写作AI程序以及各类社交媒体，可实现精准把控事件的传播全过程。与此同时，内容生产者向受众开放新闻生产全过程，随时获取受众的感知、情绪和补充信息，使受众获得在场感和参与感，由此共同建构出新闻事件。例如，近年来对一些重大突发事件，如地震、新冠疫情灾害的

---

① 《一图速览!〈中国新闻事业发展报告（2022年发布）〉》，https：//baijiahao.baidu.com/s？id=1732965379789682556&wfr=spider&for=pc（访问时间：2022年5月16日）。

报道中，主流媒体全天候播报、全角度分析事件进展，抑制了谣言的滋生，提升了媒体的公信力和影响力。

全息媒体着眼于传播形态的齐全，强调通过声音、文字、图片、视频等多样化传播形态实现信息的全形态呈现，以智能传感器、可穿戴设备实现信息的全维度感知，从而丰富甚至重构了传统媒体的信息表达样式。全息媒体充分利用大数据推荐、人工智能、虚拟现实、增强现实等新技术手段，使不同的传播形态和样式交互融合。例如，近年来在春晚、历史博物馆、红色纪念馆、旅游节等场合，其舞台、场景和各种道具设置不再局限于传统实物道具和真人讲解，更增添了虚拟现实和增强现实的技术，并将画面从电视延伸至手机和各种社交 App，使人们能充分体验实时感和在场感，营造身临其境的"沉浸式"触感，提升了受众的情感共鸣，从而"让党的声音传得更开、传得更广、传得更深入"①。

全员媒体着眼于传播主体的全参与，特别强调重视受众的主体地位。网络信息技术降低了信息传播的门槛，全员媒体关注和尊重人民群众主动参与传播的积极诉求，通过主动设置议程，提供信息发布渠道，化分散无序的自媒体"单子"为同频共振的"洪流"。一方面，党和政府的各级各类部门纷纷开设政务微博、微信和视频号，追踪借鉴人民群众喜闻乐见的潮流方式，向人民群众提供参与社会事务和舆论监督的渠道。另一方面，重视网络意见领袖在舆情传播中的关键作用，建立各种沟通机制加强对网络"大V"的意识形态引导、政策沟通和工作配合，使其在重大涉外事件、重要节庆纪念日、社会热点事件、突发公共危机事件等关键时刻释疑解惑、主动发声。

全效媒体着眼于"媒体功效的全面化"②，大致包括三个方面：一是指传播的效率和效果，包括内容生产的效率，传播的深度、广度、速度以及受众接受的程度。二是指媒体的全功能化，要求媒体具备满足受众获取

---

① 习近平：《习近平谈治国理政》（第3卷），北京：外文出版社2020年版，第319页。
② 刘元华：《如何深入认识"全效媒体"的基本内涵》，载《传媒》，2019年第8期，第54-56页。

信息、社会交往与公共服务等需求的多种功能。三是指媒体建设要着眼于"双全效益",既要产生社会效益,担负起引领主流文化舆论的使命,又要有经济效益,在市场经济环境中能适应激烈的竞争,生存壮大。在全媒体时代,媒体已突破原有的传播属性,必须通过搭建多种载体、应用多种技术,充分整合不同传播渠道和平台,将微博、微信、短视频、新闻网客户端等不同功能和形态的网络媒体组建成多功能、一体化和平台化发展的传播矩阵,例如中央广播电视总台的5G新媒体平台"央视频",人民日报的"中央厨房"、新华社与阿里巴巴合作的"媒体大脑"等平台,实现了主流文化的场景化、移动化和社交化传播,优化了主流文化传播的效用。

可见,建设"四全"媒体是基于全媒体传播格局和舆论生态的科学判断,是对媒体深度融合发展趋势的精辟总结,指出了探索全媒体产业生态的大方向,是全媒体传播的建设目标和最终形态,是提高党的新闻舆论事业传播力、影响力、引导力、公信力的实现途径。"四全"媒体在媒体加快深度融合的当下已初具成效。

(二)"四全"媒体强化社会主义先进文化传播议程设置能力

"四全"媒体特别关注热点议题的历程演化、进程推动和议程设置。20世纪70年代,美国知名的传播学者马克斯韦尔·麦库姆斯(Maxwell Mc CoMbs)和唐纳德·肖(Donald Shaw)通过实证研究发现,大众媒体通过有选择性地对社会公共事务进行报道,可以影响受众对于什么是重要的公共议题以及如何评价重大议题的心理认知和判断。大众媒体在传播过程中,通过凸显各种社会事件议题不同程度重要性的编排和筛选,不仅能赢得公众的注意力(想什么),还能"决定公众如何思考某个议题并评价其价值影响"[1](怎么想)。在传统的大众传播模式中,传统主流媒体扮演着传播内容把关人和议程设置决策者的角色,独享议程设置的权力。然而,网络社交媒体的兴起使得内容生产和发布的权力流向大众,公众得以

---

[1] Doris A. Graber, *Mass Media and American Politics*, Washington: CQ Press, 1984, pp. 25-27.

全程参与议程设置，缩小了传统媒体与大众设置议程上的权力差距，并促成大众议程对媒体议程的反向影响。全媒体时代大众自主设置议程需求的提升和传统媒体对议程设置把控能力的弱化，推进全员媒体建设势在必行。

在全媒体时代，各种媒体特别是网络媒体竞相设置议程，抢夺受众注意力。主流媒体必须强化议题的全过程设置，才能在议题纷争中保持主旋律的音量。近年来，主流媒体对一些弘扬主流文化的节目活动，不再限于作为一台晚会或一场庆典来筹划，而是将其作为一种品牌项目长期延续，注重形成联动效应，重视每一环节的议程设置。在传播前期为话题预热造势，提升话题的稀缺性，引起受众的好奇心；在传播中期以多种媒体集中热播轰炸，形成关注热点；在传播后期精彩环节回放，意见领袖点评，观众热议，引起话题多次发酵。整个传播过程关注受众的参与性、社交性需求，将受众主动纳入议程设置环节，使受众获得全程参与的主体性体验。与此同时要注意到，根据美国学者对比美国传统媒体与推特上政治议题的讨论及其相互影响的机制研究，传统媒体对网络媒体上讨论的议题缺乏影响力，后者生成的议题却对前者产生显著影响。因此要对主流媒体与网络新媒体在全媒体时代的传播职能进行科学定位，要认识到主流媒体的权威性不容置疑，主流媒体对主流文化的传播是文化建设与发展的主渠道，网络媒体生产的文化内容只有经过主流媒体的报道才能获得来自政府与大众两个层面的合法性认证。在此基础上要将网络媒体的传播内容、方式和渠道主动纳入主流媒体的议程设置，特别是在前期发动和后期发酵的环节，善用网络媒体加强造势与互动，才能有效提升主流文化传播力。

（三）"四全"媒体提升大众对主流文化价值的认同

"四全"媒体强调传播相关方对传播过程的参与，突出了受众参与传播的主体性。霍尔通过研究电视传播的信息编码与解码过程，提出了"一种新的文化生产和文化接受理论"①,文化传播需要经历生产、流通、分配和消费四个环节,而在文化传播的内容生产这个首要环节,需要传播者对信息进行编码从而生成按传播者希望传达的意义。编码的过程受到诸如传播意图、传播者的能力、媒介技术等因素影响。这些意义符号经过一定的传播路径传导至受众,受众再结合自身的阶层身份、知识观念和利益诉求等进行解码,从信息中获取意义。由此,产生了完全接受传播者意识形态的"主导—霸权式解读"(preferred reading/dominate reading/hegemonic reading),部分接受传播者意识形态并根据自身出发点加以一定修正的"协商式解读"(negotiated or corporate reading),以及与传播者希望传达的意义全然相反的"对抗式解读"(counter-hegemonic reading)。

在互联网传播情境中,受众对意义的接受容易受不确定性外部因素的影响,如受到全媒体环境下窥视和渗透的西方思潮的干扰从而动摇,"主导—霸权式"传播难以持久奏效。当人人都是麦克风,都成为网络传播的节点,那么媒体建设就要求全员参与传播、全员触达信息、全员广泛互动。受众从接受文化信息的被动客体转变为生产内容的积极主体,从而改变了传统意义上与传播者的关系,达成协商性传播。在此基础上,传播者通过研判受众特点及偏好,使传播的编码过程更符合受众需要及偏好,能够极大提升传播接受度。比如,近年来,主流媒体根据文化消费群体以70后、80后和90后为主的特点,针对受众年轻化的趋势和社交性需求,注重增强主流文化节目的趣味性、游戏性设置,与偶像明星零距离接触的亲民式体验,观众亲身参与的互动感、参与性等,拉近传播者和受众的距离,提升受众对严肃、正统的主流文化的认可度。

---

① Graeme Turner, *British Culture Studies: An Introduction*, London: Routledge, 2003, pp. 72-73.

第四章

全媒体时代发展社会主义先进文化的基本遵循

发展社会主义先进文化既要科学把握其内在的一般规律,也要正确认识和遵循其适应全媒体技术驱动的边界条件和新机理。党的十九届四中全会审议通过的《中共中央关于坚持和完善中国特色社会主义制度推进国家治理体系和治理能力现代化若干重大问题的决定》提出建立以内容建设为根本、先进技术为支撑、创新管理为保障的全媒体传播体系,为全媒体时代发展社会主义先进文化提供了基本原则和依据。进入全媒体时代,理论与实践的发展要求我们深刻把握发展社会主义先进文化的"变"与"不变",坚持"守正创新"。

从"不变"的角度而言,就是在保持社会主义先进文化本质上的先进性基础上,坚定文化自信,以马克思主义为指导,继续深化中国共产党领导和发展社会主义先进文化的实践,以加强文化内容建设为首要任务,不断优化社会主义先进文化内容的呈现方式,继承和发扬我们党开展文化建设的优良传统和政治优势,培育和践行社会主义核心价值观,传承中华优秀传统文化和革命文化,不断总结概括提炼理论创新和实践探索的成果,尤其是深刻领会习近平新时代中国特色社会主义思想的世界观和方法论。正如习近平总书记在2013年8月19日召开的全国宣传思想工作会议上的讲话中,谈及文化体制改革时所指出,要"始终坚持社会主义先进文化前进方向,始终把社会效益放在首位""无论改什么、怎么改,导向不能改,阵地不能丢"①。

从"变"的角度而言，就是要切实回应时代之变，积极应对技术变革对文化发展领域的诸多挑战，尤其要巩固和壮大公有制为主导的媒介基础，在继承和发扬社会主义先进文化发展的传统经验和优势的基础上，创新全媒体情境下社会主义先进文化的发展模式，进一步深化媒介技术发展和应用，加强大数据技术应用，推动技术设计和应用朝更加民主、公正的方向前行。此外，我们还要积极运用先进媒介技术夯实人民追求美好文化生活的物质基础，不断提升技术应用的民主化和公正度，真正发挥出先进媒介技术推动社会主义先进文化发展的革命性力量。

第一节　把握社会主义先进文化发展的质性规定

事物的质性规定就是一个事物要成为其本身而必须具备的应有之义，是该事物与其他事物相区别的本质和特性，是把握事物量的规定性的前提。只有深刻认识事物的本质规定性，才能理解事物的自身限度和发展阶段，实现对事物的全面把握。对社会主义先进文化的认识也不例外。实施全媒体战略是为了更好推进社会主义先进文化的内容建设，构建全媒体格局必须"以内容建设为根本"。在思想文化相互激荡、思想观念深刻变化的全媒体时代，只有以马克思主义为指导，才能在多元思潮激荡中稳固价值根基。只有以马克思主义中国化时代化的理论成果和最新飞跃——习近平新时代中国特色社会主义思想为指导，坚持党对发展社会主义先进文化的领导权，才能坚定文化自信，推动社会主义先进文化发展行稳致远。只有加强中国特色社会主义话语体系建设，优化社会主义先进文化内容的话语表达方式，才能真正做到内容建设不失品、内容表达不失真、内容传播

---

① 习近平：《习近平关于全面深化改革论述摘编》，北京：中央文献出版社2014年版，第85页。

不缺位。

一、以马克思主义中国化时代化理论成果为指导

如前所述,坚持马克思主义的精神指引,既是我们党发展社会主义先进文化的历史经验,也是必须一以贯之的根本遵循。马克思主义具有因应条件之变、时代之变而与时俱进的理论品质。在新的历史条件下坚持马克思主义的精神指引,必须坚持运用马克思主义中国化时代化的理论成果——中国特色社会主义理论接续指引社会主义先进文化不断发展。作为马克思主义中国化时代化的第一个重大理论成果,毛泽东思想所蕴含的价值论和方法论曾为社会主义导向和性质的文化建设提供了重要的方向指引和价值判断,特别是其内含丰富的文化建设理论,无论是新民主主义文化理论还是社会主义文化建设理论,均为中华民族独立解放和开辟中国社会主义道路提供了重要的思想武器[①]。以邓小平、江泽民和胡锦涛为代表的一代代中国共产党人接续发展和形成了既一脉相承又与时俱进的中国特色社会主义理论,科学指引了社会主义先进文化不断向前发展。

党的十九届六中全会决议指出:"习近平新时代中国特色社会主义思想是当代中国马克思主义、二十一世纪马克思主义,是中华文化和中国精神的时代精华,实现了马克思主义中国化新的飞跃。"[②] 党的二十大报告进一步强调:"我们创立了新时代中国特色社会主义思想,明确坚持和发展中国特色社会主义的基本方略,提出一系列治国理政新理念新思想新战略,实现了马克思主义中国化时代化新的飞跃,坚持不懈用这一创新理论武装头脑、指导实践、推动工作,为新时代党和国家事业发展提供了根本

[①] 有很多研究者提出对毛泽东文化理论中的革命思想应加以历史的和具体的分析,要承认这一思想在某些特定历史时期的片面性,同时不能彻底否定毛泽东强调思想文化领域斗争的意义。毋庸讳言,毛泽东的文化理论在中国新民主主义革命和社会主义建设时期的作用不可抹杀,至今仍在发挥着重要作用。

[②] 《中国共产党第十九届中央委员会第六次全体会议文件汇编》,北京:人民出版社2021年版,第48页。

遵循。"① 习近平新时代中国特色社会主义思想是以习近平同志为代表的中国共产党人坚持"两个结合"的原创性贡献，是迈入第二个百年征程，实现中华民族伟大复兴、建设社会主义现代化国家、建设长期执政的马克思主义政党的指导思想和行动指南。作为中国特色社会主义文化的系统集成，既体现马克思主义中国化时代化的内在要求，又体现中华文化赓续发展的客观要求，彰显了社会主义先进文化的自觉和自信。习近平新时代中国特色社会主义思想的创立，使社会主义先进文化的价值追求与实现这一价值追求的指南、途径和条件——作为行动指南的社会主义理论、作为实现价值途径的社会主义道路与作为保障条件的社会主义制度，在中国特色社会主义的伟大历史实践中实现了有机统一。坚持以马克思主义中国化时代化新飞跃为理论指导，具体来说，就是坚持意识形态工作领导权、继续培育和践行社会主义核心价值观、加强思想道德建设、繁荣发展社会主义文艺，推动事业和文化产业发展。

一是牢牢掌握意识形态工作领导权。意识形态决定"文化前进方向和发展道路"②，意识形态工作领导权是我们党发展社会主义先进文化的基础和保障。马克思主义是意识形态建设的灵魂，这就要求社会主义先进文化必须高举马克思主义的旗帜；习近平新时代中国特色社会主义思想是马克思主义中国化时代化的最新成果和21世纪马克思主义，这就要求社会主义先进文化必须坚持习近平新时代中国特色社会主义思想的指导地位，坚持正确的舆论导向，加快构建中国特色社会主义哲学社会科学学术体系、学科体系和话语体系。

二是培育和践行社会主义核心价值观。价值观是意识形态的凝结与核心，又是决定文化性质及其发展方向的"最深层次要素"③，社会主义核

---

① 《中国共产党第二十次全国代表大会文件汇编》，北京：人民出版社2022年版，第5页。
② 习近平：《决胜全面建成小康社会 夺取新时代中国特色社会主义伟大胜利》，北京：人民出版社2017年版，第41页。
③ 习近平：《习近平谈治国理政》（第1卷），北京：外文出版社2018年版，第163页。

心价值观在社会主义先进文化发展中起到了"中轴作用"①。社会主义核心价值观是马克思主义中国化时代化的集中体现，是以爱国主义的民族精神和改革创新的时代精神为核心的当代中国精神和全体人民共同价值追求的集中表达，构成了新时代社会主义先进文化的核心内容。因此，培育和践行社会主义核心价值观是发展社会主义先进文化的首要任务。要始终高举中国特色社会主义伟大旗帜，全面贯彻习近平新时代中国特色社会主义思想，弘扬伟大建党精神，继续推动中华优秀传统文化的创新性发展和创造性转化，大力传承革命文化的红色血脉，多措并举地培育和践行社会主义核心价值观。

三是加强思想道德建设。社会主义先进文化的"化人"功能与社会主义核心价值观的引领作用要依靠思想道德建设来实现。要使社会主义核心价值观"像空气一样无处不在、无时不有"，成为人民群众"日用而不觉的行为准则"②，需要树立凝聚全体人民同心同德共同奋斗的理想信念，通过高举旗帜的思想教育和潜移默化的道德熏陶，将核心价值观内化为日常生活中的道德伦理底色，外显于躬行践履的生产生活实践，培养能够肩负民族复兴使命的时代新人。因此，思想道德建设是培育和践行社会主义核心价值观，推动社会主义先进文化大众化的重要途径。进入全媒体时代，在深入推进媒体融合发展的过程中，要强调占据思想道德建设的网络主阵地，将互联网这一多元思潮激荡领域的最大变量转为弘扬主旋律、培育铸魂立心的最大增量，营造清朗正气的网络空间。

四是繁荣发展社会主义文艺。艺术是文化的表现形式和传播手段。一切文学艺术样式，只要表达对人的存在价值和生命意蕴的深刻追问与感悟，就蕴含着感化与教育的深沉力量。党领导文艺战线的百年探索实践形

---

① 习近平：《习近平关于社会主义文化建设论述摘编》，北京：中央文献出版社2017年版，第105页。

② 习近平：《习近平关于社会主义文化建设论述摘编》，北京：中央文献出版社2017年版，第125页。

成了一条"高扬人民性的文艺发展道路"①。社会主义文艺的本质就是"人民的文艺"②，必须坚守"源于人民、为了人民、属于人民"③的根本立场，只有从人民的火热生活实践中获取现实素材，才能深接地气，使文艺通达人心。艺术又高于生活，只有提炼出反映时代脉搏和先进文化发展方向的精神内涵，才能弘扬正气，品味高尚，增强人民的精神力量。社会主义文艺是社会主义先进文化最富于感染力的表达方式和传播载体，要继续探索在全媒体境遇下如何坚持"双百"方针、"二为"方向和"创造性转化、创新性发展"等方针，创新艺术形式，推动社会主义文艺的繁荣发展。

五是推动文化事业和文化产业发展。文化既有意识形态属性，又有经济和商品的属性。文化事业与文化产业相互依存、协同发展，体现了文化发展的社会性和经济性的辩证关系。必须明确，文化产业发展的根本遵循应当是以市场化的方式促进社会主义先进文化的发展。当两者发生冲突时，要使经济效益服从社会效益，使市场价值服从社会价值④。关键是要坚持把社会效益作为文化事业和文化产业协调发展的首要原则，做到社会效益与经济效益相互统一，以社会主义先进文化引领文化事业的发展，以文化产业的繁荣丰富社会主义先进文化的发展路径。

二、坚持党对发展社会主义先进文化的领导权

坚持党对发展社会主义先进文化的领导权，事关国家意识形态安全和中国特色社会主义文化建设。争夺和巩固文化领导权始终是无产阶级政党巩固执政合法性，提升政党建设水平和国家治理能力的一项重要工作。尽管马克思、恩格斯没有提出过文化领导权的概念，但是他们始终站在争夺

---

① 习近平：《在中国文联十一大、中国作协十大开幕式上的讲话》，北京：人民出版社2021年版，第4页。
② 习近平：《习近平谈治国理政》（第2卷），北京：外文出版社2017年版，第314页。
③ 习近平：《在中国文联十一大、中国作协十大开幕式上的讲话》，北京：人民出版社2021年版，第7页。
④ 习近平：《习近平谈治国理政》（第2卷），北京：外文出版社2017年版，第320页。

和把牢无产阶级文化领导权的认识论高度,对"虚假的意识形态"以及形形色色的机会主义进行坚决、彻底地批判和斗争,形成了关于精神与物质、社会意识、意识形态等方面的科学论述,为无产阶级文化领导权思想的形成与发展奠定了重要的理论基石。列宁十分重视执政党对文化建设的领导,指出无产阶级政党必须建设属于无产阶级的文化。他始终注重捍卫无产阶级文化的纯洁性,抵制资产阶级文化的侵蚀。他在与俄国民粹主义、伯恩施坦主义、经济主义、无产阶级文化派等各种反马克思主义、非马克思主义等错误思潮的坚决斗争中揭示和批判了各种错误思潮的本质特征,立场鲜明地坚持马克思主义在无产阶级文化发展中的主导地位,丰富和发展了无产阶级文化领导权理论。

在中国共产党革命、建设和改革的百年历程中,我们党始终极其重视文化领导权工作,把夺取并巩固文化领导权作为发展先进文化的首要方针加以坚持。毛泽东在提出新民主主义文化纲领时,就旗帜鲜明地确立了无产阶级对新民主主义文化的领导权,确立了马克思主义在文化建设中的主导地位。在社会主义文化建设时期,他深刻揭示了党在先进文化建设中应担负的政治使命,提出了巩固社会主义文化领导权的"双百方针"。改革开放以来,邓小平纠正了各种错误思想,总结社会主义建设的经验教训,确立了文艺为人民服务、为社会主义服务的"二为"方向,强调党对精神文明建设的引领作用,为当时的先进文化发展指引了正确方向。进入新时代,习近平总书记更是明确指出,经济建设固然十分重要,但意识形态建设更是党的一项极端重要的工作。必须牢牢把握党对意识形态的工作领导权,掌握文化改革发展主导权。

坚持党对发展社会主义先进文化的领导必须切实做到"内容为王",加强先进文化的内容供给,引领当代文化发展方向。马克思认为,由于受到资产阶级虚假意识形态的长期遮蔽,工人阶级无法形成自己的阶级意识形态,工人运动只能是"自发"的,而不可能"自觉",因而只能由脱胎于资产阶级的先进知识分子对其进行启蒙。马克思主义的理论和思想并不能在工人运动的实践中自发地产生，而必须经由掌握了理论的无产阶级政党主动地加以宣传教育，才能使理论与工人运动相结合，进而指导无产阶级革命的实践。同时，文化具有阶级属性和立场，不同阶级的文化存在着无法调和的斗争。从来没有超阶级的文化，工人阶级与资产阶级两种文化之间的斗争结果只能是二选其一，不存在中间道路。因此，无产阶级政党必须向革命队伍灌输先进的和革命的思想文化，否则资产阶级思想文化就会逐步占据工人阶级，改变后者立场。为此，必须始终坚持党对发展社会主义先进文化的领导，不断加强党的理论武装和思想引领，扩大社会主义先进文化的影响力。在全媒体时代，必须坚持用习近平新时代中国特色社会主义思想凝心铸魂，大力宣传阐释习近平总书记提出的新时代中国特色社会主义文化新表述、新概念，使这一思想体系和标识性概念在实践中的指向更为具体丰富，彰显社会主义先进文化的科学性、彻底性和解释力。还要不断加强具有中国特色、中国风格、中国气派的中国特色哲学社会科学建设，实现政治性与学术性有机统一，理论性与实践性相得益彰，传统性和时代性深度融合。

我们党行使文化领导权的核心集中体现为在文化建设和发展事业中充分发挥主导作用，对文化发展的方向进行有效地引领，坚持中国特色社会主义文化在社会文化活动各个领域中的主导和主流地位。衡量我们党领导社会主义先进文化发展成效的一个重要方面，在于能够使社会主义先进文化从国家场域、政治场域更加广泛深入地融入大众文化场域，使之成为大众文化的主导和主流。当前，人民对美好文化生活的需求越来越旺盛，社会主义先进文化也需要通过文化事业和文化产业的双轮驱动，在与大众文化有机融合的基础上实现"一元主导，多元发展"的有效引领。随着文化产业化、市场化不断推进，大众文化在文化市场中占据越来越突出的位置，各式各样的文化艺术产品和活动均会裹挟在大众文化之中，争夺市场份额。如果不加以正确引导，一些以盈利为导向的文化产品和活动将会限制和消解具有社会主义先进文化特征的文化产品和活动的繁荣发展。要综合运用行政和市场两种手段，保障和扶持社会主义先进文化在文化事业特别是文化产业领域占有主导性的供给比例。"内容为王"的要求不仅包括社会主义先进文化内容生产的质与量能够占据文化内容供给的主导和主流地位，满足人民对美好文化生活的高层次需要，还包括社会主义先进文化内容呈现方式能够做到雅俗共赏、广泛传播，人民喜闻乐见。要努力实现社会主义先进文化在思想性、艺术性和观赏性方面的有机平衡和统一，避免单向的"我说你听"，单一的宣传教育，从而缺乏形式上的美感和趣味，缺少受众的反馈和互动。要注重在社会主义先进文化内容生产的种类、样式和表达方式等方面做到适应政治导向、大众口味和市场需要的协调平衡，依托主流媒体"中央厨房"等先进文化内容供给平台和多层级、多元化的全媒体渠道，构建社会主义先进文化的产品矩阵。既要善于针对不同认知能力的受众，生产和传播不同层次、不同高度和不同难度的社会主义先进文化内容；又要善于把相同的社会主义先进文化内容加工成适应不同受众偏好口味，适合不同媒介传播的样式。特别是要充分运用大数据筛选和人工智能技术，建立基于广泛搜集文化资讯数据，精准量化分析资讯流量，精确感知大众需求，分众化、个性化推送的社会主义先进文化智慧供给模式。

　　坚持党对发展社会主义先进文化的领导必须坚守意识形态安全底线，同各种反马克思主义和非马克思主义的错误思潮进行坚决斗争。文化领导权不是一个单纯的文化问题，它往往同意识形态领域的斗争交叉重合。因此，从某种意义讲，文化领导权建设就是意识形态领导权建设。实事求是地讲，资本主义的文化和意识形态经过几百年的发展，其覆盖面比之社会主义文化更为广泛。当前全世界有90%的资讯是由西方控制的媒体所传播的，西方资本主义国家在意识形态输出的内容、文化市场的份额、媒介技术和知识产权等各方面都占有领先地位。全媒体时代，西方某些国家利用文化内容生产和媒介技术优势不断加深各国对西方文化和媒介技术产业的依赖，不断加大意识形态的渗透植入力度。在某种意义上，所谓"数字鸿沟"的生成恰恰是西方文化霸权加大了对发展中国家单方面倾销和渗透势态在全媒体时代的侧写。在多元文化的碰撞和交锋中，在全媒体技术偏向传播特定文化内容的聚焦下，西方文化霸权的渗透与国内各种错误思潮更加容易地勾连在一起，如果任由大众自行选择，很容易使反马克思主义和非马克思主义的文化和意识形态大行其道。

与此同时，改革开放以来，中国特色社会主义积聚了强大发展动能，中国式现代化道路的成功开创增强了中华民族的文化自信。但当经济发展受到国际国内错综复杂矛盾的影响而波动甚至一时受阻时，当中华民族伟大复兴进程受到西方资本主义国家的竭力遏制时，一些困惑、质疑的杂音开始浮现。这恰恰与当年列宁在坚持党的文化领导权过程中针对工人运动中的经济派的表征相类似。列宁曾指出，经济派没有认识到资本主义制度反动性的本质。在他们看来，无产阶级斗争并不是为了某种宏大崇高的理想信念，只是为现实中自己和自己的下一代争取经济利益而已，因而他们既不是，也不可能为了大多数人的利益进行坚决的斗争。经济派的这些思想观点在某种程度上就是投降主义。这种投降主义如牛皮癣一般在中国特色社会主义事业发展过程中时隐时现，难以根除。在经济高速发展时往往因多数人能享受经济发展的红利而暂时隐匿，但在社会主义事业发展的内外部压力加大，需要万众一心攻坚克难的时候就会不断显现。这些观点和意识形态之争在百花齐放的文化发展生态中往往由于被归属于"人民内部矛盾"而得到宽容。经济派化身为公知，借"言论自由"的庇护，大呼"支持改革"，其实质却是要资本扩张的"自由"，要西方价值观的"洗礼"，而拒绝管制的"红绿灯"；他们充分运用全媒体技术，变身为网红、"大V"，使其思想观点得到更为广泛的传播，在一些甘当西方文化渗透引路人的媒体特别是自媒体的煽动下，一些唱衰当下中国经济社会发展的思想观点不断繁衍增殖，进而与历史虚无主义合流，无时无刻不在寻求突破社会主义意识形态安全屏障，悄然蛀蚀中国特色社会主义文化的根基。

因此，坚持党对发展社会主义先进文化的领导犹如逆水行舟，任务艰巨，无法毕其功于一役，必须久久为功。在全媒体情境下，坚持党对发展社会主义先进文化的领导，就要求我们要时刻洞悉新时代国内外多元文化思潮，切实贯彻落实党管文化、党管意识形态的根本原则，特别要坚持党管媒体，尤其是加强对全媒体的治理。要警惕诸如经济自由主义、文化价值中立论等思潮借党和政府施行壮大民营经济、扩大内需、鼓励消费等发展经济政策的契机与历史虚无主义合流泛滥，又要抵制拜金主义、享乐主义、自由主义、消费主义等错误思潮在全媒体技术掀起泛娱乐主义声浪的遮蔽与中和下大行其道，更要善于辨识和批判以支持改革为名而移花接木唱衰中国特色社会主义道路、理论、制度、文化的"空方意识流"新变种。为此，既要借助不断推陈出新的新媒体搭建和丰富当代文化传播的多元通道，也要对其经常清洗和检修，确保其传播社会主义先进文化的"管线"和机能完好；既要善用大数据、智能算法推荐精准推送文化资讯，满足人民群众对美好生活的向往和精神需要，也要不断强化"人脑"加"机智"过滤、吸附错误思潮的协同增效能力，健全有利于新时代社会主义先进文化发展和传播的价值筛选和价值纠偏机制，推动社会主义先进文化入脑入心入行。

三、加快构建中国特色话语体系

中国特色话语体系致力于阐释中国特色社会主义理论和实践的价值性、科学性、人民性和时代性，作为道路、理论、制度和文化的"记录符号"和"解释文本"①，记录了中华民族走向现代化转型的历史图景，映射了中国特色社会主义的发展变迁，塑造了当代中国的国家形象和文化认同，是传播中国共产党的政治伦理和政治主张，展现社会主义先进文化本质规定性的重要载体。党的十八大以来，以习近平同志为核心的党中央高度重视具有中国风格、中国气派、中国精神的中国特色话语体系建设，提

---

① 肖贵清、田桥：《改革开放四十年中国特色社会主义话语体系的建构与演进》，载《东岳论丛》，2018年第9期，第5-13页。

出了在新时代建设什么样的话语体系、怎样建设话语体系的重大问题，开启了一场巩固壮大主流文化和思想舆论的"话语革命"。中国特色话语体系由中国特色社会主义的发展状况和政治实践所制约和决定，但也包含着理论发展、语义认知和话语传播的内在规律。

在语言学家看来，话语体系是由一些"终极词"（ultimate terms）与各种不同级别含义的价值词组成的差序语义结构所确定的。一个文化共同体中的终极词具有特定的价值指向，具有很强的普适性、包容性和道德感，但语义抽象模糊，因而可被不同的使用者广泛运用于不同语境，并为该文化共同体的使用者"提供动机的最终凭依"①。在"终极词汇"（final vocabulary）理论中，美国著名哲学家理查德·罗蒂（Richard Rorty）从人们为自己的观念、行动和生活方式所提供"'终极'理据"的词汇中区分出两类价值词：一类是数量较少，意蕴丰富广博而抽象的核心价值词（可类比为"终极词"）；大部分则是语义明确和固定，但使用的领域和时空范围有限的价值词②。核心价值词处于话语体系的最上层，其下还有各种意义从抽象到具象、使用范围从普适到专用的不同领域和等级的价值词，它们组成了等级化的"价值阶"③。核心价值词只有通过一系列"价值阶"才能进入大众生活世界，被大众所认同和接受。这一规律性认识为科学建构中国特色话语体系带来启示。现在我们认识到，过去一些宣传性话语"不接地气"，恰恰是因为将理论研究和政治实践领域中形成的概念和用法生搬硬套，或在转换不到位的情况下搬移嵌入到大众化传播的话语结构之中，从而产生了生硬感和距离感。我们一方面应对当下中国特色话语体系进行更为系统地梳理，厘清中国特色社会主义的一系列标识概念在政治宣传、学术研究、大众生活和国际传播等不同领域的使用范畴、逻辑链接和

---

① Kurlinkus and William Campbell, Crafting Designs: An Archaeology of "Craft" as God Term, *Computers and Composition*, No. 33, 2014, p. 52.
② Richard Rorty, *Contingency, Irony, and Solidarity*, Cambridge: Cambridge University Press, 1989, p. 73.
③ Chaim Perelman and Lucie Olbrechts-Tyteca (eds.), *The New Rhetoric: A Treatise on Argumentation*, Notre Dame: University of Notre Dame Press, 1969, pp. 80-83.

意义传导路径，从而提升从政治性、理论性到大众化、生活化的叙事转换和认同效果。另一方面，可以在一定程度上借鉴大众网络话语方式，促进中国特色话语传播。

首先，概括和提炼构成中国特色话语体系的标识性概念（价值词）。中国特色社会主义进入新时代以来，习近平总书记在 2016 年"5·17"讲话中要求哲学社会科学工作者对改革开放实践中形成的经验和做法继续进行标识性概念的总结和提炼，构建中国特色的哲学社会科学学术体系、学科体系、话语体系。习近平总书记已经提出的一系列基于实践探索、反映理论创新的核心标识概念，如"中国梦""新发展理念""双创"（创造性转化与创新性发展）、"人类命运共同体""中国式现代化""人类文明新形态""全人类共同价值"等，是新时代中国特色社会主义思想的原创性贡献。经过学理性阐释和多渠道传播，为广大人民群众所理解，有效回应了中国之问、世界之问、人民之问和时代之问。今后我们应坚持理论和实际相结合，围绕中国特色社会主义的核心命题，紧扣道路、理论、制度、文化的逻辑主线，体现革命、建设和改革的伟大历程，聚焦当下社会发展的时代需要和大众关切。与时俱进继续提炼话语体系的新概念新范畴新表述，领会其中的道理、学理和哲理，实事求是地运用。

其次，要构建形成适用于不同传播场景中的标识性概念簇和价值词梯度。对各类标识性概念，要根据语义用法的领域和使用范围等标准，进行甄别、分级和排序，形成意义渐进延展的价值词梯度。总体而言，越上级的标识性概念的内涵越趋向于表征马克思主义和中国特色社会主义的意识形态性、理论性和抽象性；越向下的标识性概念的内涵越是趋向于现实性和生活化。应归纳总结出对应不同传播场景的标识性概念簇，再根据受众的思维认知水平，对核心标识概念进行相应的逻辑展开，用合适的下级标识概念进行阐释，从而建立起多层级的价值梯度和逻辑关联结构。

不同领域的标识性概念沿着从理论到现实，从宏观到微观，从公域到私域的意义梯度方向，其概念内涵的抽象性、普适性和丰富性递减，具象性、独特性和明确度递增。要避免将哲学社会科学领域的核心标识概念直接搬移到大众传播领域，或将政治宣传话语直接应用于个人生活场景。如果确有需要，则须为这些核心标识概念搭建出循序下移的概念阶梯。对于中间层级的标识概念，要坚持"问题导向、人民中心、雅俗共赏"的话语建构观，要善于借用历史文化典故、诗文词句和民俗谚语来"格义"深远的哲学和政治智慧，例如"空谈误国，实干兴邦""治大国如烹小鲜"等。要善于运用通俗形象易懂的现代生活话语以拉近大众心理距离，阐释晦涩的概念或复杂的现象，例如"白猫黑猫论""金山银山论"等。这方面，几代党和国家领导人都有娴熟运用的示范。同时要注意，不能简单地、急躁地以政治意志和行政手段对话语体系进行"拔苗助长"式的塑造。要使政治话语通俗易懂，但不要用政治思维来预设受众的行为偏好，不要用政治话语来裁剪生活，不要频繁地、随意地创造发明距离生活较远的新话语。要"学会说群众懂得的话"，使人民群众"都懂得，都相信你的号召，都决心跟着你走"①。

最后，要以中国故事的场景化叙事构建中国特色话语体系的大众化界面，实现对核心标识概念的生活化转换。讲好中国故事既是提升中国对外传播能力和国家文化软实力的重要任务，也是加强中国特色话语体系建设的重要方法。故事化的叙事方式是人民群众最喜闻乐见的意义传递方式，中国故事搭建了从政治和学术领域到国内外大众生活世界融通共识的话语桥梁，促进了政治话语向大众话语、学术话语向通俗话语、宣传话语向生活话语、国内话语向国际话语的转化。习近平总书记指出的讲好中国的五种故事类型是对中国特色社会主义的核心价值和标识概念的逻辑展开，是对中国共产党的初心使命和实践内容的具象表达，体现了历史、现在与未来，国家、民族和个人的统一。要将当下政治和学术领域的主流话语概念同中国式现代化实践的这五类具体案例相结合，在形象化叙事中补全受众对抽象标识概念的意义想象，在生活化叙事中形成和强化受众对传者的共

---

① 毛泽东：《毛泽东选集》（第3卷），北京：人民出版社1991年版，第843页。

思与共情,在场景化叙事中实现大众对社会主义核心价值体系的信仰内化和行动转化。要善于在宏大叙事中找准"小而美"的支撑点,在凡人善举中以小见大、直抵人心,在"三贴近"中启发"接地气"的故事灵感。话语体系的大众化和生活化还离不开传播平台建设,讲好中国故事需要全媒体、全平台和全方位形成合力,共同发力。要以壮大主流媒体音量,促进新媒体"同频"为努力方向,推动主流媒体与新媒体深度融合,加强新型主流媒体对新媒体的引领力和影响力,充分引导发挥互联网媒介平台、社交媒介和自媒体的引流能力和流量优势,推动报、网、台、端同频共振,奏响传播主流话语的强音。

第二节 夯实社会主义先进文化发展的主体基石

党的十八大以来,习近平总书记着眼于百年未有大变局下的新时代特征,针对社会主义现代化建设、党的自身建设和中国特色社会主义文化发展的理论创新和实践创新,明确提出了"守正创新"的要求,明确指出"无论时代如何发展,我们都要激发守正创新、奋勇向前的民族智慧"[①]。在党的二十大报告中,习近平总书记就开辟马克思主义中国化时代化新境界提出六个"必须坚持",再次强调必须坚持"守正创新",指出"守正才能不迷失方向、不犯颠覆性错误,创新才能把握时代、引领时代"[②]。守正创新来源于马克思主义的理论品质。"守正"就要以科学的态度对待科学,以真理的精神追求真理;"创新"就要紧跟时代步伐,顺应实践发展,不断拓展认识的广度和深度,以新的理论指导新的实践。守正是创新的基础、条件和初心,守正才能出新;创新是守正的使命、发展和路径,创新是为了守正。两者辩证统一。

---

① 习近平:《习近平谈治国理政》(第4卷),北京:外文出版社2022年版,第75页。
② 《中国共产党第二十次全国代表大会文件汇编》,北京:人民出版社2022年版,第17页。

对社会主义先进文化来说，坚持守正创新，首先，"不能偏离马克思主义"①，不忘初心，不忘来路，坚持正确的意识形态导向和政治立场。其次，不能妄自菲薄、人云亦云，在坚定包括文化自信在内的"四个自信"的基础上，遵循社会历史和文化发展的客观规律，尊重文化传统和历史发展形成的"做法"和"活法"，继承中华民族五千年流传下来的优秀文化，发扬中国共产党百年征程中发展社会主义先进文化形成的优良传统和政治优势。最后，要认识到社会主义文化发展的创新主要是在坚持"内容为王"前提下的形式、渠道和路径创新。要基于全媒体时代技术驱动的新特点和先进文化发展的新规律，加强党对社会主义先进文化发展的领导权，特别是对媒体和互联网的领导；着眼于文化发展模式与技术条件的匹配度，着力于创新社会主义先进文化发展新模式。

一、发扬党领导文化建设的传统优势

文化发展不是新文化对旧文化的简单否定和抛弃，而是克服、抛弃旧文化中的消极部分，又保留和继承以往的文化中对新文化有积极意义的因素，并推动其发展到新的阶段。文化演进的过程同样不是新旧发展手段、方法、载体和途径的断裂和终结，而是在新旧联系中实现融合发展。在我们党发展社会主义先进文化历程中，注重人的因素，发挥人的主观能动性是我们党的政治优势和优良传统，具体体现为马克思主义经典作家、革命领袖、马克思主义政党领导人和理论家的思想引领，我们党完备而庞大的组织体系以及在文化发展中形成的一整套相对稳定而又自成体系的决策部署的方式、步骤和程序，各类先进分子的榜样示范和引领以及人民群众以主人翁意识广泛参与等方面。我们党历来重视发挥媒介技术及其传播载体在文化建设中的重要作用。随着媒介技术的快速发展，媒介技术要素在文化生产和传播过程中所起的作用越来越大，"媒介化生存"正是现代人依

---

① 辛向阳：《推进国家治理体系和治理能力现代化应当坚持"五个不能偏离"》，载《求实》，2015年第11期，第4—10页。

赖媒介技术生活的真实写照。当然,技术革命对文化发展的影响归根到底是对人的发展的影响。

首先,要确立价值标准。始终坚守技术发展为人服务的价值理念,始终坚持把人的解放和全面发展作为技术发展的终极目标和衡量标准。具体而言,要做到"四个结合":把发扬传统优势和做法与在新技术条件下促进马克思主义中国化、时代化、大众化的目标相结合,与促进培育和践行社会主义核心价值观的目标相结合,与坚定和提升文化自信的目标相结合,与全媒体技术发展创新互联网传播模式的生动实践相结合。

其次,细致梳理和鉴别丰富的传统优势做法,从是否适应全媒体技术发展条件,是否满足人民需要的角度分辨出哪些做法是优秀而值得传承的,哪些是不合时宜而需要摒弃的,进而确定保留、废除、创造性转化和创新发展的具体领域和内容,同时综合比较分析它们的优劣难易和轻重缓急,确定适合全媒体时代需要的具体经验和做法。

最后,把握好文化建设内容与文化发展形式的辩证关系,结合全媒体技术发展的现实,分析传统的文化发展模式对于文化建设内容的独特价值和作用,在文化发展战略上使文化发展模式服务于提升国家文化软实力和建设社会主义文化强国的总目标;在文化内容建设上与时俱进,赋予其新的时代内涵;对传统的文化表达形式进行创新,实现现代转化,能够符合当代大众的价值追求、审美趣味和生活习惯。

二、巩固以公有制为主导的媒介基础

社会主义先进文化是中国共产党倡导的当代中国主流文化,社会主义国家的文化必须掌握公有的文化载体和阵地才能得到有效传播,传播载体和平台具备公有属性才能发挥喉舌功能,这是贯彻落实党领导文化事业和党管意识形态的重要保障。在社会主义市场经济体制中,党和政府各级有关部门作为文化产业行政主体主要履行宏观调控、制定政策和监督保障等治理职能,但不宜过多参与市场主体的微观活动。而市场上众多民营文化企业、互联网商业平台、自媒体以追求经济效益为主要目标，在这样的文化市场生态中，公有制的文化和传媒企事业单位及其建构的媒介平台是将先进文化传送到大众生活空间"最后一公里"的主要渠道。只有确保公有属性的媒体成为文化产业和大众传媒的主流和主体，才能始终坚持把社会效益放在文化产业发展首位，发挥出引导调控私有资本的导向作用；才能有效遏制资本逻辑的膨胀冲动，构建多元文化主体同频共振弘扬主旋律的良好局面。

首先，要坚持文化产业和大众传媒的主流以公有制为主体。改革开放以来，为推进文化体制改革，国有文化单位和主流媒体响应号召，实行了不同程度的企业化改制。因此，要确保文化传播阵地和平台的"姓公"底色，关键在于确保公有制特别是国有文化和传媒企事业单位在文化产业和大众传媒中成为主体。2007年8月30日，时任上海市委书记的习近平同志到上海国资委调研时就曾明确指出，"公有制为主体"这个概念"不是抽象的，是要具体量化的"，否则就成了"'玩'概念"[1]。同时，就加强国企建设，习近平总书记也强调，国有企业是"党和国家最可信赖的依靠力量"，是"坚决贯彻执行党中央决策部署的重要力量"[2]，必须"坚定不移把国有企业做强做优做大"[3]。因此，要坚决反对文化和传媒产业化中存在的完全市场化的错误倾向，防止借推动媒体产业化而大行媒体私有化。要通过法规制度的设计，畅通政府扶持、资本市场、银行融资、产业投资等各种壮大公有制文化和传媒企业的途径，确保公有属性（主要是国有）的文化和传媒企事业单位在文化产业中具有恰当的体量和控制力。注重把公有成分的文化和传媒资本结构优化与产业布局升级有机结合。尤其要在新闻的内容生产、发布渠道和传播载体的关键领域，确保文化载体和媒介平台的绝对公有制属性。此外，还要推动公有资本向全媒体技术相关的新

---

[1] 吴文：《公有制主体地位应体现在"控制力""相对规模""目的性"三方面》，载《毛泽东邓小平理论研究》，2021年第10期，第47-50页。
[2] 习近平：《习近平谈治国理政》（第2卷），北京：外文出版社2017年版，第175页。
[3] 习近平：《习近平谈治国理政》（第2卷），北京：外文出版社2017年版，第175页。

兴行业与关键领域加快集中，进而形成优势。重在优化资本结构，加强公有制文化和传媒企事业单位建设，提升主流媒介平台的先进文化引领力。

其次，要发挥公有制媒介平台的引领和导向作用。公有制媒介平台特别是国有文化企业和主流媒体具有坚持先进文化发展方向的政治优势，中国特色社会主义集中力量办大事的制度优势，资金、技术、人才、资源集中的规模优势，以及从中央到地方覆盖全社会领域的组织优势。要在不断提升主流媒体平台"姓公"程度的基础上，积极借鉴吸收多元市场主体的优点，以达到取长补短、引领风向、百花齐放的效果。要发挥好公有制文化平台引导和调节私有资本的优势和作用，真正做到"教育引导资本主体践行社会主义核心价值观，讲信用信义、重社会责任、走人间正道"[①]，形成壮大主流思想舆论的合力。

一是取长补短，在互联互通中引导。公有制媒介企业和平台要吸收借鉴私有资本成分的文化市场主体在运营机制、传播模式和技术创新中的长处和优点，发挥比较优势，寻求差异化发展，增强自身的兼容性、适应性和灵活性，在多元市场主体的良性竞争中提高自身的先进文化引领力和竞争力。从维护意识形态安全和信息安全的角度出发，大型国有文化企事业单位和央级媒体应自建互联网和大数据平台，并使之与商业互联网平台对接，加强合作。从降低运营成本和技术能力有限的现实条件出发，中小型文化平台，如省市级文化企事业单位和主流媒体，可一方面联通央级媒体，从"中央厨房"中获取内容供给，一方面与拥有较高用户黏性和流量的互联网头部商业文化平台合作共建，实现借壳经营。既保持主流媒体的独立性，保障文化生产和供给的自主性，又通过互联互通、共建共享的方式，形成对商业媒介平台的有效影响和制约。

二是资本运作，在经济融合中调控。私有资本往往为追求经济效益最大化而产出包含错误价值观和"三俗"文化的产品和服务，但单纯依靠市场机制无法引导其自动遵循正确价值导向发展经营。因此，公有制媒介平

---

① 习近平：《习近平谈治国理政》（第4卷），北京：外文出版社2022年版，第220页。

台和企业要通过控股、合资、合营等多种机制和方式，才能有效引导、控制和调节私有经济成分的市场主体，把它们从以增值为唯一目标的资本逻辑的狭隘自发性中解放出来，还原成为能够真正服务于主流文化内容生产需要的积极生产要素。转制为企业的国有文化和传媒单位特别是新闻出版机构，要坚持国有独资或国有文化和传媒企业控股下的成分多元化。此类企业上市时，要坚持国有资本绝对控股，确保对非公有资本形成足够的引导力和控制力；还要前瞻性地制定反资本渗透的预案措施，完善反垄断和防止资本无序扩张的制度安排，推动应激式治理和运动式治理模式向制度化治理模式转型。

三是抢占先机，在技术创新中引领。在党中央布局推进媒体融合战略，构建全媒体传播格局的新形势下，先进传播技术对文化发展的影响力越来越得到凸显。公有制文化平台特别是大型国企应紧密追踪技术前沿和产业发展趋势，针对互联网通信和新媒体发展领域的先进技术进行集中科研攻关。要发挥自身的综合优势，统筹好各方面的资源和技术力量，集中实施一批既有前瞻性又有战略性的科研攻关项目，推动实现一批关键核心技术突破和成果共享，抢占全媒体时代的传播技术高地，在服务经济社会发展和全媒体技术创新溢出方面形成示范效应。

三、创新全媒体情境下"同心圈层"发展模式

在全媒体时代，中西方之间，国内不同社会阶层和利益群体之间多元思潮的碰撞、交流和融合愈加频繁激烈。深刻理解不同文化观念互动、竞争、融合的复杂性，不同阶层群体思想觉悟认识的差异性，思想引导教育工作的渐进性，是探索社会主义先进文化传播方式的前提。在发展和传播社会主义先进文化的过程中，我们既要做到"高举旗帜"，又要"润物无声"，要不断创新适应全媒体传播格局的社会主义先进文化发展模式，对群众的引导教育方式要从"单向单维灌输"向"多向引导沟通"转变。判断主流意识形态传播效用的标准要从"全员认同"向"多数共识"转

变，做到分层分类引导。为此，新的社会主义先进文化发展和传播模式要从过去的"金字塔"式向"同心圈层"式发展和传播模式转变。

在传统的大众传播时代，社会主义先进文化具有政治文化属性和建构性，形成了"金字塔"式文化发展传播模式。这一模式要求从党中央到地方，从党内到党外所有民众不分思想教育背景、社会地位和职业差异，都要"高举旗帜"，与上级党组织乃至党中央保持一致。主流意识形态的传播方向是由党中央向社会大众的单向传播，方式是以行政化、运动式的显性方法进行社会主义核心价值观的"灌输"，目标是达成"上下一心"。这种模式曾行之有效，但在互联网及各种媒体全方位传播多元文化、激烈争夺受众注意力的全媒体传播情境中难以长久奏效。

习近平总书记在2016年和2018年指导网络安全和信息化工作时两次谈到，为了最大程度地凝聚共识，要形成和构建网上网下的"同心圆"。遵循这一思想，考虑到在先进文化发展中文化思潮"一元主导，多元并存"的现状，应创新构建"同心圈层"式的先进文化发展传播模式。这一模式考虑到全媒体时代社会中多元思潮并存、互动和争锋的现状，承认不同阶层和群体的民众存在认知差异，将"高举旗帜"和"润物无声"作为传播意识形态和主流文化的不同手段，有机结合使用，试图找到两者之间的适用边界。在这一模式中，主流文化的传播方向是由中心向外围分层渐进式传播，传播方式是将行政化、运动式的显性方法和协商沟通、互动式的隐性方法有机结合，推动主流文化辐射传导，目标是"达成共识"。这一模式坚持以社会主义先进文化为圆心，以党对媒体和互联网的领导为基本原则，具有以下三方面的结构特征。

一是以社会主义核心价值观为中轴。核心价值观是引领一个国家和民族文化发展的根本，是评判各种社会思潮和现象的标尺。社会主义核心价值观是建设各项事业的评价尺度和基本遵循，只有使社会主义核心价值观像水和空气一样成为人民日常生活中不可或缺的价值遵循，才能强社会主义发展之基，固民族复兴之本，凝中华文化之魂，聚众志成城之气。因此，培育和践行社会主义核心价值观理应贯穿于我们党发展社会主义先进文化的过程始终，培育和践行社会主义核心价值观的效果则是先进文化发展同心圆恰当与否的标准。

二是根据不同政治身份的人群划定圈层。其中，核心层由执政党领导层组成，他们是坚定的马克思主义者。思想特点是高度自觉，任务是构建和率先垂范核心价值观。中坚层由党内外先进分子组成，思想特点是对社会主义制度和党的领导高度认同，任务是对大众进行思想引领和宣传动员。大众层由普通民众组成，思想特点是对社会主义制度和党的领导的普遍认同，表现为在日常社会生活中对核心价值观的具体践行。外圈由极少数异见人士组成，思想特点是对主流意识形态和社会制度持不同意见，是产生不和谐因素的成因。对于核心层及中坚层中属于党内先进分子的部分群体，应采取"高举旗帜"的显性方式，甚至强制性要求，如以行政化、命令式、运动式的传统方式树立和传播主流文化和意识形态，目标要求就是同心同德，"与党中央保持一致"。中坚层中的党外先进分子这个群体虽然是较少数，但素质较高，社会地位较高，影响力较大，是影响和制约先进文化发展的"关键少数"。要尽量采用柔性、隐性的方式进行引导、沟通和说服教育，慎用、少用显性和强制性方式，但要坚决防止这部分群体在一些社会思潮和社会事件中出现错误倾向。对于大众层，应主要采取沟通、协商、对话等"润物无声"的隐性方式和柔性手段来传播文化和主流意识形态。还要通过不断提高人民大众的物质生活水平，以实实在在的发展成就彰显社会主义核心价值观的力量，弘扬社会主义先进文化。处于文化发展传播"同心圈层"边缘的多元亚文化圈，既是对主流文化的丰富，形成了当代中国的多彩文化底色，也要将它们视作反映主流文化发展中存在问题的"探测器"。对外圈极少数异见人士，一方面要秉持海纳百川、兼容并包的胸怀，对他们进行耐心的倾听沟通和说服教育，分析他们思想异化的原因，努力进行思想转化；另一方面要树立"红线意识"，一旦他们的言行突破底线，就应在合理的法律框架内进行约束甚至制裁。

三是"画出"网上网下同心圆的最大覆盖面。一方面，互联网拉近了人们的社交距离，也使党和人民更加贴近，成为体察民情、反映民意的好工具，群众工作随之更加高效便捷。另一方面，仅靠"屏对屏"方式，面对面沟通的亲切度、深入性、细致性等诸多优点往往难以发挥。在很多语境中，文字描述再丰富，不如语音更有温度；语音再亲切，不如面对面沟通更交心。因此，网上调查不能取代实地走访，微信群里布置工作、提交总结不能取代现场检查验收，群众问题不能只靠网上解决，还要尽可能上门沟通。此外，网民表达意见的情绪宣泄导致情绪衡量偏差，网民对不同议题的兴趣和熟悉程度[①]，网民构成的知识程度、文化和教育背景、年龄、性别，以及大数据舆情分析中存在的样本截断（truncation）和系统性偏差等多种因素的干扰，网民意见与真实的民意之间存在差异。因此，要认识到线上线下的舆情和社交方式的不同特点与局限性，不能因网络技术发达而放弃密切联系群众的优良传统和本领，不能以网民意见代替民意，要在网上网下同心圆中形成文化传播的最大覆盖面。

第三节　发挥先进媒介技术的积极作用

当网络新媒体兴起之后，党和政府及时认识到网络空间必须成为巩固主流意识形态和发展主流文化的主阵地，但人们对网络空间的认识往往侧重于将其视作一个"实然"的环境和"先置"的存在，因此以往的一些研究往往侧重于谈文化发展必须如何适应网络传播的新特点和新要求。这当然是与时俱进的，但又略显被动，是一种"刺激—反应"式的被动型文化发展策略。从系统论视角看，网络空间是数字空间的子系统。如果把数字空间比作一座漂浮在海面上的冰山，那么网络空间则是显露于水面之上

[①] 陈旭辉、柯惠新：《网民意见表达影响因素研究——基于议题属性和网民社会心理的双重视角》，载《现代传播（中国传媒大学学报）》，2013年第3期，第117-122页。

的冰山部分，它需要依托水下看不见的数字信息技术为底层支撑，是数字信息技术的集成和应用。技术的价值在于对人的全面发展起到促进作用，而技术的社会应用价值是由技术的开发和使用者赋予的。随着全媒体时代的到来，网络空间的文化传播规律和特点受到媒介技术特性的制约，由人们对数字信息技术的设计和应用来决定。因此，全媒体情境下的文化治理应向全媒体技术治理的领域"前移"。

与此同时，近年来，发展全媒体和先进数字信息技术的战略实践反映了我党对全媒体时代文化发展规律的认识过程。2014年8月18日，习近平总书记主持召开的中央深改组第四次会议审议通过了《关于推动传统媒体和新兴媒体融合发展的指导意见》，开启了我国关于媒体融合发展的顶层设计和国家战略。2015年，党的十八届五中全会首次提出"国家大数据战略"；2017年，国务院印发了《新一代人工智能发展规划》；随着媒体融合进程的不断发展，2019年1月25日，习近平总书记又提出了"加快推动媒体融合发展，构建全媒体传播格局"的战略要求。这说明，我们党已从传播和技术两个层面入手，形成了"媒体融合—技术支撑—全媒体传播"的发展实践路径。全媒体时代发展社会主义先进文化不仅要求主流媒体和网络媒体融合发展，更要将传播与技术两个要素融合起来协同发展，使全媒体技术为我们党发展社会主义先进文化发挥出应有的积极作用。

一、大数据技术筑牢社会主义先进文化发展的物质基础

人们总是在一定和既定的生产力水平上从事社会生产活动，文化生产作为一种创造人文精神和价值意义的特殊领域的生产活动，它的历史、现状和发展必然也受到生成文化的特定生产力水平和既定物质生产条件的制约。因此，"物质生活的生产方式制约着整个社会生活、政治生活和精神生活过程。"[①]

---

① 中共中央马克思恩格斯列宁斯大林著作编译局：《马克思恩格斯文集》（第2卷），北京：人民出版社2009年版，第591页。

以技术改善人的物质生活条件为文化发展的前提，才能确证技术理性存在的基础。只有重视科学技术在生产力结构中的重要作用，积极运用新科技革命成果发展生产力，才能创造出文化发展的良好物质条件，为文化的繁荣与发展夯实基础，实现人民对美好生活的向往和期待。

进入21世纪，新一轮以信息技术为核心的科技革命已在孕育和兴起。在社会发展和文化传播的过程中，信息数据的巨大价值逐渐被人们所认识。以互联网的蓬勃发展为基始，人的自身发展在日新月异且变化越来越快的外部复杂环境中，越来越依赖于所能获取的数据信息数量以及获取、甄别和使用数据的能力。大数据作为"制造物质生产（实体制造）工具"的"材料"和"'物联网'生产体系特有"的劳动生产资料①，虽然不直接参加实体性的劳动过程，不能直接产生价值，但是将大数据与其他物质生产资料相结合，将生成巨大的生产力。可以说，现代社会如果没有大数据，"劳动过程就不能进行，或者只能不完全地进行"②。

大数据技术是一种"管理数据"的技术，包括数据采集、存取、储存、处理、统计分析、数据挖掘、数据应用等。如果说马克思认为大机器体系的形成标志着19世纪大工业爆发和全面发展，那么到了21世纪，一个基于大数据技术，融合多领域先进技术，初具规模的"智能机器体系"正在推动信息产业革命完成。大数据技术体系是经济社会得以良好运行发展的支柱和财富，已经成为构筑国家信息安全和形成核心竞争力的重要基础。本书更为关注的是大数据正在并将继续塑造人们认识世界和改造世界的方法论，深刻改变人类文化实践的思维方式和存在方式，为全媒体时代文化发展筑牢物质基础。

首先，大数据技术推动社会分工的扩大化，在微观上提高生产效率和

---

① 刘方喜：《"大机器工业体系"向"大数据物联网"范式转换：社会主义"全民共建共享"生产方式建构的重大战略机遇》，载《毛泽东邓小平理论研究》，2017年第10期，第73—79页。

② 中共中央马克思恩格斯列宁斯大林著作编译局：《马克思恩格斯文集》（第5卷），北京：人民出版社2009年版，第211页。

规模递增效应,在宏观上创造新的经济增长点,不断提升支撑文化建设的生产力水平。

在人类历史上,科技进步往往是促成社会分工的重要推动力,技术的发展促使分工的发展,"机械方面的每一次重大发展都使分工加剧"①。因此手推磨促成了封建社会的农业生产分工,蒸汽磨生成了资本主义社会的机器工业分工,大数据技术革命带来的"信息磨"则催生了信息时代大数据产业的生成和产业链分工。

现代社会的经济运行过程中产生了海量大数据。基础数据经过数据计算、分析和挖掘等加工环节后,生成了呈现出特定规律和应用价值的数据信息,用户运用这些二次乃至多次加工的数据规律以达到实现数据价值的目的,包括数据的建模、预测、归类和结果呈现等。例如,设计生产流程的最低物料损耗和最佳库存周期的模型,计算物流存储的最优安排和最佳运输路径及最短时间,向特定消费者精准推送浏览的新闻主题、文化生活视频和娱乐休闲段子。大数据产业在其产业链的每一个环节都形成了专业的社会分工,产生了大量的公司,创造了大量的职业需求。大数据技术深度嵌入各行各业,形成技术外溢和创新的效应,尤其在文化产业领域发挥了不可或缺的作用,创造了诸如在线消费、游戏、教育和医疗、数字地图、搜索引擎等众多交叉性就业岗位,有力地促进了劳动就业和 GDP 的增长。

其次,大数据技术推动实现生产的社会化,为人民群众广泛参与社会管理和文化建设创造更加便捷高效的条件。资本主义社会化大生产的需要与生产资料私人占有的根本矛盾是资本逻辑所无法克服的。当"生产资料的集中和劳动的社会化达到了同它们的资本主义外壳不能相容的地步"时,"这个外壳就要炸毁了"②。唯一的解决办法,就是把私有化的生产资

---

① 中共中央马克思恩格斯列宁斯大林著作编译局:《马克思恩格斯文集》(第1卷),北京:人民出版社2008年版,第626—627页。
② 中共中央马克思恩格斯列宁斯大林著作编译局:《马克思恩格斯文集》(第5卷),北京:人民出版社2009年版,第874页。

料转变为"直接的社会财产"①，以致能够"按照共同的计划"调节并控制"全国生产"，从而克服资本主义生产难以克服的危机——"结束无时不在的无政府状态和周期性的动荡"②。理论上讲，社会化大生产的优势不仅在于部分地伸张了资本追求成本最小化和剩余价值最大化的资源配置逻辑，更在于国家可以此为基础，统一调配生产性资源，集中优势力量积累资本和配置稀缺性资源以发展国民经济命脉产业，特别是在事关国计民生的领域能够有所作为，确保国家安全与发展以及社会公平。然而，以往的社会化大生产的困难在于，由于可获得社会经济运行的各项指标数据常常是不全面、失真和滞后的，其所发布的调控指令往往不尽科学合理，那么社会化大生产就难以同步和协调，反而可能产生难以预测和控制的社会治理风险，形成一定的思想离心力，以致西方经济学的拥趸常常以此作为攻击共产主义者理想情怀和佐证社会主义制度失灵的论据。大数据技术的应用，将有助于解决以上难题。

第一，大数据技术提升信息采集和处理的完备性、准确性和及时性，增强人对社会运行的感知和认知能力。当可供决策的数据量不够时，人们只能通过抽样的方式对数据运行的规律进行模拟测算，但必然会带来不小的误差。而当数据采集量足够多的时候，则可以建立不强调理论预设、兼容信息失真、不注重变量因果、无限逼近真实情况的计算方法。在5G互联网的联通下，将各种类型的传感器和数据采集装置放置于产品的制造流程、运输过程和销售过程之中，基于分布式数据储存和云计算技术，能够实时地从海量的碎片化的"默会信息"中挖掘出有价值的信息，确保获得信息的有效性和全面性。通过对历史数据的深度学习和曲线拟合，可以更加精确地预测未来走向。

第二，大数据技术不断降低社会生产的不确定性，有助于提升社会发

---

① 中共中央马克思恩格斯列宁斯大林著作编译局：《马克思恩格斯文集》（第7卷），北京：人民出版社2009年版，第495页。
② 中共中央马克思恩格斯列宁斯大林著作编译局：《马克思恩格斯文集》（第3卷），北京：人民出版社2009年版，第159页。

展的协同力和文化建设的凝聚力。以往的社会治理中，信息作为一种权力总是掌握在少数人手中，指令的传达总是从组织最高层级开始逐级下达。金字塔式的指令传达模式使信息多层级、多轮回散播，容易在层层下达的过程中失真走样，时效性较差。无论经济组织还是政府部门，对市场信息的反应是迟滞的，对错误的修正是被动和应激性的。大数据技术的应用使得信息来源去中心化，信息渠道多元化，信息处理计算机辅助智能化，基层人员的自由度和能动性大大提升。企业依托供应链管理和客户关系管理等信息系统，特别是在区块链技术的应用下，决策和执行层级减少，响应时间缩短，组织运营效率大大提升，从而进一步提升了社会组织之间越来越大规模的协同能力。这样一来，各类社会组织的内外联系越来越紧密，大数据的公共性和社会应用性不断增强。人与人之间、组织与组织之间，人与社会之间的交往通过数据链接更加紧密而又得到时空拓展，社会各个子系统协同发展的可能性和必要性大大增强，必然会不断提升全社会的人文精神凝聚力。

第三，大数据技术协助建立个性化和多样化的供求关系，使社会化生产走向"共建共享"的全民生产模式，形成了基于大数据链接的生产实践共同体。大数据技术通过互联网在全社会乃至全球范围内将与生产相关的从业者凝聚在一起，为着共同的目的进行生产合作。在宏观上，生产领域不断扩大，生产工艺日益复杂，生产流程不断增加，导致社会分工扩大和劳动协作加深；但在微观上，大数据技术及其衍生技术系统使人们可以获得的知识和资讯增加了，可以分享和互动的信息和渠道多元化了，可利用的生产资料增多了，个人独立从事劳动的能力反而得到了增强。社会组织之间，组织与个体劳动之间既相互依赖又彼此独立，社会化大生产日益表现为生产和协作的网络化。这种网络化的组织和生产模式很大程度上推动了生产者寻求社会化的合作生产：劳动者认识到交易信息日渐透明和专业化分工将带来更高生产效率，对非核心要素的生产和生产资料的控制成本将高于将其外包的交易成本，从而集中精力于其核心生产要素的资源配置和生产能力及效率的提升。生产和协作的网络化，能够方便获取的供需信息以及网络上随处可以购置的各种原材料和生产工具大大降低了生产者的门槛。抖音、微信、社交网站成为人们展露才华的舞台，越来越多的用户需求被重视，越来越多的创意成为商品，大量个性化、零散化和小众化的"奇异性"消费需求越来越多地被满足。社会生产的网络化使生产的社会化"深入到生产过程中的最细小的环节，真正把人类的实践连接为一个整体"①。

二、技术民主化保障人民发展权益

技术合理性成为统治合理性，必须经过技术政治化的转化过程。当技术的合理性变成"政治的合理性"②，就意味着技术异化通过技术政治化的路线到达了成为统治阶级虚假意识形态的终点。由此，马尔库塞之后的法兰克福学派学者如芬伯格、哈贝马斯对技术批判的旨趣在某种程度上转向了技术的政治化批判。实际上，这还是对虚假意识形态作为政治场域的具象化的主宰形式所做的更为具体和微观层面的批判，并未脱离技术的意识形态化批判轨道。对此，芬伯格和哈贝马斯殊途同归地提出了纠偏技术异化、保障人民使用技术和获取技术红利正当权利的路线——技术民主化。虽然他们对于实现技术民主化的具体设想各不相同，不乏寄希望于统治阶级"自我革命"的浪漫幻想，在施行细节上也有不少疑问，但毕竟带来了规制技术异化的希望和可能，可资全媒体时代发展社会主义先进文化借鉴。

在马尔库塞看来，技术的合理性表现为技术作为一种生产力的形式可以推动社会发展，而其不合理性则在于技术异化夺取了社会控制权。因此，技术必然内在地包含了意识形态性，从而撕开了技术"价值中立"的外衣。芬伯格也坚持了技术具有价值偏向性的观点，认为技术设计并非中

---

① 张建云：《大数据技术体系与当代生产力革命》，载《马克思主义研究》，2021年第4期，第58-68页。
② [美]赫伯特·马尔库塞：《单向度的人：发达工业社会意识形态研究》，刘继译，上海：上海译文出版社2016年版，第7页。

立,而是"通过支持统治利益的授权具有规范上的倾向"①。他更进一步地通过技术工具化理论,细致描述了技术结构中意识形态所处的位置,以及技术意识形态化的生成过程。芬伯格创造了一个重要概念——技术代码或技术"编码"。技术代码是一种沟通了技术需求和社会需求的"技术合理性",用以描述技术设计中不同利益群体的利益嵌入过程,也是技术工具化和民主化的重要媒介。芬伯格认为,工具化分为两个步骤。初级工具化是一种与价值无关的,纯技术环节的,工具应用性的代码解构与重构过程,解决的是生产效率最大化问题。而次级工具化是将社会伦理和文化规则的价值和意义编入技术代码的技术社会化过程,解决的是符合道德原则下的利益分配的问题。技术设计中无涉价值的工具性部分体现在初级工具化的过程,而技术的意识形态化则体现于次级工具化的过程。由于技术总是处在特定的社会历史条件之下,因此人们可以选择多种方式设计和应用技术。技术既可以被用于集权和控制,也可以用于实现民主。关键看谁能取得技术的控制权和对技术代码进行怎样的编码。在资本主义生产关系中,由于资本逻辑和技术过程深度结合,使技术设计总是服务于资本家控制劳动者和利润增值的需要,必然会为了维护特殊阶层的利益而损害社会公益。于是资本家总是希望把技术编码集中于初级工具化过程,通过把技术与价值相分离,把劳动者工具化,把劳动过程变成一个便于控制和管理的机器体系,从而"把技术排除在民主的议题之外"②。

由此看来,施行技术民主化的出路在于赋予次级工具化的价值理性,路径就是推动公众参与。通过技术管理者和使用者的交流沟通,在技术的设计和实施过程中更多地考虑弱势地位阶层特别是劳动者的社会需求,解放大众被控制、被压迫和被剥削而无能为力的状态。具体途径有三:一是多元利益群体之间展开辩论,将不同利益群体的呼吁编制为一个政治议

---

① [美]安德鲁·芬伯格:《可选择的现代性》,陆俊、严耕等译,北京:中国社会科学出版社2003年版,第103页。
② Andrew Feenberg, *Transforming Technology: A Critical Theory Revisited*, New York: Oxford University Press, 2002, p.3.

程。二是用户参与技术设计过程,以确保公众利益的渗入。三是用户根据自身需要对技术的再发明和改造,以释放技术的更多应用潜力①。大众的反抗给统治阶级带来压力,也形成了不同阶级沟通与对话的动力,但还需要一个有利于公众参与的成熟规范的公共技术领域作为保障。技术民主化思想指出了一种可能:公众的意见和抗争是现代民主社会不可忽视且越来越大的力量,将公众意见和专家意见引入技术决策,扩大公众在技术设计中的参与度和话语权,通过设计政府、技术专家和公众三方的利益协调机制,有望改善技术异化的负面效应。关键在于,如何推动公众在技术决策中的参与度和话语权。幸运的是,计算机技术为技术民主化带来新的机遇,特别是互联网技术革命将成为重要的推动力量。

芬伯格受到计算机技术应用和互联网技术革命的启发,认为技术可以是"双向度"的。如果只是看重计算机的信息运算、储存和控制的功能,那么计算机当然是一种控制系统;但是计算机组成的互联网还具有传播信息和知识的功能,可以帮助用户建立新的社会关系,加强人际交往。此时,计算机网络就成了可以发挥而不仅仅是压抑人的主体性的交往媒介。事实上,每一种新技术的出现,都伴随着技术是"新的威胁"或者"解放的希望"的争论。互联网技术如果被用于控制和操纵,那只是"智能"(计算机)的"一种特殊的情况",而不是"智能的典型的事例"②。包括互联网技术在内,技术到底是被用作控制人——"维护等级制度的原理",还是用于解放人——"民主的合理化原理",取决于技术之外的因素。

对互联网技术的设计和应用就是在设计人们的新的存在方式。因此,技术的"人化"突破了以往哈贝马斯把技术限制于"劳动"范畴的设想,使技术不可避免地进入"生活世界"。计算机技术,特别是互联网技术成为技术民主化得以推行的条件和路径。计算机网络具有可重复的检索和存

---

① Andrew Feenberg, *Alternative Modernity*, Berkeley and Los Angeles: University of California Press, 1995, p. 39.
② [美] 安德鲁·芬伯格:《技术批判理论》,韩连庆、曹观法译,北京:北京大学出版社 2005 年版,第 122 页。

取功能，对文本的编辑（添加、删除、修改）等都具有匿名性，用户远程操作，不需要到场，因此削弱了物理意义上的传统社会控制，生成了由计算机网络节点组成的交往和对话结构。当然，公众参与技术设计与决策，不是技术性地参与，而是要在次级工具化过程赋予技术价值和意义的环节进行参与。互联网技术在其间发挥的作用就是联结个体抗议者的行动关系网络，生成表达利益诉求的舆论场域。当大量个体在现实生活中遭遇到技术带来的限制和压抑时，互联网使人们能够方便地寻找到那些受到技术应用后果牵连和影响的利益相关者，"使其成员加入到各种临时的社会契约中"①，并结成网络社群，从而增加互信，放大利益诉求的呼声，"随时调动起来参与抵抗"②。通过舆论施压特殊利益集团，可以实现公众对技术决策深入而广泛地参与，从而增强了抗争技术不公的公众力量。

尽管有声音质疑互联网技术是否能够真正起到技术民主化的助推作用，因为互联网技术造成了新的"数字鸿沟"——对掌握网络技术的人而言，通过互联网进行技术抗争当然是有利的，但对于不掌握技术细节的公众而言，他们缺乏对互联网技术的系统性了解和把握，无法提出真正能够维护自身利益的意见。即使抗争得到重视，也可能在对技术规则的形式修改过程——"技术黑箱"中再次被蒙蔽。同时，技术的复杂性和变化性导致要恰如其分地进行技术伦理设计本身就十分困难，计算机网络技术看似提供了解放和自由之路，却隐含新的监视和控制。由是，可能形成一种新的形式平等而实质不平等的技术民主化。对此，社会主义制度的确立和社会主义先进文化的发展可以成为弥补芬伯格技术民主化路线缺陷的根本解决方案，进而通过完善技术民主化的理念和路径，保障人民充分享有媒介技术进步带来的公平正义和美好生活。

首先，要以社会主义核心价值观规制资本为逐利而追求技术控制的天

---

① ［美］安德鲁·芬伯格：《可选择的现代性》，陆俊、严耕等译，北京：中国社会科学出版社 2003 年版，第 190 页。
② ［加］安德鲁·芬伯格：《在理性与经验之间：论技术与现代性》，高海青译，北京：金城出版社 2015 年版，第 70 页。

性。在资本主义制度下，主要依靠民众抗争施压来实现技术民主的不可靠方式，变成社会主义制度下马克思主义政党和政府从"以人民为中心"的人本主义出发，制定确保人民大众广泛参与国家制定科技发展方针，监督有关方面实施新兴全媒体技术的切实可行的政策措施。当下，要通过普及和提高大众的科学技术素养，合理而广泛建设公众参与技术决策的平台和机制，保护言论自由，保障公众参与民主决策的规范化、制度化。

其次，要坚定社会主义先进文化的价值追求。要通过发展社会主义先进文化，提升个体追求自由和解放的主体意识和觉悟，使人们认识到，即使全媒体技术带来的新的技术异化还无法在很短时间内得到圆满解决，但人们如果能够理性地认识到现实的局限性，认识到"技术只是人的一个方面，但有时似乎涵盖了整个人的存在。这是一种危机，一个人只有意识到自己赋予这种技术怎样的价值、他的技术与他人的技术存在怎样的差别，才能克服这种危机"①，对技术异化的警惕和防范就产生了。人们将对技术设计和应用环节中公众利益受到的侵害可能性产生觉醒意识，进而生成监督技术设计和发展的呼声，越来越多的技术受众特别是受害者就能聚集起来参与对技术异化的抗争。在此过程中，技术受众的主体性已经得到初步肯定和张扬。

最后，要进一步提升大众的主体性意识和人文素养。网络素质和人文素养是全媒体时代发展社会主义先进文化的前提条件，也是社会主义先进文化借助全媒体技术传播需要解决的问题。技术是从属于人的技术，只有人充分发扬了自身潜在的主体性才能掌控技术。要正确理解好、处理好技术与文化、技术与人的关系，把网络当作知识的来源、成长的天地，扩大眼界和社会实践的场所；要自觉抵制对微博、微信和短视频的使用依赖症，破除时间零散化、信息碎片化的魔咒；要提升辨别海量信息良莠真伪的能力，提高信息资源使用能力和效率。如此才能为技术民主化打下坚实基础，并在推动技术民主化的过程中合理地运用技术为人类造福。

---

① ［英］雷蒙·威廉斯：《文化与社会（1780-1950）》，高晓玲译，长春：吉林出版集团有限责任公司 2011 年版，第 344 页。

第五章

全媒体时代发展社会主义先进文化的路径和机制

社会主义先进文化植根于中国特色社会主义伟大实践。全媒体技术在近年来的发展中已经展现出助推文化发展的内生力量,但在当下,全媒体技术运用与社会主义先进文化发展还有待进一步融合,资本力量对媒介技术及互联网媒介平台还存在过度控制的现象,全媒体技术应用者不当使用技术和被技术控制交织的困境依然凸显,同时社会主义先进文化的传播载体和阵地需要持续深化和拓展。因此,要积极探索全媒体时代保持社会主义文化发展先进性的路径和机制,在文化与技术互动发展的生动实践中释放全媒体技术弘扬主流价值导向的巨大潜能;要科学运用先进全媒体技术不断提升社会主义先进文化内容生产的效率和针对性,不断提高先进文化传播的精度和受众体验,增强社会主义先进文化的引领力和影响力。总之,要真正发挥好全媒体技术推动社会主义先进文化发展的积极力量,把全媒体时代建设成为"善治善用"全媒体技术,实现人的全面发展和社会主义先进文化大繁荣、大发展的时代。

第一节 增强全媒体时代党的文化领导力

中国共产党始终积极倡导、引领和践行着中国先进文化。无论全媒体时代发展到什么阶段,坚持中国共产党的领导是保持社会主义文化发展先进性的首要前提和根本保障；无论全媒体技术发展到什么程度，坚持党管宣传思想文化，坚持党管媒体和互联网，这是一以贯之的基本原则。进入全媒体时代，必须着力提升我们党驾驭全媒体技术的能力，不断增强党的文化领导力。

一、明确"引导—协同"式发展机制

社会主义先进文化作为一种主导文化和政治文化，具有很强的导向性、科学性和意识形态性。中国共产党始终坚持对广大人民的思想觉悟和文化品位进行长期反复的教化、培育和提升，不断巩固先进文化的引领地位。在全媒体时代，媒介技术发展形成的"去权力化""去中心化"传播方式加剧了各种文化思潮的震荡，技术的设计和应用对价值观的影响也越来越大。因此，要形成和强化对数字空间、网络媒体和媒介技术的引导和把控的机制，这是社会主义先进文化繁荣发展的根本保证。

全媒体技术特征生成了开放、共商、共享的发展理念，还要求文化发展过程的多主体协商和协同共治。在全媒体时代，公众对多样化信息的占有需求冲击了信息数据的垄断权力；意见的多点生成、意义的多角度变换和信息的多维流通要求破除权威式说教和单向性灌输，寻求在对话与协商中达成思想的统一和意见的共识。公权力的运用应适应全媒体技术环境的变化，使权力的决策机制转向"数据驱动"，权力的运行过程更加民主透明，权力与民意的沟通渠道更加畅通。要通过充分的意见沟通、信息交换和数据分析，形成关于社会发展目的、发展方向和发展方式的价值共识。要将全媒体技术的优势和红利转化为各部门、各领域、各阶层民众的精神动力和协同行动，使整个社会的各个功能子系统得到整合，步调一致地发挥作用；使社会文化结构更为稳固，形成发展合力；使人民群众的思想观念同频共振，坚定文化自信。

二、建立数字公权力边界界定机制

进入全媒体时代，推动公权力的数字化转型是我们党适应全媒体技术

革命挑战，加快国家治理体系和治理能力现代化，增强党的文化领导力的重要保障，是党和政府"善治善用"全媒体技术推动社会主义先进文化发展的前提条件。在当代中国，强大公权力的形成及其数字化符合广大人民群众的客观需要。基于对我国政府公权力和公信力的高度认同，人们认识到全媒体技术成为提升国家治理现代化水平的"增幅器"，并将数字公权力转型作为实施全媒体战略的核心和基础。当然，这种数字公权力的使用和效能并非无边，过度扩张又会导致对人民群众应正当享有权利的侵害，影响文化生长活力和社会变革空间。为此，要科学设计公权力的边界数字化界定机制，科学界定数字公权力和私人权利的合理限度，使数字公权力在"善治"与维护公众权利的"善用"之间获得动态平衡。

首先，明确拓展数字公权力边界的基本原则和评价标准。拓展数字公权力的边界不是"摊大饼"，应该在社会发展和生活各个领域有所为，有所不为。在思想文化领域，数字公权力要主动引领和介入，主动抢占数字技术空间和网络空间。媒介技术日新月异的发展为公众充分表达思想和意志提供了多元渠道。数字公权力在思想文化领域的作用效果要以是否有利于社会主义先进文化发展为评判标准，要依托大数据技术、语义分析技术和算法技术等对各种思潮进行筛选过滤，把握好言论自由尺度；而在各级政府权力运行方式和运行过程中，数字公权力则应是收敛与自我约束的。全媒体技术和大数据技术为权力制衡与监督提供了新的思路和方法，各级政府部门广泛设置微博、微信、公众号、视频号等拓展公众网络问政、信息公开和民意沟通的渠道；各地各部门积极开展大数据跨行业、跨部门和跨层级的整合与共享，增加决策的客观性和科学性；有的地区还采用大数据技术防治腐败，编织"数据牢笼"[①]。在这些方面，公权力的数字化意味着对传统权力的约束、转型以及自我完善，这将伴随着技术越来越深地介入权力运行和决策过程而日益实现。

---

① 谭海波、蒙登干、王英伟：《基于大数据应用的地方政府权力监督创新——以贵阳市"数据铁笼"为例》，载《中国行政管理》，2019年第5期，第67-71页。

其次，设计数字公权力边界动态变化的调控机制。随着技术对社会生活不断塑造，对权力结构和运行方式不断重构，数字公权力的边界是动态变化的，因此要对数字公权力进行合理授权与规制，在其越界时及时纠错。各级政府应与社会力量广泛合作，形成扁平化、多中心的治理生态。通过设计新的利益表达、协调和保护机制，实现社会在冲突与秩序、规制与活力中的辩证发展与动态均衡。

三、健全网络综合治理体系

近年来，西方国家把倡导互联网自由作为推行网络文化帝国主义的抓手，敌对势力借助互联网炒作和放大一些社会热点和敏感事件，使得"一般问题政治化，局部问题全局化，国内问题国际化"[①]，消极、负面和怀疑情绪弥散。一些主流媒体跟不上网络传播技术的发展步伐，弘扬主旋律的声音淹没于商业媒介平台和自媒体的嘈杂舆情中；一些互联网平台为争夺流量客户开展无序和失范竞争，生产出大量媚俗审丑、色情暴力、崇洋拜金的亚健康内容；娱乐圈艺人失德事件频发、"饭圈"乱象愈演愈烈……这些都给社会主义先进文化的发展造成很大干扰。对此，党的十九大报告明确提出"建立网络综合治理体系，营造清朗的网络空间"要求。相关部门按照国际通行惯例，陆续制定了互联网新闻信息内容生产和发布的有关法规，开展"净网""清朗"等系列专项行动，并利用技术手段加强对网络的监管和治理，主要措施包括外网屏蔽、信息审查、敏感词监测和网络实名制等，成效显著。然而，一直有人对国家采用的一些技术监管手段存在一些争论，争论的焦点集中于这些措施会不会限制人民的正当言论自由。由于西方文化霸权作为一种被意识形态化和被政治操纵的强势文化侵略行为，对中国的文化冲击和渗透态势正在借助更加先进的全媒体技术而不断增强，同时网络隐匿性使网民失德违法成本过低而造成的各种失范问题难以根除，因此，采取网络监管措施是现有条件下面对强势文化入侵和

---

① 杜骏飞：《互联网思维》，南京：江苏人民出版社2015年版，第14页。

净化内部网络生态的必要行为。在对监管信息内容进行科学而合理地认定、对网民隐私权进行有效保护的基础上，还要进一步建立健全网络综合治理体系。

首先，要走好网络治理的群众路线，构建各负其责、齐抓共管的网络治理体系。要加强与公众的沟通和教育，使公众了解百年未有之大变局、中华民族复兴大局中的中西方文化碰撞态势，理解维护国家文化安全、信息安全和网络道德文明的重要意义，争取最大程度的民意认同。同时，要变监管为共治，疏堵结合，推动决策透明化、民主化，实施数据共享工程，加强信息公开，不断完善政府有关部门指导、监督和评估，公共和商业网络服务商分责、筛查和上报，行业组织自律自治，自媒体和网民自我约束、互相督促的网络治理体系。要尊重和相信网民的创造性智慧和追求真善美的道德倾向，帮助民众不断提升网络文化内容的审美水平和传播自律性，做到强制与自律相结合，管制与自治相补充。

其次，要建立和完善网络治理的纠错机制。对网络、技术及其治理的规律性认识是渐进的过程，需要不断试错和积累经验。大数据技术使人们可以对海量的互联网信息进行数据清洗和过滤，挖掘出有价值的信息，对数据的含义进行语义分析和统计学意义上的推断，进而设计出合适的筛查算法程序，以用于寻找和预警可能存在政治、道德和法律风险的不良信息。尽管如此，机器算法只能给出可能结果的概率，而不是精确的确定性，它为人们揭示的是相关性而不是直接的因果关系。因此，再先进的技术也需要人工复查和设定具有价值倾向的判断，并进一步结合目标信息或对象在其他领域的关联性数据进行交叉检验，从而缩小误差范围。然而，系统误差或偶然误差是难以完全避免的，错误率是必然存在的。为此，应设计合理的纠错机制。一方面，要由网信办和监察部门认定和追究因技术使用者主观恶意或疏忽而必须承担的责任。另一方面，对技术应用的对象而言，一旦发生错误偏差，要由有关部门根据问题性质和后果的严重程度，采取沟通、道歉、补救直至赔偿等救济措施，以最大诚意和最大努力求得当事人和公众的理解和支持。

第二节 防止资本对互联网媒介平台的过度控制

纵观世界各国媒体产业和传媒集团的发展历程，资本在媒体发展过程中起了很大的推动作用。资本家投资媒体的最初目的是盈利，因此总是试图以资本化、产业化和公司化手段对媒体进行控制和运营，进而通过规模化效应获得利润的最大化。当资本掌控了媒体之后，为稳固和延续攫取利益的独特权力，又以捍卫新闻自由为借口颠覆新闻传播的公共性。受到资本控制的媒体常常以资本家的利益诉求为标准，有倾向性地传播包含特定价值观的新闻信息，将媒体转换为压制不同意见的手段，并通过引导消费主义流行把大众"培养"成为缺乏独立思想和判断能力的享乐主义者。

在社会主义中国，全媒体时代到来之前，党的宣传部门和主流媒体是把控传播内容和渠道的"把关人"，虽然也存在大量市场化运作的媒体，但它们基本属于国有，仍然可以直接领导和加以指导，加之国家禁止外资从事新闻采编业务，媒体行业中的资本要素仅仅作为可以流动的生产要素，起到优化资源配置的作用。随着大量互联网平台企业兴起，资本力量借助国家大力发展互联网产业的契机，迅速地介入这一新兴领域，逐步形成对互联网媒体产业以及上下游产业链的渗透。有研究显示，当下中国一些主要的互联网平台巨头获得了境外风险资本的投资（见表5-1）。外资采取多种方式进入中国网络媒体市场[①]，通过种种复杂的股权运作、公司套壳和合约控制，实际上获取了经营国内互联网业务的中国公司的控制权。在某种意义上，我国部分互联网公司成了外资所有者在经营国内互联

---

① 闻学、肖海林、史楷绩：《境外资本进入中国网络媒体市场：方式、机制、规模和分布》，载《中央财经大学学报》，2013年第9期，第50-56页。

网业务的代理人①。其他众多中小互联网企业往往不是被互联网平台巨头注资入股，就是得到了国内各类风险资本的投资。虽然根据《互联网新闻信息服务管理规定》等有关法规的规定，商业互联网媒体平台并无授权可以进行新闻采编和播发②，但它们可以基于特定价值倾向和商业利益设定算法，有选择地编辑、加工和转载来自主流媒体的新闻信息，进而向公众定向播发具有价值和内容偏向性的"资讯"，从而绕过种种法规限制③。根据对移动资讯分发平台用户平均停留时长的调查，排行前十的资讯分发平台都是商业互联网媒介平台，并且资讯 App 和社交 App 已成为用户获取资讯的两大入口④。可见，资本控制下的商业互联网媒介平台事实上已成为议程设置的第二"把关人"。

表 5-1　部分中国互联网公司股权结构⑤

上市公司	上市时间	上市注册地	上市方式	第一大股东	主要股权
阿里巴巴集团	2014	开曼群岛	VIE（纽约证券交易所）	日本软银（截至2016.6.1）	日本软银 28%；雅虎 15.4%；阿里巴巴董事局主席马云 7.8%

---

① 荆林波、王雪峰：《外资对我国互联网业市场影响的研究》，载《财贸经济》，2009 年第 5 期，第 97-103 页。

② 2000 年 11 月 26 日，国务院新闻办公室和信息产业部发布《互联网站从事登载新闻业务管理暂行规定》，该规定第七条指出，"非新闻单位依法建立的综合性互联网站，……经批准可以从事登载中央新闻单位、中央国家机关各部门以及各省、自治区、直辖市直属新闻单位发布的新闻的业务，但不得登载自行采写的新闻或其他来源的新闻。非新闻单位依法设立的其他互联网站，不得从事登载新闻业务"。

③ 2005 年，国务院新闻办公室、信息产业部发布《互联网新闻信息服务管理规定》，规定只有国有资本才能进入新闻采编首发领域，民营资本可以进入新闻信息的转载领域，禁止境外资本进入到首发和转载领域。2022 年，国家发展改革委、商务部联合发布的《市场准入负面清单（2022 年版）》更加明确规定，非公有资本不得从事新闻采编播发业务。

④ 《2018 年度中国移动资讯分发平台市场研究报告》，https：//www.sohu.coM/a/304315994_783965（访问时间：2019 年 3 月 28 日）。

⑤ 黄楚新、彭韵佳：《透过资本看媒体权力化——境外资本集团对中国网络新媒体的影响》，载《新闻与传播研究》，2017 年第 10 期，第 68-78 页。

续表

上市公司	上市时间	上市注册地	上市方式	第一大股东	主要股权
腾讯控股有限公司	2004	开曼群岛	VIE（港交所）	MIH TC（截至2015.12.3）	MIH TC（米拉德国际控股集团公司）33.49%；马化腾通过全资拥有的英属处女群岛公司持有8.2%
百度	2005	开曼群岛	VIE（美国纳斯达克）	李彦宏（截至2016.2.29）	李彦宏持有A类普通股16.1%，通过全资拥有的Handsome Reward Limited公司拥有B类普通股15.9%；Baillie Gifford & Co（Scottish partnership）拥有A类普通股7.2%；所有董事与高级管理人员共16.7%
优酷土豆	2010（已摘牌）		纽交所	阿里巴巴	Ali YK Investment Holding Limited（该公司隶属于阿里集团）20.7%；优酷土豆董事长古永锵18.1%
网易	2000	开曼群岛	纳斯达克	丁磊（截至2015.12.3）	网易董事长丁磊44.8%；Orbis Investment Management Limited12.8%；Capital Research Global Investors6.5%；Lazard Asset Management5.5%
新浪	2000	开曼群岛	VIE（美国纳斯达克）	曹国伟（截至2016.3.31）	曹国伟17.8%；Creenwoods Asset Management Limited and its affiliates 7.5%；Fosun International Limited 6.8%；Platinum Investment Management Limited 6.4%；Morgan Stanley 5.5%

对此，习近平总书记在2021年12月8日中央经济工作会议上强调，要为资本设置"红绿灯"，依法加强对资本的有效监管，防止资本野蛮生长。互联网媒介平台拥有的信息生产和发布行为必须接受宣传思想文化部

门的指导和统筹，遵守文化政策法规，真正服务于先进文化的内容生产和传播。互联网平台掌握的海量用户数据不能被笼统地视为私有财产，不能以涉及商业机密为由而规避审查，而应在合理审查后有选择性地与政府公共大数据平台对接或向公众开放。总之，既要利用资本力量发展互联网事业，又要限制资本逻辑对互联网媒介平台的控制，使互联网媒介平台成为传播社会主义先进文化的重要阵地。

一、构建反垄断预警监测系统

2022年4月29日，习近平总书记在主持中共中央政治局第三十八次集体学习时强调，要全面提升资本治理效能，通过健全事前引导、事中防范、事后监管相衔接的全链条资本治理体系，提高资本监管能力和监管体系现代化水平①。新生事物的发展总快于规制的产生，资本力量总是不停变换形式和手法试图获取掌控媒体的更大自由。面对全媒体技术发展带来的层出不穷的新问题，除尽可能及时健全法律法规外，应预设反垄断和预警处置的法规和预案。在广泛征求意见、科学论证、充分鼓励私有资本创新和维护其正当权益的基础上，将反映互联网媒介平台运营状况的有关指标纳入观测范围，科学合理设计预警指标，结合审批备案、登记注册、人员身份、资格评估等制度和环节的把控，就境内外资本可能对文化与新闻资讯的生产和发布形成控制与垄断的趋势进行提前预测、干预和阻断。整个预警监测系统可分为三阶段施行：

第一阶段是培育和引导。在互联网媒体平台成长之初，国家对互联网媒体平台的发展不加以过多干涉，根据"审慎包容"的原则，就其在日常经营管理中出现的逾规行为加以教育、引导、训诫或给予一定的处罚，还应给予一定政策扶持，发挥资本要素勇于探索未知领域、先行先试的积极作用。

---

① 《依法规范和引导我国资本健康发展发挥资本作为重要生产要素的积极作用》，http://politics.people.com.cn/n1/2022/0501/c1024-32412763.htMl（访问时间：2022年5月1日）。

第二阶段是规范和监督。基于对一定的观测指标数据（例如资产总值、市场占有率、流量和用户数等）的分析，设定经营行为警戒线。当互联网平台发展壮大到一定体量，可能形成数据和信息等垄断，或在日常经营活动中频频发现其采用各种手段规避监管时启动预案，由宣传、网信会同金融等监管部门采取训诫、处罚直至派驻专员进行督察整改等逐级加强的方式进行处置。

第三阶段是改造和创新。当互联网公司巨头已成长为影响国计民生的新型支柱产业实体，已经在事实上形成信息垄断和操纵的态势时，国家启动深度介入程序。一是国家以管理股、"黄金股"① 或优先股等方式进行介入，掌握相当程度的管理权限，与其他资本方共同管理。二是根据反垄断法的有关规定将其进行拆分，使其丧失市场支配者地位。三是将企业产权和经营权适当分离。在某些特定情况下，根据创始人和原始股持有者的意愿，可以让他们在得到相应补偿，并且充分享受企业发展红利的基础上逐渐退出经营管理范围。企业转为由国家控股经营，社会各界多元化参股的新型企业。

二、强化行业审查监管机制

首先，明确对互联网媒体行业社会责任的检查督促机制，进一步督促互联网媒体平台承担应有的社会责任。在新闻转载方面，平台要严格落实《互联网信息服务算法推荐管理规定》，有效维护新闻舆论的导向性和资讯传播的公正性。给予政务机构、主流媒体和专业机构以更高的曝光度和更大的流量导入，确保对主流媒体播发的重要信息和社论进行及时和全面地

---

① 黄金股亦称"特权优先股"或"特权偿还股"，是英国政府在1979年以后，实施企业民营化时推行的，以确保社会公共利益、保护消费者、完善竞争条件及防止外国企业的敌对性的企业兼并为目的而发行的一种股份。原则上是由政府，但通常是财政部持有，是面额1英镑为1股的股份，可以行使比其他的股份优越的权利。黄金股及其在章程中规定的优越权利由黄金股持有人所有。即使将国有企业股份的100%公开转让，使它变为民营企业后，政府仍可通过黄金股和其在章程中规定的权利对企业行使管理控制。因此，采用黄金股，有助于保持公有制原则。参见李伟民：《金融大辞典》，哈尔滨：黑龙江人民出版社2002年版，第11页。

转载。同时，平台对从外部进入的资讯、链接和应用，不得因平台之间的竞争关系和利益冲突而随意使用技术手段进行屏蔽，以达到排他性的市场占有或引导舆论的目的。网信部门应在严格确保商业知识产权和平台信息安全的前提下，根据需要对平台的资讯分发推荐算法进行价值伦理审查。在资讯播发方面，要求平台在醒目位置标识其所发布的信息性质，对新闻类信息标注其转发的来源出处，保护知识产权。对非新闻类资讯的属性也要做相应标注，对其真实性进行考证或标注警示。在舆情治理方面，严格落实《互联网用户账号信息管理规定》等规章制度，落实好网络实名制，IP地址归属地公开，加强对互联网用户账号注册信息的认证和管理，对违反公序良俗和相关规定的言论进行技术筛查和处理。

其次，设计审查监管的评级打分和责任倒追与申诉机制。各个互联网媒体平台的发展情况千差万别，对互联网媒体平台的监管不应"一刀切"，而应区分情况，因地制宜。有关部门可以在总结经验的基础上优化监管内容，进行打分评级并设置监管台账记录。平台受到的管制一旦增多，就会影响发布信息的内容、数量和速度，进而间接影响到广告投放和用户体验，最终会影响盈利状况，从而产生较大震慑力。评级打分可由宣传部门会同本行业其他具有代表性的互联网媒体平台共同打分，还可吸收法律、文化和伦理学方面的学者以及网民代表，组成信息伦理标准审查委员会，确定需要仲裁的问题的类型和范围，对疑难问题进行裁决。同时也要预留给互联网媒介平台及其用户以充分合理的申诉和自我维权渠道，以尽可能确保对互联网媒介平台监管的公正性和科学性。

最后，提高惩戒标准和执行力度。资本常常为逐利而放松对信息的审查和管制，教育与训诫虽然可以在一定程度上提升互联网平台从业人员的职业规范，但难以拔除资本逻辑的劣根性。纵观目前对互联网新闻和信息发布违规的处罚规定，一般根据互联网媒介平台发生问题的严重性而分别采用约谈，给予警告，责令限期改正；责令暂停信息更新；直至限制从事网络信息服务、限制网上行为、行业禁入等惩戒措施。但这些惩戒措施所规定的失范行为比较笼统，在操作中不易界定，行业监管部门应在执法过程中累积经验，形成切实可行的操作手册，并在实践中加以动态完善。同时，在近年来的实践操作中，行业监管主要采取约谈的形式。现行惩戒措施对通过平台发布失范违法内容以及平台审查内容过失方面的经济处罚力度太低[1]，没有起到应有的警示作用，应大幅度提升经济处罚的标准。此外，根据2022年3月29日国家发展改革委、商务部联合发布的《市场准入负面清单（2022年版）》中有关规定，对要求以告知承诺方式获得许可准入广播电视网络试听市场领域的非公有市场主体，将其履约践诺情况纳入信用记录，进行失信惩戒，并在社会范围内对违规网络运营者进行公示，强化震慑效果。

三、健全网络文化安全意识教育机制

首先，有关部门要设计协调各方、齐抓共管的联动宣传教育机制，充分揭露西方文化霸权和境内资本逻辑侵蚀大众文化与道德领域的"隐性"手法。动员组织专业人士和网络意见领袖，通过撰写文章、制作视频、节目访谈等多种方式，揭露西方文化霸权和境内资本力量操弄文化思潮和新闻舆论的各种手法。特别是如下手法：通过操纵互联网媒介平台以垄断控制信息内容的生产端口和发布渠道，互联网平台以算法推荐定向发布包含错误价值观、有倾向性价值观和媚俗文化信息，商业资本扶持自媒体并以自媒体原创发布的信息内容遮蔽主流新闻媒体权威消息，通过搜索引擎优先展示、定向展示非主流文化和核心价值观的各种思想观点言论，以及通过文化产品和服务宣扬消费主义文化和生活方式，等等。

---

[1] 以相关法规对平台和个人的经济处罚量值来看，在《互联网新闻信息服务管理规定》《计算机信息网络国际联网安全保护管理办法》《计算机信息系统安全保护条例》和《非经营性互联网信息服务备案管理办法》的规定中，经济处罚最高不超过3万元；《互联网信息服务算法推荐管理规定》和《互联网用户账号信息管理规定》的经济处罚最高不超过10万元；《中华人民共和国网络安全法》《互联网信息服务管理办法》和《网络信息内容生态治理规定》的经济处罚上限较高，对平台的处罚不超过100万元。与之相比，2021年市场监管总局查处垄断案件176件，罚没金额235.86亿元。

其次，要在全民普法宣传等传统活动和机制中进一步重视、凸显和优化新闻和互联网法规的普及宣传，形成制度化安排，不断提升人民群众的网络文化和媒介技术素养。很多网民不知道有关网络新闻和信息发布与管理方面的法规规定，分不清新闻和"资讯"的区别，不知道互联网媒介平台是否有权利进行新闻采编，信息发布者是否具有记者身份，网站上的信息是新闻事实还是发布者的"意见"。同时，一些互联网媒介平台和自媒体特意设计类似"某某新闻"为题的自媒体，使得网民更加难以辨识信息来源是否可靠。对此，有关部门要加大普法宣传教育的力度，教育广大网民正确认识全媒体传播的特点，理性辨识海量资讯和意见的虚实真伪和价值立场，不要偏听偏信，盲信盲从，真正做到对社会主义核心价值观的认同。

第三节　规制全媒体技术的伦理价值导向

全媒体技术在造福生活的同时，也带来很多伦理困境，这些伦理困境既对社会主义先进文化发展造成冲击，也在人的日常生活世界造成了各种道德问题，归根结底是技术异化在全媒体技术情境下的新表现。技术应用离不开人的引导与规范，人的价值观念影响技术应用的伦理价值。对全媒体技术的正确态度是，既不能因为全媒体技术带来的技术红利而盲目乐观，也不能因全媒体技术可能存在的技术异化而排斥拒绝。社会主义先进文化以人的解放和发展为最高价值追求，坚持"以人民为中心"的原则，具有伦理道德领域的最大包容性和导向性。为此，应秉持"善治善用"全媒体技术的理念，将社会主义先进文化所弘扬的价值观念——社会主义核心价值观嵌入全媒体技术开发和应用的伦理设计，使之成为范导全媒体技术发展的指南针。

一、确立伦理困境识别机制

目前，学界基于对人工智能技术、大数据技术和媒介技术的研究，进行了技术伦理的反思，分析了关涉全媒体技术的种种伦理困境。总体而言，全媒体技术应用形成的伦理困境既来自全媒体技术的应用者（包括设计者和使用者）所秉持的价值逻辑，也与全媒体技术的自身特性相关。对全媒体技术的"善治善用"要求将技术伦理的正当性原则嵌入全媒体技术的设计和使用全过程，而辨析这些伦理困境是设计全媒体技术伦理准则的前提。因此，要确立全媒体技术应用的伦理困境识别机制，精准辨识全媒体技术在不同场景下应用可能产生的伦理风险，有针对性地做好伦理准则设计和预案应对。

首先应设计正确辨识全媒体技术应用"主观"伦理困境的机制。这类伦理困境因技术应用者价值选择偏差造成，具体分为两种情况。

第一种情况，技术应用者是"经济理性人"，因而是自私和牟利的。那么，设计者和使用者对全媒体技术的操纵不可避免。对他而言，牟利是应用技术的最高目标。那么，他事实上已将资本逻辑——个人利益、利润增值和效率优先作为其价值选择的依据。事实上，数字鸿沟、隐私泄露、信息垄断、数字压迫和数字剥削等现象都或多或少是资本逻辑嵌入技术伦理后的产物。在"流量为王"和利润增值的导向下，技术应用者难免会根据自身主观偏好和利益最大化原则来选择和调整算法推荐中各要素指标的权重和赋值，通过修改和操纵社交关系推荐和点评的数据，从而形成不同的推送结果，进而以"客观公正"的面貌影响用户。因而使全媒体技术的设计和使用难避资本逻辑的侵蚀和人为因素的干扰。

第二种情况，假设技术应用者是道德高尚的人，可以完全抛弃私利，以追求公平和正义为最高目的，那么他所秉持的价值观也具有不同的选择倾向性。例如，从边沁的结果主义（consequentialism）视角看来，对道德行为正义性的判定取决于其所带来的后果，这就产生了"为了结果可以不择手段"的效用主义（utilitarianism），甚至功利主义和享乐主义。而从康德的绝对主义视角出发，道德具有绝对的准则和规范，人们在道德行动中只需确保意图的正当性，而不以结果作为判定道德与否的标准。那么，如果算法推荐和内容筛查技术的设计者或使用者支持结果主义，他可能会因为用户存在违法或失德的可能性而预先采取监控甚至干预行为，这就侵犯了公民的隐私权；而支持绝对主义的技术应用者可能恰恰相反，他们认为不能明确判定用户的行动意图而采取侵犯隐私权的监控或干预行为是不正当的。可见，从不同的伦理原则出发来设计和使用技术，可能会产生相互冲突的伦理困境。

其次要设计正确辨识全媒体技术应用"客观"伦理困境的机制。这类伦理困境因全媒体技术的自身偏向性产生，也分为两类。

第一，全媒体技术传播偏向性造成的困境集中体现为算法偏向困境。全媒体技术形成了全媒体时代文化传播媒介在整体性上的热媒介偏向和空间偏向。大众对热媒介的偏爱导致短视频媒介的诞生和短视频内容的大量生产；全媒体技术的空间偏向又使得微博、微信、短视频这样的"微媒介"和"微表达"成为流行。由此，推荐算法倾向于推送短篇幅、浅俗化和碎片化的信息内容。同时，在"流量为王"的要求下，算法程序被设计成抓取和分析用户最感兴趣的话题关键词，然后由写稿机器人和短视频编辑器根据这些话题进行撰稿，再定向推荐给最匹配的用户，结果是强化了公众对特定信息的关注程度，形成"信息茧房"效应。因而使社会主义先进文化在偏向性推荐中可能受到"遮蔽"或"搁置"。

第二，算法技术应用可能造成抽离现实、割裂感官的数字人现象。算法技术只能使用可以被标签化的语义来表述事实，无法用感性的话语来表达情感；只能用可以被量化的数据来制定决策标准，无法描述人性的复杂、流动和演化。为做出相对合理的决策，使用物化和定量方式——例如人的生物学天赋状况和后天发展状况对用户进行价值评分，用人的经济价值来衡量决策的效用是否达到最大，是算法较为方便操作的手段，但抹杀了人的进步发展和自我完善可能,这就可能在无形中制造抽离现实、感官割裂的数字人现象,造成各种算法歧视和数字不公。

确立全媒体技术应用伦理困境的识别机制的一个重点在于,要形成规范化的伦理困境识别和改进流程。首先,在设计一项全媒体技术时,对其可能应用的场景和可能产生的伦理困境进行预判。其次,进行相应的伦理准则设计和应对预案制定。再次,在技术应用的过程中动态检测应用效果,及时反馈原来可能没有预见的新伦理困境。最后,在下一阶段的技术升级过程中予以伦理准则的修改更新,以此不断优化全媒体技术的应用。

二、设计全媒体技术"价值前置"机制

全媒体技术是一种工具,引导全媒体技术的是价值观。如果主流文化和价值观不能"前置"性地占领全媒体技术伦理设计的主阵地,那么它就会被资本逻辑所占据。中国共产党建构和倡导的社会主义核心价值观,是社会主义先进文化灵魂,在理论与实践层面为广大人民所接受,这是我们能够驾驭全媒体技术的信心所在。算法技术造成的伦理困境除了要对其进行风险识别和预警外,还需要通过技术设计中的"价值前置"机制来解决。在坚持学界已提出的技术伦理的普遍原则的基础上,要将社会主义核心价值观嵌入全媒体技术的设计和使用的全过程,形成如下机制。

一是坚持"以人民为中心"的原则。对全媒体技术的伦理设计应着眼于人的全面发展,全媒体传播应提高人的思想觉悟和文化品位,确保全媒体技术应用过程的公平正义,维护各相关利益方的正当权利。通过"价值前置"尽量规制技术设计和使用者(平台方和自媒体)唯利是图、滥用支配技术的权力,做到尊重用户,技术应用过程开放透明,保障技术应用对象的知情权、选择权和隐私权,避免信息垄断、数字鸿沟等问题。

二是建立"人工主导、人机结合"判别机制。围绕培育和践行社会主义核心价值观的基本要求,从内容生产到分发的全过程,在数据抓取、语义分析、内容生成和算法推荐的各个环节设置比较明确的标识概念、关键

词和操作规则。对难以把握和判断的内容，由具有较高政治素质，较强专业性或社会性权威和新闻专业能力的编辑辅之以"人工"判别。

三是建立技术应用的全过程民主决策机制。在技术决策、技术设计、技术使用、应用评估、技术推广和技术创新的完整技术生命周期加强公众参与，在党和政府有关部门的主导下，由政府、伦理专家、技术专家、媒体平台、民意代表等组成全媒体技术伦理委员会，构建政府立法、行业自律、专家咨询、媒体监督、平台自治、用户评价的全过程技术民主决策机制。特别是设计使用户能够便捷反馈问题、有关部门能够迅速响应处置的渠道与机制，通过持续而累进的调整和改善，解决审查监督成本高的"技术黑箱"难题，解决"数字压迫"问题。

四是建立算法的全面化推荐机制。改进算法推送设计，添加红色文化、中华优秀传统文化、高雅文化、科普文化等推荐算法，确保主流文化价值驾驭算法推送和流量导入的过程。同时，要设计补偿性推荐算法，推送相关的周边内容，提供帮助其全面发展的选择权利。针对用户已经生成的固有观点，推送其他观点甚至相反的意见，帮助用户全面把握社会舆论意见，破除"信息茧房"的极化效应。

五是建立技术使用无害化监查机制。要求全媒体技术的设计者、应用者和用户确保对任何信息的传播不能违背公序良俗和法律底线，也不得侵害善意第三人的正当权利。抵制和打击网络失信、网络谣言、侵犯隐私、网络暴力和"三俗"信息等不良行为。对产生侵害行为的平台方或用户，依据管理权限，进行法律、道德或技术应用层面的相应惩戒，对受害人予以合理的救济。

三、完善人机协同信息伦理审查机制

当前，世界各国对网络文化信息内容进行伦理审查已成为通行惯例。然而，信息伦理审查的标准究竟应该如何合理地确定，如何在技术层面实现这一目标，在实践中却存在问题。随着深度学习在计算机文本语义识别

中的广泛应用，网络运营者往往采用以语义检测和敏感词筛选为主要方法的过滤/屏蔽技术对网络信息进行内容审查。但是，一方面，对于什么样的语义应被判定为敏感词，应该进行什么样、什么程度的处理，社会各界并没有形成共识，常常从各自不同的伦理道德、法律甚至利益立场出发制定标准。同时，公众并不了解这些判定标准的制定原则、程序和准则，这就容易导致屏蔽不足或屏蔽过度，并且引发一定争议。另一方面，由于现有筛查技术在识别文本语义方面存在缺陷，不能精准识别敏感词所处的应用语境，仅仅依据敏感词是否出现在某一个文本中，难以识别对敏感词的使用目的——是批判还是宣扬这个敏感词及其背后的涵义，就出现了这样的困境：一些网络运营商为了减轻自身责任，对一些被约定俗成为有害或敏感的关键词，只要出现在信息文本中，就"一刀切"地进行屏蔽，导致一些符合伦理道德标准，应该宣传的主旋律、正能量或学术类信息被"错杀"；而宣扬新自由主义、三权分立、普世价值、消费主义、享乐主义的关键词，甚至反马克思主义的文本内容，在现有语义筛查机制下却剥离了其意识形态的意义而行之无阻，这就阻滞了先进文化的传播。为此，要在审查伦理和技术设计中予以改进。

首先，建立网络信息伦理审查机制。要从国家安全、政治安全和伦理道德的高度重视，求得各界人士共识的最大公约数，建立行业标准。同时，在适当的范围向社会公布，征求意见和建议，予以改进，达成最大限度的共识。应该预料到，随着社会的发展和生活方式的变化，这样的伦理标准会动态变化，不断更新。因此，应该给予必要的宽容，以建设性的姿态予以支持。

其次，要不断完善技术检测与人工复核的无缝衔接机制。在技术层面应加强对语义屏蔽技术的研究，要不断升级文本语义识别的算法和软件，不断增强算法软件将敏感词筛查代入具体语境中进行判断的能力，提升智能识别的技术水平。在此基础上，要加强人工识别复核的力量和力度，对各级各类网络管理和运营人员加强信息伦理教育，要求他们进一步强化责任意识，认真负责地对算法软件难以识别的信息内容进行人工判定和复核。考虑到全媒体传播情境中需要识别和筛查的信息量十分巨大，还可建立"白名单"和"黑名单"的分级审查制度，对特定来源和类目的信息根据信息来源、用户身份和使用记录等相关指标进行大数据分析，生成名单，并将其预先放入服务器或客户列表。对进入"白名单"的信息内容，例如党政机关和学术机构发布的信息设定比较宽容的敏感词审查标准，审慎开展人工审查复核，确保主旋律和正能量的传播不受审查算法的误判、限制和干扰；对进入"黑名单"的信息内容，则设定严格的敏感词评判标准，进行严格的筛查屏蔽，实行"不诉不理"的审查制度，从严治理。

第四节　构建社会主义先进文化发展的媒介生态矩阵

在全媒体时代，文化的网络化传播媒介取代了大众传播时代的实体化传播媒介，关系化传播模式取代了组织化传播模式，裂变式传播维度取代了单向度传播维度。因此，各级政府部门要适应文化和新闻传播模式的变化趋势，不要将自己视作超然于文化发展生态系统的全能控制者，而应主动融入，更加注重发挥对文化发展的引导作用和对文化生态的调控作用，制定传播规范，维护传播秩序，推动文化创新。当下，全媒体技术衍生出丰富多样的传播媒介，组成了传播社会主义先进文化的全媒体生态系统。从媒介使用功能的角度，大致可分成三类：一是党政类媒介，包括各级线上和线下的主流媒体，以及党和政府各有关部门的政务信息服务平台。二是资讯类媒介，提供新闻和资讯类服务，包括一些国有但市场化运作的媒体，如都市报；更多则是网络媒体和资讯类平台，如今日头条、腾讯新闻、百度和自媒体等。三是社交类媒介，种类繁多，主要是商业化营利性网络社交平台，以开展各类社会交往和拓展社会关系为目的，例如实习求职、婚恋交友、兴趣活动、网络游戏等。以往对文化和新闻传播媒介建设的关注点主要集中在党政类媒介之上,但近年来,提供新闻资讯类服务的商业网络媒介和社交平台——也就是第二类和第三类媒介正在争相成为推广新闻的"利器"(如图5-1所示)。每当重大新闻事件发生时,总是党政类媒介率先发布,经由资讯类平台的传播和社交网络的散布,迅速传遍社会的每一个角落。在文化传播事件中,不同的媒体发挥了不同的作用。为此,应科学界定多元媒介在社会主义先进文化传播中的功能定位,更加重视对商业媒体和社交媒体的引导、互动和融合,将不同媒体有机组织起来,使它们从处于文化生态系统自然生成和自发生长的"自然"状态,变成可以有序发挥作用,各司其职的社会主义先进文化传播的有机"器官"。

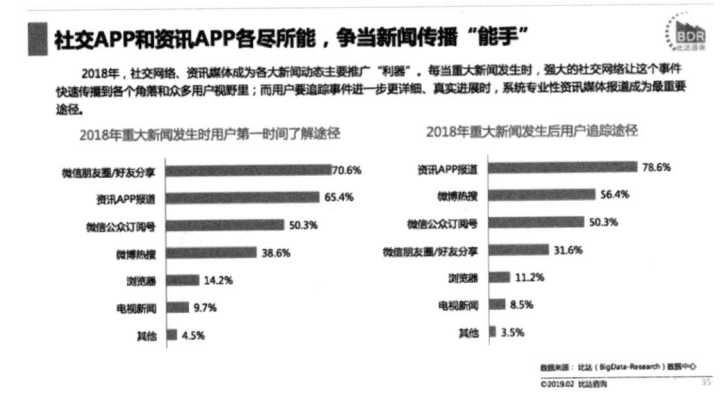

图 5-1　社交 App 和资讯 App 在新闻传播过程中的用户使用情况①

一、以"专题型"党政媒介"高举旗帜"

党政类媒介是文化和新闻生产的权威和法定提供者,本身具有"又红又专"的社会认知和独特身份标识,肩负着巩固主流意识形态,传播主流文化的政治使命,是传播社会主义先进文化的主阵地,要发挥好党政类媒介"高举旗帜"的核心宣传作用。

首先,党政媒介必须率先引领,旗帜鲜明地弘扬社会主义先进文化。

---

① 《2018 年度中国移动资讯分发平台市场研究报告》,https://www.sohu.coM/a/304315994_783965(访问时间:2019 年 3 月 28 日)。

主流媒体拥有法定的新闻采编和发布的权力，面临网络传播环境中各种噪音杂声的干扰，主流媒体掌控议程设置的"把关人"地位只能进一步加强。要高举旗帜，弘扬先进文化，主题聚焦、理直气壮开展宣传工作。当然主流媒体生产内容的表达方式需要适应全媒体传播的要求而不断优化，传播方式需要借助新兴媒介技术不断创新，发布渠道需要与受到网民欢迎的新兴媒介不断勾连和融合。

其次，着力打造一批红色自媒体网络"大V"队伍。与商业媒体相比，主流媒体限于政治性、体制性等因素，很难采用金钱奖励和商业手段激励自媒体"摇旗呐喊"，但主流媒体也有由公权力赋予的权威性、高层次优势，以及作为新闻机构形成的专业性、思想性优势，形成了很高的社会认同和社会声誉，因此应着重吸引和凝聚具有学术性、专业性，兼具科普能力和语言通俗化本领，具备一定社会影响力的专业领域人士。要侧重从拓展社会声誉、专业发展持续性和影响力的角度对红色意见领袖群体予以支持和激励。

最后，以高效的服务体现我们党发展社会主义先进文化的实际成效。社会主义先进文化的价值理念是否具有先进性和吸引力，是否能够真正深入人心，还需要党和政府在治理社会，服务群众的具体工作中加以体现。政务类媒体，如党和政府有关部门的政务微博、微信，以及各类用于社会治理和便民服务的App和网站，虽然不生产新闻内容，但一般具备三种功能：转发新闻，发布各类规定和事项通知的功能；各类办事服务的功能；征集民意，反馈意见的功能。这三类功能根据各部门具体职能有所侧重。要设计出亲民宜用的前台功能界面，建立后台多部门共享数据，高效协同处置的机制，让广大群众切实感到功能齐全，使用方便，达到便民服务、释疑解惑、沟通协调、化解矛盾的效果，以事实逻辑和实践效果支撑文化宣传。

二、以"兼容型"资讯媒介"同频共振"

资讯类媒介以发布新闻资讯为主要业务。一方面是转发主流媒体的新闻，另一方面是内容创作，包括对新闻的二次和多次创作、改编和解读，各类社会热点、知识和生活资讯的生产和创作，平台需要兼顾政治宣传和商业盈利的需要。与传统媒体相比，人们更多是通过网络媒体的渠道获取新闻资讯，并且对商业网络资讯平台的使用频率大大超过了主流媒体打造的自有网络平台。可以说，商业网络资讯媒体成为转发新闻和原创生活资讯的最大流量接口，成为影响力不亚于主流媒体的第二"议程设置者"和"把关人"。对这类商业媒体平台，要发挥其平时引流聚流，关键时刻统一发声、同频共振的协同作用。

首先要加强对商业网络资讯平台的教育引导。宣传部门和网信办要加强对商业网络媒体平台及其工作者的教育，使他们认识到平台肩负着弘扬主流文化的社会责任，找到宣传与盈利的平衡点。在日常生活中，要求平台公正地转发各类新闻，遵守法律底线和道德标准创作各类弘扬正能量的生活资讯，通过技术升级不断创新应用界面，通过算法设计不断增强"用户为中心"的服务体验，增强黏性，活跃用户，集聚流量。特别要通过日常积累掌握的用户需求和喜好特点大数据，设计"红色算法"，有针对性地加强有利于弘扬主流文化的内容推荐。同时，可以定期或不定期地向商业网络媒体平台发布信息编发指南和资讯创造要点，并由主流媒体根据实际情况向入驻平台的自媒体制定规则，进行提示，做到指明方向，划清底线。在可能出现的重大事件和特殊时期，如民族、国家、伟人和英雄的各类节庆纪念日，要求商业平台坚定正确的立场，提高站位，听从统一调度，协调发声，提振主旋律的音量。

其次要加强对自媒体的引导和约束。一方面，培养一大批具有较高政治觉悟和爱国热情，了解党史国情，具有较强话语表达能力和影响力，自愿弘扬社会主义先进文化的网络意见领袖，使之能在关键时刻和重要事件中发挥引导舆论的重要作用。需要注意的是，商业媒体相对主流媒体，所凝聚的网络意见领袖的"草根性"更强，这些意见领袖更加注重目标达成与效果反馈的直接关系与现实性。而商业媒体具有更加多元化的激励手段，要通过恰当设计和施行契合"草根"意见领袖自身发展需要的更加灵活而创新性的激励机制，使做出贡献的意见领袖既获得社会声誉，也适当获得物质利益和商业发展机会。另一方面，要设计和施行惩戒机制，例如采用语义筛查和关键词抓取等方式，杜绝自媒体在对主流新闻和主流文化的二次创作中进行"恶搞"和"洗稿"，制止夸张、惊悚、低俗的"标题党"，严禁并惩罚买卖热搜排名、卖僵尸粉、雇佣水军等恶意误导舆论的行为。对违禁的账号采取警示、删除、约谈、限制引流、销号等处罚方式。

三、以"趣缘型"社交媒介"润物无声"

社交类平台主要是为用户提供各类生活服务，如购物、交友、游戏、休闲、理财、健身等。用户追求的是兴趣爱好的满足，休闲时光的打发，社交关系的拓展。平台在满足用户多元化生活需求的过程中，根据用户行为产生的历史数据，通过算法挖掘用户的潜在需要和社交关系，以奖品和优惠等多种方式激励用户将平台分享给更多社交关系，或者邀请用户加入平台中的各类群组进行在线互动。虽然平台的初衷不是传播新闻信息，但在发展用户社交关系的过程中，必然伴随着各类文化信息的传递和分享，并且很多资讯在朋友圈中形成了速度惊人的裂变式传播效应，因此客观上形成了文化和资讯的社交化传播。对社会主义先进文化的传播不能仅仅关注媒体渠道，更应通过社交媒介渗透下沉到不同的社交群体之中，达到文化传播"润物无声"的效果。

首先，注重采用柔性引导的方式。一般而言，频繁使用社交媒介平台的多是青少年用户。在全媒体时代，他们深受互联网倡导的平等和共享精神的影响，崇尚个性化表达和时尚化生活，因而要避免使用政治性、意识形态性比较鲜明的标识性概念，应从社交媒介所擅长营造的人们共同接受的生活化场景——如中华传统文化和爱国情怀，青年共同关注的人生进取、职业发展和婚恋交友等生活化议题中萃取积极向上的精神力量，以时尚的方式反映时代的精神。他们不愿意在日常生活领域中接受严肃化、书面化、教育性的表达方式，不愿接受单向度的、居高临下的说教式"灌输"，因而需要采取平等的、共情的朋辈教育方式，创造一种轻松惬意、寓教于乐的氛围。对于一些与社会主义核心价值观相悖的错误价值观，如拜金主义、享乐主义、个人主义等，一方面要在党政媒介和商业新闻媒体上进行正面宣传和教育，而在社交平台上，可以通过要求、督促平台在其后台以技术性手段减少或杜绝反映这类错误价值观和生活方式的资讯内容、商品和服务的供给，而在前台为用户创造更多反映主旋律的内容以供选择，在兼顾平台盈利需求的同时，用避免平台和用户抵触的柔性方式进行隐性约束。

其次，探索设计互联网社交平台弘扬主流文化的热度排名机制。在资讯创作和文化产品服务的供给侧面，由主管宣传思想文化的有关部门汇集商业媒体和社交平台的意见，设计一套反映平台弘扬主流文化的指标和评价体系，对各大平台弘扬主流文化的指数或热度进行统计和排名。借鉴当下互联网商业媒介平台设立的用户点评和热搜排名机制，根据各大社交平台以及自媒体生产创造的弘扬主旋律和正能量的作品、服务和应用程序的数量，以及获得点击的流量、好评度等指标确定影响力，来测评平台对传播社会主义先进文化的贡献度。排名靠前的平台不仅可以获得社会荣誉，更可以结合有关部门制定的文化产业和互联网产业发展规划，建立多措并举的引导扶持机制，对其进行资金、运营范围、税收减免、工商登记注册等政策上的扶持和便利，使其切实感受到社会满意度和贡献回报性，激励平台切实履行社会责任。

结　　语

"全媒体"概念源于传媒产业化实践。当下，"全媒体时代"已成为超越传播学意义、具有中国特色的概念，也成为我们党领导发展社会主义先进文化的新情境。加快媒体融合，构建全媒体传播的格局和体系，是以习近平同志为核心的党中央提出的重大战略。实施全媒体战略是为了巩固壮大奋进新时代的主流思想舆论，发展繁荣社会主义先进文化。全媒体时代发展社会主义先进文化既遵循一般意义上文化与技术之间的内在逻辑，又更为强调基于本国国情的"中国特色"。本书聚焦文化与技术的辩证关系，主要研究全媒体时代发展社会主义先进文化的战略机遇和技术性挑战，力求揭示和把握数字信息时代技术与文化相融共生的新规律，提出全媒体时代发展社会主义先进文化的路径和机制。

本书从观念史层面厘清了社会主义先进文化的丰富内涵、外延及其发展演变，梳理了中国共产党领导发展社会主义先进文化的历史实践和基本经验。社会主义先进文化以马克思主义为指导，以人的全面发展为价值追求，反映当代中国生产力的发展要求和广大人民的根本利益，为推动生产力发展、满足人民对美好生活的向往、全面建设社会主义现代化国家、全面推进中华民族伟大复兴发挥更为主动的精神力量。它的内涵和外延由中国特色社会主义的总体发展需要所决定，其主题和形态由中国特色社会主义在不同历史阶段所生成的理论和道路所决定。社会主义先进文化经过新民主主义文化的酝酿，分别以社会主义革命和建设时期的新文化，改革开放和社会主义现代化建设新时期的社会主义精神文明、有中国特色的社会主义文化、中国先进文化和和谐文化，中国特色社会主义新时代的社会主义先进文化等命题和形态呈现、创新和发展。发展社会主义先进文化始终强调人的主体地位。在媒介技术条件有限的革命和建设年代，我们的文化建设始终坚持马克思主义的精神指引，最大程度地发挥先进分子的思想力量，发扬党对文化发展的领导和组织优势，同时深刻认识媒介技术和载体的重要作用，积极发展和运用丰富多样的大众媒介传播和繁荣先进文化，从中可以总结出值得珍视和借鉴的宝贵经验。

本书从技术与文化哲学的理论层面研究了技术革命与文化发展的辩证逻辑和内在机理，并基于技术与文化相融发展的一般规律，考察了全媒体技术与社会主义先进文化的互动融合问题，形成了全媒体时代发展社会主义先进文化的规律性认识。技术革命既能推动文化进步，又可能形成技术异化，从而扭曲文化发展方向。通过召唤技术理性潜藏于自身的价值理性的回归，以社会主义先进文化蕴含的崇高价值理念规范引导技术发展的价值和路径，才能逐步消除技术异化，达到技术与文化的共生发展。在全媒体时代，全媒体技术对文化内容的生产、再造、发布、扭曲和变异所产生的影响和作用前所未有，如何在全媒体时代保持人对技术和文化发展的主体性和主导性，如何消除全媒体技术对社会主义先进文化可能带来的异化作用，释放全媒体技术对社会主义先进文化发展的推动性力量显得尤为重要。我们必须坚持以马克思主义的先进价值理念和科学理论成果指引社会主义先进文化建设，在继承和发扬党开展文化建设的优良传统和政治优势的基础上着力推动社会先进文化发展"守正创新"，发挥全媒体技术推动社会主义先进文化发展的积极作用。

本书从文化建设的实践层面考察了全媒体时代发展社会主义先进文化的挑战和机遇，进而提出了进一步推动全媒体时代发展社会主义先进文化的路径和机制。全媒体时代以新媒体技术为先导，传统媒体和新媒体经过深度融合而逐渐形成媒体"全传播"趋势和格局，多元思潮震荡由此成为常态。在全媒体时代,技术因素在文化发展中显得越来越重要。全媒体技术使用者以及技术自身存在的偏好,资本对全媒体技术的联姻与控制,以及各类文化主体对全媒体技术的不当使用阻碍了社会主义先进文化的传播和发展。而完善全媒体战略的顶层设计,提升主流媒体传播力,建设好全媒体传播阵地和"四全媒体",为我们党发展社会主义先进文化带来了战略机遇。总体而言,本书认为战略机遇是主要的,机遇大于挑战,而机遇和挑战又有一些新的特点。为此,要发扬我们党"自上而下"建构社会主义先进文化的传统优势,提升数字公权力对文化的引领水平;要驾驭资本,避免资本力量对互联网平台的过度控制;要将伦理价值前置并使之嵌入全媒体技术设计和运用程序,以社会主义先进文化的价值目标规范和引导全媒体技术发展;要对党政类、商业资讯类和社交类媒介平台进行分类分众、科学定位,构建社会主义先进文化发展的媒介生态矩阵。

全媒体时代发展社会主义先进文化之"道"在于实现全媒体技术与社会主义先进文化的融合发展。技术与文化融合发展既是推动技术与文化相融共生的底层逻辑,又是决定主流媒体与新媒体能否实现深度融合,构建社会主义先进文化全媒体传播和发展格局的基本前提和现实路径。本书已对此专题进行了初步探讨,今后还需要对以下一些相关问题进行进一步研究和探索。

第一,要充分认识到全媒体技术和社会主义先进文化融合发展的长期性、系统性和艰巨性。

从媒体融合实践的历程中,我们认识到,媒体融合要经历从多样态媒体的"物理相加"到从内容生产发布到运营、产权的"化学相融",才能真正达到"融为一体"的目标,这是一个复杂而长期的过程。作为媒体融合的底层支撑,全媒体技术与社会主义先进文化的融合也必然具有长期性、艰巨性和系统性。

首先,技术与文化需要通过新闻资讯媒介来衔接和融合。技术、媒体和文化的发展都日新月异,三者的互动十分复杂。对技术、媒体与文化发展各自显现出的新规律的认识往往落后于实践，对实践中遇到的新情况的认识和对新问题的解决也需要经历一个过程，往往是通过"发现问题—分析矛盾—解决问题—发现新问题—分析新矛盾—解决新问题"的应激式、循环往复式和螺旋上升式的方式来推进融合，这必然是一个长期过程。

其次，随着社会主义中国日益走向世界舞台中央，西方文化帝国主义对我国的渗透和遏制将愈演愈烈；同时，市场经济必然在经济运行的某些领域、某些节点形成资本逻辑，两者借助全媒体技术"内外夹击"，将与社会主义先进文化反复争夺人们的思想阵地。与此同时，中国封建社会残留的封建主义文化尚未根绝，甚至利用全媒体技术在网络获得了传播新空间。这意味着三种文化都在利用全媒体技术相互博弈对抗，决定了全媒体技术与社会主义先进文化的融合具有长期性。

最后，全媒体技术与社会主义先进文化的融合必须是系统性融合，社会主义先进文化发展是包含了内容生产、渠道发布、效果反馈、评估改进、受众认同和文化创新等多环节的系统工程，每个环节都有各自特点；而全媒体技术自身也包含了数据挖掘、云计算、深度学习、语义分析等多种先进数字信息技术，要研究全媒体技术与文化发展各个环节的"融入"节点，明确哪些"宜融"，哪些"能融"，这是一项需要资源共享和多方协同的系统性工程。

总之，后续研究要进一步加强对全媒体技术和社会主义先进文化融合发展的规律性认识、推进模式和实践路径的理论研究，实现两者的自然融合、精准融入和高效融合。

第二，要壮大社会主义先进文化传播阵地。

基础不牢，地动山摇。把社会主义先进文化阵地牢牢掌握在党和人民的手中，不断壮大社会主义文化传播阵地，是全媒体时代切实贯彻落实社会主义先进文化发展各项举措的根本前提和基础。

首先，要坚持以新时代中国特色社会主义文化引领文化内容生产。文化阵地是一个文化场域和传播空间的概念，包含了文化内容生产、发布渠道和传播载体等多方面要素。其中,文化内容生产是决定文化发展性质的首要因素。因此,习近平总书记反复强调在全媒体时代要坚持"内容为王"。社会主义先进文化本质是马克思主义执政党倡导的政治文化,因而也是"姓公"的文化和主导性的文化。新时代中国特色社会主义文化是新时代的先进文化,因而是当前需要大力生产和弘扬的文化内容。具体而言,以习近平同志为代表的中国共产党人提炼了关于新时代中国特色社会主义文化的若干新认识、新概括、新阐释。后续研究要探索如何将这些新的标识性概念有机融入先进文化内容生产和传播的过程,使其成为规范引导大众文化传播的准绳和优化表达方式的抓手。

其次,传媒产业发展必须端正和统一以社会效益优先的思想认识。要通过法治化的手段,确保媒体产业化过程中国有媒体的体量不低于一定比例,并通过公司市值、市盈率和市场占有率等指标来科学衡量。在人民群众已经把商业互联网媒介平台作为获取新闻资讯的主要来源的情势下,要加强理论研究和实践探索,研究如何确保国有媒体保持足够影响力的举措。要不断拓宽视野和思路,创新思维方式,通过入股联营、战略合作和挂靠指导等多种方式提升相对于非公媒体的引领力和影响力。

第三,要加强政治素质和业务能力过硬的"两栖"全媒体人才队伍建设。

"政治路线确定之后,干部就是决定的因素"[①]。打造一支政治思想水平和业务能力"两手抓,两手硬",精通技术,善于把控舆情的全媒体"两栖"人才队伍,理应成为文化建设的重中之重,唯此,才能推动全媒体战略实施,确保社会主义先进文化传播取得实效。

首先,要加强马克思主义理论与全媒体技术的交叉复合学科建设。高校学科建设处于人才培养的前端,要以培养全媒体人才为目标,加强马克思主义学科、新闻学科和数字信息类学科(如大数据专业、计算机专业和通信类专业)的交叉联动设置。马克思主义学科要提升本专业人才的技术

---

① 毛泽东:《毛泽东选集》(第2卷),北京:人民出版社1991年版,第526页。

素养，可以开设全媒体技术和媒体方面的课程，增加培养目标为从事宣传思想文化和媒体专业行政管理的专业方向。新闻专业要提升人才的思想觉悟，牢牢树立党管媒体和互联网的意识。数字信息类技术学科要加强思想政治教育，增设文化安全和网络安全方面的课程。

其次，要严把全媒体从业人员选人用人的关口。一是根据全媒体技术发展和媒体行业发展的最新实践对全媒体人才进行科学分类，根据不同的岗位标准确定相应的选人用人职业标准，制定遴选、激励和培养人才的办法。二是不断提高思想觉悟和政治素养。不论哪一类岗位的人才，必须把对思想政治觉悟的考察和提升放在首位，常态化开展思想政治教育。三是建立健全淘汰机制。在体制内，建立思想政治标准"一票否决制"，严格把关。在体制外，对商业媒体和互联网媒体平台运营人员实行媒体从业人员资格考试和持证上岗。对自媒体运营人员签订以弘扬社会主义先进文化，抵制资本主义意识形态和"三俗"文化为主要内容和底线要求的公约和承诺，要求其充分了解并遵守互联网和新闻资讯传播方面的法律规定和道德标准；对不遵守有关法规和道德标准的人员实行行业禁入"黑名单"制。

鉴于能力和精力有限，本研究还有很多问题未及详细探讨。未来，还可对如下问题进行深入研究。一是在"两制之争"和"东升西降"的百年未有之大变局中，就如何借力全媒体技术抵御西方帝国主义霸凌，进一步增强社会主义文化国际影响力这一问题进行深入思考。二是就如何运用大数据技术、人工智能、虚拟现实技术等具体的先进数字信息技术助力社会主义先进文化发展进行进一步探索。三是就如何批判借鉴美国、日本等西方发达资本主义国家利用全媒体技术发展主流文化和价值观的经验进行深入研究。概言之，本研究在将来值得进一步拓展深化，以期为真正将全媒体时代塑造成为促进人的全面发展的美好时代，推动社会主义先进文化在全媒体技术驱动下大发展大繁荣贡献一定的理论思考。

参考文献

一、经典著作和重要文件

[1] 中共中央马克思恩格斯列宁斯大林著作编译局：《马克思恩格斯文集》(第1卷)，北京：人民出版社2009年版。

[2] 中共中央马克思恩格斯列宁斯大林著作编译局：《马克思恩格斯全集》(第1卷)，北京：人民出版社1995年版。

[3] 中共中央马克思恩格斯列宁斯大林著作编译局：《马克思恩格斯全集》(第30卷)，北京：人民出版社1995年版。

[4] 中共中央马克思恩格斯列宁斯大林著作编译局：《马克思恩格斯全集》(第33卷)，北京：人民出版社1973年版。

[5] 中共中央马克思恩格斯列宁斯大林著作编译局：《马克思恩格斯全集》(第37卷)，北京：人民出版社2019年版。

[6] 中共中央马克思恩格斯列宁斯大林著作编译局：《马克思恩格斯全集》(第48卷)，北京：人民出版社1985年版。

[7] 中共中央马克思恩格斯列宁斯大林著作编译局：《列宁选集》(第2卷)，北京：人民出版社2012年版。

[8] 毛泽东：《毛泽东选集》(第2卷)，北京：人民出版社1991年版。

[9] 毛泽东：《毛泽东文集》(第5卷)，北京：人民出版社1996年版。

[10] 邓小平：《邓小平文选》(第2卷)，北京：人民出版社1994年版。

[11] 邓小平：《邓小平文选》(第3卷)，北京：人民出版社1993年版。

[12] 邓小平：《邓小平思想年编：1975—1997》，北京：中央文献出版社2011年版。

[13] 江泽民：《江泽民文选》(第1卷)，北京：人民出版社2006年版。

[14] 江泽民：《江泽民论"三个代表"》，北京：中央文献出版社2001

年版。

[15]胡锦涛:《胡锦涛文选》(第1卷),北京:人民出版社2016年版。

[16]胡锦涛:《在人民日报社考察工作时的讲话》,北京:人民出版社2008年版。

[17]习近平:《习近平谈治国理政》(第1卷),北京:外文出版社2018年版。

[18]习近平:《习近平谈治国理政》(第2卷),北京:外文出版社2017年版。

[19]习近平:《习近平谈治国理政》(第3卷),北京:外文出版社2020年版。

[20]习近平:《习近平谈治国理政》(第4卷),北京:外文出版社2022年版。

[21]习近平:《习近平关于全面深化改革论述摘编》,北京:中央文献出版社2014年版。

[22]习近平:《习近平关于社会主义文化建设论述摘编》,北京:中央文献出版社2017年版。

[23]习近平:《习近平新时代中国特色社会主义思想学习纲要(2019版)》,北京:学习出版社、人民出版社2019年版。

[24]习近平:《习近平关于网络强国论述摘编》,北京:中央文献出版社2021年版。

[25]习近平:《在文艺座谈会上的讲话》,北京:人民出版社2015年版。

[26]习近平:《论党的宣传思想工作》,北京:中央文献出版社2020年版。

[27]习近平:《决胜全面建成小康社会 夺取新时代中国特色社会主义伟大胜利——在中国共产党第十九次全国代表大会上的报告》,北京:人民出版社2017年版。

[28]习近平:《在全国劳动模范和先进工作者表彰大会上的讲话》,北京:人民出版社2020年版。

[29]习近平:《在党史学习教育动员大会上的讲话》,北京:人民出版社2021年版。

[30]习近平:《习近平关于党的群众路线教育实践活动论述摘编》,北京:中央文献出版社2014年版。

[31]习近平:《在庆祝中国共产党成立100周年大会上的讲话》,北京:人民出版社2021年版。

[32]习近平:《在中国文联十一大、中国作协十大开幕式上的讲话》,北京:人民出版社2021年版。

[33]《改革开放三十年重要文献选编》(上),北京:中央文献出版社2008年版。

[34]《建国以来重要文献选编》(第2册),北京:中央文献出版社1992年版。

[35]《建党以来重要文献选编》(第6册),北京:中央文献出版社2011年版。

[36]《十二大以来重要文献选编》(上),北京:中央文献出版社2011年版。

[37]《十三大以来重要文献选编》(上),北京:中央文献出版社2011年版。

[38]《十四大以来重要文献选编》(上),北京:中央文献出版社2011年版。

[39]《十五大以来重要文献选编》(上),北京:中央文献出版社2011年版。

[40]《十六大以来重要文献选编》(上),北京:中央文献出版社2011年版。

[41]《十七大以来重要文献选编》(上),北京:中央文献出版社2009年版。

[42]《十七大以来重要文献选编》(中),北京:中央文献出版社2011年版。

[43]《十七大以来重要文献选编》(下),北京:中央文献出版社2013年版。

[44]《十八大以来重要文献选编》(上),北京:中央文献出版社2014年版。

[45]《十八大以来重要文献选编》(中),北京:中央文献出版社2016

年版。

[46]《十八大以来重要文献选编》(下),北京:中央文献出版社 2018 年版。

[47]《十九大以来重要文献选编》(上),北京:中央文献出版社 2019 年版。

[47]《中国共产党第十九届中央委员会第六次全体会议文件汇编》,北京:人民出版社 2021 年版。

[49]《中国共产党第二十次全国代表大会文件汇编》,北京:人民出版社 2022 年版。

[50]《新时期统一战线文献选编》(续编),北京:中共中央党校出版社 1997 年版。

二、研究著(译)作

[1][匈]卢卡奇:《历史与阶级意识》,杜章智、任立、燕宏远译,北京:商务印书馆 1996 年版。

[2][德]马克斯·霍克海默,[德]西奥多·阿多诺:《启蒙辩证法》,渠敬东、曹卫东译,上海:上海人民出版社 2020 年版。

[3][美]赫伯特·马尔库塞:《单向度的人:发达工业社会意识形态研究》,刘继译,上海:上海译文出版社 2016 年版。

[4][美]赫伯特·马尔库塞:《审美之维》,李小兵译,北京:生活·读书·新知三联书店 1989 年版。

[5][英]尼格尔·多德:《社会理论与现代性》,陶传进译,北京:社会科学文献出版社,2002 年版。

[6][美]安德鲁·芬伯格:《技术批判理论》,韩连庆、曹观法译,北京:北京大学出版社 2005 年版。

[7][意]安东尼奥·葛兰西:《狱中札记》,曹雷雨、姜丽、张跣译,重庆:重庆出版社 2016 年版。

[8][法]路易·阿尔都塞:《保卫马克思》,顾良译,北京:商务印书馆 2006 年版。

[9][德]哈贝马斯:《公共领域的结构转型》,曹卫东、王晓珏、刘兆城、宋伟杰译,上海:学林出版社 1999 年版。

[10][美]斯蒂文·小约翰:《传播理论》,陈德民译,北京:中国社会科学出版社1999年版。

[11][英]戴维·莫利、[英]夏洛特·布伦斯顿:《〈新闻〉:电视与受众研究》,北京,中国人民大学出版社2022年版。

[12][加]哈罗德·伊尼斯:《传播的偏向》,何道宽译,北京:中国人民大学出版社2003年版。

[13][美]尼尔·波兹曼:《娱乐至死》,章艳译,桂林:广西师范大学出版社2004年版。

[14][美]理查德·A.斯皮内洛:《世纪道德:信息技术的伦理方面》,刘钢译,北京:中央编译出版社1999年版。

[15][美]阿诺德·汤因比:《文明经受着考验》,沈辉等译,杭州:浙江人民出版社1988年版。

[16][英]安东尼·吉登斯:《现代性的后果》,田禾译,北京:译林出版社2000年版。

[17][德]威尔伯·施拉姆:《传播学概论》(第2版),何道宽译,北京:中国人民大学出版社2010年版。

[18][美]J.赫伯特·阿特休尔:《权力的媒介》,黄煜、裘志康译,北京:华夏出版社1989年版。

[19][英]利萨·泰勒、[英]安德鲁·威利斯:《媒介研究:文本,机构与受众》,吴靖、黄佩译,北京:北京大学出版社2005年版。

[20][美]阿尔文·托夫勒:《第三次浪潮》,朱志焱、潘琪、张焱等译,北京:新华出版社1996年版。

[21][美]弗洛姆:《在幻想锁链的彼岸:我所理解的马克思和弗洛伊德》,张燕译,长沙:湖南人民出版社1986年版。

[22][英]雷蒙·威廉斯:《文化与社会(1780—1950)》,高晓玲译,长春:吉林出版集团有限责任公司2011年版。

[23][德]哈贝马斯:《交往与社会进化》,张博树译,重庆:重庆出版社1993年版。

[24][斯洛文尼亚]斯拉沃热·齐泽克:《图绘意识形态》,方杰译,南京:南京大学出版社2002年版。

[25][法]皮埃尔·布尔迪厄、[法]汉斯·哈克:《自由交流》,桂裕

芳译，北京：生活·读书·新知三联书店 1996 年版。

[26][法]皮埃尔·布尔迪厄、[美]华康德：《实践与反思：反思社会学导论》，李猛、李康译，北京：中央编译出版社 1998 年版。

[27][英]约翰·B. 汤普森：《意识形态与现代文化》，高铦等译，上海：译林出版社 2019 年版。

[28][加]马歇尔·麦克卢汉：《理解媒介——论人的延伸》，何道宽译，上海：译林出版社 2011 年版。

[29][德]哈贝马斯：《作为"意识形态"的技术与科学》，李黎、郭官义译，上海：学林出版社 1999 年版。

[30][美]安德鲁·芬伯格：《可选择的现代性》，陆俊、严耕等译，北京：中国社会科学出版社 2003 年版。

[31][加]安德鲁·芬伯格：《在理性与经验之间：论技术与现代性》，高海青译，北京：金城出版社 2015 年版。

[32]孙周兴选编：《海德格尔选集》，上海：上海三联书店 1996 年版。

[33]江晓原：《江晓原学术四十年集》，北京：生活·读书·新知三联书店 2020 年版。

[34]黄凯锋：《变量共生、组合创新与意识形态》，上海：学林出版社 2012 年版。

[35]甄红菊：《斯图亚特·霍尔的文化理论研究》，北京：人民出版社 2018 年版。

[36]张瑞：《融媒体环境下广播电视语言艺术研究》，西安：西北工业大学出版社 2019 年版。

[37]林之达：《中国共产党宣传史》，成都：四川人民出版社 1990 年版。

[38]杨凤城：《中国共产党与当代中国文化发展研究》，北京：中共党史出版社 2013 年版。

[39]陆勤毅、谢地坤：《马克思主义哲学在中国 90 年的回顾与展望》，合肥：安徽人民出版社 2012 年版。

[40]北京大学中文系：《文学运动史料选》（第 4 册），上海：上海教育出版社 1979 年版。

[41]胡亚敏：《马克思主义文学批评中国形态的当代建构》，北京：

人民出版社 2020 年版。

[42]本书编写组：《习近平新闻思想讲义》，北京：人民出版社 2018 年版。

[43]王庚年主编：《全媒体技术发展研究》，北京：中国国际广播出版社 2013 年版。

[44]陈力丹：《精神交往论》，北京：开明出版社 1993 年版。

[45]曾一果：《西方媒介文化理论研究》，北京：学习出版社 2017 年版。

[46]陈卫星：《传播的观念》，北京：人民出版社 2004 年版。

[47]杜骏飞：《互联网思维》，南京：江苏人民出版社 2015 年版。

[48]李伟民主编：《金融大辞典》，哈尔滨：黑龙江人民出版社 2002 年版。

[49]蒋晓丽：《奇观与全景——传媒文化新论》，北京：中国社会科学出版社 2010 年版。

[50]陈华：《文化自觉之路——网络社会治理的实践与思考》，北京：人民出版社 2014 年版。

[51]苟欣文、邓新民、蔡敏：《互联网技术与马克思主义传播基于价值观与方法论的研究》，北京：中国社会科学出版社 2017 年版。

[52]牛凤燕：《全媒体时代马克思主义传播机制优化研究》，北京：中国社会科学出版社 2022 年版。

[53]马媛媛：《媒体融合背景下的社会主义核心价值观传播策略研究》，北京：现代出版社 2020 年版。

[54]董扣艳：《全媒体时代思想政治教育过程论》，杭州：浙江大学出版社 2022 年版。

[55]董文华：《科学信仰——马克思主义先进文化传播与中国化》，长春：吉林出版集团有限责任公司 2018 年版。

[56]范玉刚：《全球文化影响下中国主流文化价值观的建构与传播》，上海：上海交通大学出版社 2021 年版。

[57]周小华：《基于新媒体技术的马克思主义传播》，北京：国家行政学院出版社 2012 年版。

[58]王永华：《网络媒体传播下维护主流意识形态安全研究》，北京：

中国社会科学出版社 2021 年版。

[59] 彭文英：《新媒体视角下的社会主义核心价值观传播研究》，北京：人民交通出版社 2019 年版。

[60] 米博：《从新媒体到全媒体：新时期新闻传播的发展研究》，长春：吉林科学技术出版社 2021 年版。

[61] 王宪锋：《新媒体时代马克思主义大众化传播路径研究》，沈阳：沈阳出版社 2019 年版。

[62] 代征、张东、谢霄男：《自媒体价值观传播机制及其导向策略研究》，北京：中国社会科学出版社 2020 年版。

[63] 童兵：《马克思主义经典新闻教程》，上海：复旦大学出版社 2010 年版。

三、论文和报纸文章

[1][加]达拉斯·斯迈思：《自行车之后是什么？——技术的政治与意识形态属性》，王洪喆译，载《开放时代》，2014 年第 4 期。

[2] 杨林：《论"先进文化"的内涵》，载《江汉论坛》，2001 年第 9 期。

[3] 张春华、温卢：《重构关系：媒介融合背景下传播力提升的核心路径》，载《新闻战线》，2018 年第 13 期。

[4] 张金桐、屈秀飞：《媒体融合的演进逻辑、实践指向与展望》，载《当代传播》，2019 年第 3 期。

[5] 高庆华：《全媒体时代的特点及其对学术期刊编辑的要求》，载《编辑学报》，2014 年第 S1 期。

[6] 段海超、郑雨：《媒体融合视域下加强高校网络意识形态建设研究》，载《思想理论教育导刊》，2019 年第 7 期。

[7] 徐曼、刘博：《全媒体时代提升主流意识形态传播力的境遇与对策》，载《思想理论教育》，2019 年第 9 期。

[8] 于华：《全媒体时代的意识形态话语建构》，载《学校党建与思想教育》，2015 年第 2 期。

[9] 高震：《全媒体传播的复调叙事与主流意识形态认同》，载《中国电视》，2017 年第 3 期。

[10] 李兴选：《全媒体时代的网络意识形态话语权建构》，载《理论导

刊》，2015年第2期。

[11]王路坦：《全媒体时代意识形态管理供给侧改革探析》，载《当代传播》，2017年第1期。

[12]连保军、李晓东、何爱新：《社会主义核心价值观在青少年中的全媒体传播》，载《思想政治课教学》，2018年第12期。

[13]柏路、包崇庆：《运用全媒体优化社会主义核心价值观大众化传播论析》，载《思想教育研究》，2020年第9期。

[14]张轩铭、杜波：《全媒体时代马克思主义大众化传播的机遇、挑战与对策》，载《理论导刊》，2021年第4期。

[15]徐黎：《加强全媒体环境下党的意识形态工作》，载《中国党政干部论坛》，2020年第9期。

[16]聂筱谕：《西方的控制操纵与中国的突围破局——基于全媒体时代意识形态话语权争夺的审视》，载《世界经济与政治论坛》，2014年第3期。

[17]布超：《全媒体时代维护我国意识形态安全面临的新挑战》，载《学校党建与思想教育》，2019年第7期。

[18]刘博：《全媒体时代社会主义意识形态传播的实然困境与应然向度》，载《新疆社会科学》，2020年第5期。

[19]蓝波涛、杨兴凤：《媒体融合视域下主流意识形态建设的策略探索》，载《广西大学学报（哲学社会科学版）》，2021年第4期。

[20]牛凤燕：《全媒体时代社会主义核心价值观传播的新生态》，载《青年记者》，2019年第32期。

[21]李馨宇、李蔺婷：《全媒体时代大学生主流意识形态认同与调适》，载《思想理论教育导刊》，2019年第12期。

[22]彭兰：《社会化媒体与媒介融合的双重挑战》，载《新闻界》，2012年第1期。

[23]何小勇：《媒体融合背景下主流意识形态话语权的提升》，载《东岳论丛》，2018年第8期。

[24]禹旭才、熊耀林：《全媒体语境下主流意识形态话语权的审视与建构》，载《湖南科技大学学报（社会科学版）》，2021年第4期。

[25]陈宸：《全媒体时代社会主义核心价值观话语权提升路径探析》，

载《新闻爱好者》,2021年第6期。

[26]李超民:《全媒体视域下主流意识形态传播及其风险防范研究》,载《晋阳学刊》,2020年第5期。

[27]郭军、韩小谦:《全媒体时代我国意识形态话语传播方式的创新转换》,载《编辑之友》,2021年第3期。

[28]隋田媛、李荣:《全媒体时代主流意识形态话语方式的探索创新》,载《青年记者》,2021年第6期。

[29]陈宗章:《"媒体融合"与社会主义核心价值观的传播路径创新》,载《重庆邮电大学学报(社会科学版)》,2016年第4期。

[30]张锅红:《全媒体时代高校社会主义核心价值观传播策略研究》,载《中国高等教育》,2019年第21期。

[31]李曦珍、何眉:《西方媒介意识形态批判理论的演变脉络》,载《当代传播》,2008年第1期。

[32]李勇:《当代西方媒介批判理论疏略》,载《北方论丛》,2013年第6期。

[33]邵培仁、李梁:《媒介即意识形态——论法兰克福学派的媒介控制思想》,载《浙江大学学报(人文社会科学版)》,2001年第1期。

[34]王贤卿:《社会主义意识形态面对技术异化挑战——基于智能算法推送的信息传播效应》,载《毛泽东邓小平理论研究》,2020年第6期。

[35]张生泉、唐一中:《党代表先进文化前进方向的历史使命》,载《毛泽东邓小平理论研究》,2001年第5期。

[36]王建辉:《邓小平文化思想探论》,载《江汉论坛》,1998年第4期。

[37]陈晋:《发展当代中国先进文化的几个问题——读十六大报告后的一点思考》,载《党的文献》,2002年第6期。

[38]周晓阳、张多来、许伟平:《论中国先进文化的基本特征》,载《社会科学研究》,2002年第2期。

[39]刘云山:《高扬先进文化的旗帜 推动中国特色社会主义文化的发展繁荣》,载《党建研究》,2002年第12期。

[40]王天民:《习近平新时代中国特色社会主义文化思想的实践品格》,载《湖南师范大学社会科学学报》,2018年第2期。

[41]《深刻认识马克思主义时代意义和现实意义 继续推进马克思主义中国化时代化大众化》，载《人民日报》，2017年9月30日。

[42]覃信刚：《中国共产党广播电视思想的历史演进与经验启示》，载《中国广播电视学刊》，2022年第4期。

[43]吕达、刘瑞儒：《延安电影团的历史功绩与经验》，载《甘肃社会科学》，2015年第2期。

[44]王菲、樊向宇：《回顾与反思：中国媒体融合研究十五年（2005—2019）》，载《当代传播》，2020年第5期。

[45]罗鑫：《什么是"全媒体"》，载《中国记者》，2010年第3期。

[46]林如鹏：《跨媒体、跨地区、跨行业——中国媒介集团做大做强的必由之路》，载《新闻大学》，2002年第4期。

[47]王学成、来丰：《论跨媒体联合》，载《新闻大学》，2002年第1期。

[48]石长顺、景义新：《全媒体的概念建构与历史演进》，载《编辑之友》，2013年第5期。

[49]姚君喜、刘春娟：《"全媒体"概念辨析》，载《当代传播》，2010年第6期。

[50]李玮：《跨媒体·全媒体·融媒体——媒体融合相关概念变迁与实践演进》，载《新闻与写作》，2017年第6期。

[51]李良荣、周宽玮：《媒体融合：老套路和新探索》，载《新闻记者》，2014年第8期。

[52]彭兰：《网络带来的变革》，载《中国记者》，1999年第10期。

[53]刘光牛：《中国传媒全媒体发展研究报告》，载《科技传播》，2010年第4期。

[54]孙健：《新媒体时代的传播偏向探析》，载《编辑之友》，2016年第5期。

[55]李勇坚、夏杰长、刘悦欣：《数字经济平台垄断问题：表现与对策》，载《企业经济》，2020年第7期。

[56]孙少石：《电信网络诈骗协同治理的制度逻辑》，载《治理研究》，2020年第1期。

[57]薛孚、陈红兵：《大数据隐私伦理问题探究》，载《自然辩证法研

究》，2015年第2期。

[58]唐凯麟、李诗悦：《大数据隐私伦理问题研究》，载《伦理学研究》，2016年第6期。

[59]金元浦：《大数据时代个人隐私数据泄露的调研与分析报告》，载《清华大学学报(哲学社会科学版)》，2021年第1期。

[60]刘绩宏、柯惠新：《道德心理的舆论张力：网络谣言向网络暴力的演化模式及其影响因素研究》，载《国际新闻界》，2018年第7期。

[61]彭广林：《马克思新闻思想的逻辑起点刍论》，载《当代传播》，2009年第6期。

[62]崔士鑫：《加快推进媒体深度融合发展　建立全媒体传播体系》，载《传媒》，2020年第20期。

[63]胡正荣、李荃：《走向智慧全媒体生态：媒体融合的历史沿革和未来展望》，载《新闻与写作》，2019年第5期。

[64]张建星：《推动媒体深度融合发展　打造全媒体传播新格局》，载《传媒》，2021年第3期。

[65]刘元华：《如何深入认识"全效媒体"的基本内涵》，载《传媒》，2019年第8期。

[66]邵培仁、李梁：《媒介即意识形态——论法兰克福学派的媒介控制思想》，载《浙江大学学报(人文社会科学版)》，2001年第1期。

[67]陈力丹：《"用时间消灭空间"——马克思恩格斯传播技术思想研究》，载《山西大学学报(哲学社会科学版)》，2012年第3期。

[68]张立成：《西方技术批判理论重建文化哲学的尝试》，载《科学技术与辩证法》，2000年第2期。

[69]辛向阳：《推进国家治理体系和治理能力现代化应当坚持"五个不能偏离"》，载《求实》，2015年第11期。

[70]陈旭辉、柯惠新：《网民意见表达影响因素研究——基于议题属性和网民社会心理的双重视角》，载《现代传播(中国传媒大学学报)》，2013年第3期。

[71]张建云：《大数据技术体系与当代生产力革命》，载《马克思主义研究》，2021年第4期。

[72]刘方喜：《"大机器工业体系"向"大数据物联网"范式转换：社会

主义"全民共建共享"生产方式建构的重大战略机遇》，载《毛泽东邓小平理论研究》，2017 年第 10 期。

［73］谭海波、蒙登干、王英伟：《基于大数据应用的地方政府权力监督创新——以贵阳市"数据铁笼"为例》，载《中国行政管理》，2019 年第 5 期。

［74］闻学、肖海林、史楷绩：《境外资本进入中国网络媒体市场：方式、机制、规模和分布》，载《中央财经大学学报》，2013 年第 9 期。

［75］荆林波、王雪峰：《外资对我国互联网业市场影响的研究》，载《财贸经济》，2009 年第 5 期。

［76］龙伟、张辉甜：《办报以建党：五四进步报刊与中国共产党的成立》，载《新闻与传播研究》，2021 年第 10 期。

［77］肖贵清、田桥：《改革开放四十年中国特色社会主义话语体系的建构与演进》，载《东岳论丛》，2018 年第 9 期。

［78］黄楚新、彭韵佳：《透过资本看媒体权力化——境外资本集团对中国网络新媒体的影响》，载《新闻与传播研究》，2017 年第 10 期。

［79］吴文：《公有制主体地位应体现在"控制力""相对规模""目的性"三方面》，载《毛泽东邓小平理论研究》，2021 年第 10 期。

四、英文文献

［1］Alan R. Drengson, "Four Philosophies of Technology", in Lary A. Hickman(ed.), *Technology as a Human Affair*, New York: McGraw Hill, 1990.

［2］Andrew Feenberg, *Alternative Modernity*, Berkeley and Los Angeles: University of California Press, 1995.

［3］Andrew Feenberg, *Transforming Technology: A Critical Theory Revisited*, New York: Oxford University Press, 2002.

［4］Chaim Perelman and Lucie Olbrechts-Tyteca(eds.), *The New Rhetoric: A Treatise on Argumentation*, Notre Dame: University of Notre Dame Press, 1969.

［5］David Crowley and David Mitchell, *Communication Theory Today*, Stanford: Stanford University Press, 1994.

［6］Doris A. Graber, *Mass media and American Politics*, Washington: CQ

Press, 1984.

[7] E. F. Byrne, "Work and Technology: A Bibliographical Essay", *Philosophy and Technology*, Vol. 25, No. 4, 1988.

[8] Graeme Turner, *British Culture Studies: An Introduction*, London: Routledge, 2003.

[9] Kurlinkus and William Campbell, "Crafting Designs: An Archaeology of 'Craft' as God Term", *Computers and Composition*, No. 33, 2014.

[10] Louis Althusser, *Lenin and Philosophy and Other Essays*, New York and London: Monthly Review Press, 1971.

[11] Max Horkheimer and Theodor W. Adorno, *Dialectic of Enlightenment*, New York: The Continuum publishing Corporation, 1972.

[12] Richard Rorty, *Contingency, Irony, and Solidarity*, Cambridge: Cambridge University Press, 1989.

[13] Samuel D. Warren and Louis D. Brandeis, "The Right to Privacy", *Harvard Law Review*, No. 5, 1890.

[14] Sharon Mreza, "Expanded Perspective on NAS between Traditional media and Twitter Political Discussion Groups", in Everyday Political Talk. L. Guo and M. E. McCombs (eds.), *The Power of Information Networks: New Directions for Agenda Setting*, London: Routledge, 2015.

[15] Stuart Hall, Culture, the Media and the "Ideological Effect", in James Curran, Michael Gurevitch and Janet Woollacott (eds.), *Mass Communication and Society*, London: Edward Arnold, 1977.

[16] Tiziana Terranova, "Free Labor: Producing Culture for the Digital", *Economy Social Text*, No. 2, 2000.

[17] Transcript of Panel 1: What is Technorealism, http://cyber.law.harvard.edu/technorealism/panel1.html(访问时间：2022年4月30日).